Investigation of Problems
Concerning Finding the Subsidy

本书的出版得到湖南大学法学重点学科的资助

补贴认定的若干问题研究

白巴根　著

图书在版编目(CIP)数据

补贴认定的若干问题研究/白巴根著.—北京：北京大学出版社，2014.10

ISBN 978-7-301-25003-7

Ⅰ.①补… Ⅱ.①白… Ⅲ.①政府补贴—财政政策—研究 Ⅳ.①F810.2

中国版本图书馆 CIP 数据核字(2014)第 241888 号

书　　名：	补贴认定的若干问题研究
著作责任者：	白巴根　著
责 任 编 辑：	丁传斌　朱彦　王业龙
标 准 书 号：	ISBN 978-7-301-25003-7/D·3700
出 版 发 行：	北京大学出版社
地　　　　址：	北京市海淀区成府路 205 号　100871
网　　　　址：	http://www.pup.cn
新 浪 微 博：	@北京大学出版社
电 子 信 箱：	sdyy_2005@126.com
电　　　话：	邮购部 62752015　发行部 62750672
	编辑部 021-62071998　出版部 62754962
印　刷　者：	北京大学印刷厂
经　销　者：	新华书店

965mm×1300mm　16 开本　14 印张　182 千字

2014 年 10 月第 1 版　2014 年 10 月第 1 次印刷

定　　价：38.00 元

未经许可，不得以任何方式复制或抄袭本书之部分或全部内容。

版权所有，侵权必究

举报电话：010-62752024　电子信箱：fd@pup.pku.edu.cn

国际经济洪范研究的真人

——读白巴根教授《补贴认定的若干问题研究》感言
（代序）

杜钢建

在世界经济一体化发展的当代，中国市场经济秩序的形成离不开对国际经济法的遵守和运用。所谓洪范，就是根本大法，也是宪法。国际经济领域的洪范就是世界贸易组织法。世界贸易组织法堪称"国际经济宪法"。中国加入WTO以来，加快了国内法的修订和完善，但是政府和企业行为要完全符合市场经济秩序和WTO法的要求，依然有漫长的道路要走。

在国际经济洪范研究领域，白巴根教授堪称"真人"。认识白巴根教授是在2005年12月，当时在北京大学举办"海峡两岸WTO法律论坛"。我作为世界贸易组织研究会的常务理事参加会议，有幸结识白巴根教授。我发现提交会议的论文中，白巴根教授的论文跟踪WTO法的最新动态，论点鲜明，视角独特，旁征博引，气势轩昂。我当时在汕头大学法学院组建国际化师资团队，正在寻找日本法方向海归师资的学科带头人。我与白巴根教授见面商议开拓日本法研究事宜，可谓一拍即合。我将白巴根教授引进汕头大学法学院后，他满腔热情地投入到日本法师资队伍的组建工作中，迅速在法学院形成近十位来自日本、加拿大、我国台湾地区等地的日本法研究队伍。特别是日本铃木敬夫教授携夫人以及其他日本专家常年在汕头大学执教，我因行政工作繁忙，经常无暇顾及，全靠白巴根教授安排和照顾他们。有时在校园里看见他们与学生一起研讨交流,亲密无间,我内心充满感激和喜悦。白巴根教授性格开朗,工作积极向上,学术精益求精,先后担任过法学院的法律系主任和汕头大学人事处副处长。他在日本留学期间先后取得名牌大学的两个硕士学位和一个博士学位。无论是日语还是专业方面,他是法学界日本海归学者中的佼佼者。

白巴根教授是国际经济洪范研究的真人。仔细阅读他的文章,不难得出这一认识。文如其人,他研究问题一丝不苟,执着认真,不媚俗,不趋炎附势,说真话,追求真理,研究真问题,做真学问。关于非市场经济国家理论、反补贴法不适用论、判决援引方法、裁量权范围、公共机构与国有企业关系、公共机构政府职能论、公共机构政府控制论等问题,白巴根教授都有自己的独到认识和判断,在学术界堪称一家之言。我特别欣赏他的学术独立精神。为中国市场经济秩序的建设和法治发展,他不惜招惹麻烦,敢于面对真问题和向权威观点挑战。法学界越多一些这样的真人,法治中国就越有希望。对于中国未来市场经济秩序的健康发展来说,国际洪范与国家洪范都很重要。如果法学界能够重视中国传统法律文化的洪范精神,宪政经济与宪政经济学就会有长足的发展。为此,特作《洪范颂》,以为序言结尾。

洪 范 颂[①]

武王胜殷纣自焚,锦衣宝玉赴火死。兵败走入登鹿台,遂斩头悬太白旗。

生亦不放死犹斩,取彼凶残存杀志。不放杀受立武庚,纣子禄父续殷祀。

武王释囚归镐京,访问箕子十有三。阴骘下民相协居,默佑百姓天不言。

彝伦攸叙吾不知,天道秩序因何缘。承天顺民何所由,欲闻天道知其然。

---

① 此部分脚注皆出自《尚书正义·洪范第六》,孔颖达疏。

闻昔鲧堙洪水时,汩陈五行帝怒迁。彝伦攸斁鲧殛死,不予九畴彰洪范。

洪范九畴天锡禹,彝伦攸叙禹嗣安。神龟负文洛出书,列背有数至九显。

禹遂因之成九类,陈述洪范地法天。夏商宪法箕子诵,殷臣周释封朝鲜。

受封不得无臣礼,归来感叹朝歌还。行道宝真降于殷,箕子父师圣人典。

武王亲虚己而问,治国大纲学洪范。水火木金土五行,咸苦酸辛稼穑甘。

润下炎上水火性,曲直从革金木刊。水土治平五行叙,气性流行五材善。①

天数地数各有五,生数成数阴阳全。② 一水二火三生木,四金五土源自天。

六水七火八成木,九金十土鬼神安。③ 水火饮食百姓须,金木兴作土资源。

数起阴阳往来日,冬至南极水激澜。阴不名奇数必偶,夏至北极火位灿。

正月春木三阳生,八月秋金四阴瞰。有无者微万物本,五行成形微着渐。④

水微火渐木形实,金固土大义亦然。⑤ 木可改更揉曲直,润下炎上

---

① 襄二十七年《左传》云"天生五材,民并用之",言五者各有材干也。谓之"行"者,若在天则五气流行,在地世所行用也。
② 《易·系辞》曰:"天一,地二;天三,地四;天五,地六;天七,地八;天九,地十。"此即是五行生成之数。天一生水,地二生火,天三生木,地四生金,天五生土,此其生数也。如此则阳无匹,阴无耦,故地六成水,天七成火,地八成木,天九成金,地十成土,于是阴阳各有匹偶,而物得成焉,故谓之成数也。
③ 《易·系辞》又曰:"天数五,地数五,五位相得而各有合,……此所以成变化而行鬼神也。"
④ 王肃曰:"水之性润万物而退下,火之性炎盛而升上。"
⑤ 正义曰:《易·文言》云:"水流湿,火就燥。"

性自然。①

初一五行九类章,敬用五事必敬善。农用八政协五纪,义用三德皇极建。

向用五福威六极,明用稽疑庶征念。貌言视听思五事,貌恭言从视明闪。②

听聪思睿乃作圣,敬用在身五事迁。③ 食货祭宾师政八,司空司徒司寇三。④

农用八政食为首,至今难保食安全。厚用接物八品政,敛时人福皇极建。

协用五纪和天时,岁月星辰历日翻。惟时庶民锡用敷,锡汝保极妙方全。

淫朋比德民人无,猷酢为守汝则念。不协于极莫罹咎,惟皇作极皇则看。

无虐茕独畏高明,于攸好德康色浅。有能有为使羞行,邦昌正人方谷劝。

时人斯辜无好德,锡福用咎岂无感。无偏无陂王义遵,无党无偏王道安。

无有作恶王路直,无有作好王道善。无反无侧正直归,皇极救护彝训谏。

无所不通智上圣,思恭听德明视远。行小致大人主事,圣大睿小通微缘。⑤

君恭臣肃言从治,政致识事众物先。视明照澈聪进谋,貌礼思睿

---

① 《汉书·五行志》以"初一"已下皆《洛书》文也。
② 《五行传》曰:"貌属木,言属金,视属火,听属水,思属土。"
③ 《说命》云"接下思恭,视远惟明,听德惟聪",即此是也。
④ 《周官》篇云:"司空掌邦土,居四民,时地利。司徒掌邦教,敷五典,扰兆民。司寇掌邦禁,诘奸慝,刑暴乱。"
⑤ 郑玄《周礼注》云:"圣通而先识也。"

致智贤。①

八政首食勤农业,于人最急故为先。使求衣货宝用物,敬事鬼神祀为三。

安居有所司空主,教民礼义司徒谙。彊弱相陵奸盗起,主法刑杀司寇官。

往来相亲礼宾客,师伐寇贼士卒练。于民缓急八部设,三卿举官机构简。

夏商宪制后代续,三省六部千年延。② 岁月星辰气节日,天时经纪五事全。

今明冬至为岁纪,从朔至晦月明黯。夜半纪日十二辰,二十八宿星迭见。

日月别行会宿度,从子至丑辰数显。辰纪日月所会处,星纪节气视早晚。

日月行道节气度,敬授民时历数看。二十八宿布四方,随天转运昏明见。

月令皆纪昏旦星,孟春昏旦参尾间。仲春昏弧旦星建,季春昏七牵牛旦。

孟夏昏翼旦婺女,仲夏昏亢旦危显。季夏昏心旦奎遇,孟秋昏建旦毕见。

仲秋牵牛觜觿旦,季秋虚昏柳旦前。孟冬昏危旦七星,仲冬东壁旦轸现。

季冬昏娄旦氐中,皆叙气节一岁全。节气月初中气半,二十八宿星迭见。

日月之会是谓辰,日迟月疾俱循天。孟春日在营室中,仲春日在奎星前。

---

① 郑云:"皆谓其政所致也。君貌恭则臣礼肃,君言从则臣职治,君视明则臣照澈,君听聪则臣进谋,君思睿则臣贤智。"

② 《周官》篇云:"司空掌邦土,居四民,时地利。司徒掌邦教,敷五典,扰兆民。司寇掌邦禁,诘奸慝,刑暴乱。"《周礼》司徒教以礼义,司寇无纵罪人,其文具矣。

季春日胃孟夏毕,仲夏日在东井间。季夏日柳孟秋翼,仲季秋日角房现。

孟冬日尾仲冬斗,季冬日在婺女仙。十二会为十二辰,二十八宿分为限。①

每宿有度数合成,三百六十五度间。日月右行循宿度,日行一度月十三。

二十九日过半行,月与日会一周迁。每于一会谓一月,一岁十二相会见。

日行天度十二次,每次三十度数兼。敬授民时岁历记,日月星辰四事先。

皇建有极大中道,大立有中九畴显。敛时五福以为教,用敷锡民保极限。

无有淫朋言从化,惟皇作极安中善。无有邪僻施政教,治民当使得中间。

自立中道施教民,敬用五事须当先。敛聚五福用此教,布与众民慕行羡。

效上所为中道行,积久成性日月渐。从容中道允执中,九畴为德求总善。

行九畴义求得中,五事得中福报现。五事皆敬五福归,普敬五事福聚敛。

敬用五事众民劝,福在幽冥无形见。人有善性难自成,大中教民得为善。②

朋党比周皆不中,善多恶少化为善。有猷有为有执守,不罹咎恶进用贤。③

大法授予攸好德,富贵爵禄当安颜。无虐茕独畏高明,不枉法度

---

① 昭七年《左传》晋侯问士文伯曰:"多语寡人辰而莫同,何谓也?"对曰:"日月之会是谓辰。"
② 《论语》曰:"吾未见好德如好色者也。"
③ 《易·系辞》云:"无咎者善补过也。"

敬民天。

不扶自直蓬生麻,近朱者赤可劝勉。加以燕赐授官爵,进谋树功有好善。

礼意疏薄无恩纪,心不委任枉为官。不肯久留奋衣去,如何蓄才国家安。

无偏无陂遵王义,无党无偏王道显。无有作好王道直,无有作恶王路宽。

乱为私好刑罚滥,偏颇阿党政大患。克己复礼归仁义,圣人箕子殷勤言。①

布陈言教不失常,天顺人归光明现。三德正直刚柔克,强御和治世平安。

燮友柔克世和顺,沈潜刚克金石坚。作福作威玉食害,在上敦平在下谦。

三德张弛随时用,地德沉深天德严。执刚正君臣道柔,执柔纳臣君道换。

博厚配地高明天,②天为刚德时不干。③ 天有柔德四时序,地柔能刚正君劝。

附下罔上小人为,民视在位大臣先。稽疑择建卜筮人,龟卜蓍筮考正验。

命职雨霁龟兆形,蒙驿克兆交错延。五者卜兆常法行,内外贞悔用二占。④

三人占从二人言,多数决策民意见。夏殷周代卜筮异,善钧从众自古然。

大疑谋心及卿士,谋及庶人卜筮研。心从龟从卜筮从,卿士庶民

---

① 《论语》云:"一曰克己复礼,天下归仁焉。"
② 《中庸》云:"博厚配地,高明配天。"
③ 文五年《左传》云:"天为刚德,犹不干时。"
④ 僖十五年《左传》云,秦伯伐晋,卜徒父筮之。其卦遇蛊,蛊卦巽下艮上,说卦云,巽为风,艮为山。其占云:"蛊之贞,风也;其悔,山也。"是内卦为贞,外卦为悔也。筮法爻从下起,故以下体为内,上体为外。下体为本,因而重之,故以下卦为贞。

大同现。

人心和顺龟筮从，大同于吉身康健。子孙逢吉不违众，后世遇吉祭祀冠。①

三从二逆为中吉，二从三逆征伐难。太卜亲掌三兆法，玉兆瓦兆原兆全。②

连山归藏周易法，伏羲神农黄帝传。三兆三易非夏殷，世室重屋明堂前。③

夏收殷冔继周冕，三代相因少从贤。掌外朝政小司寇，以致万民三询权。④

国危国迁立君询，以叙进问谋及咸。庶民狱讼三刺断，群臣群吏万民谏。

断狱众议然后刑，尊敬神物人为先。蓍德圆神卦方智，知来藏往极妙天。⑤

先筮后卜国大事，吉凶未决依礼断。⑥ 庶征九畴政善恶，大行稽疑应众验。

雨润旸干暖长物，寒成风动及时验。⑦ 雨多云少淫涝旱，寒往暑来岁成全。⑧

---

① 宣三年《左传》称"成王定鼎，卜世三十，卜年七百"，是"后世遇吉"。
② 《周礼》："太卜掌三兆之法，一曰玉兆，二曰瓦兆，三曰原兆。掌三易之法，一曰《连山》，二曰《归藏》，三曰《周易》。"杜子春以为"玉兆，帝颛顼之兆。瓦兆，帝尧之兆"。又云"《连山》，虙牺。《归藏》，黄帝。三兆三易皆非夏殷"。
③ 《考工记》云，夏曰世室，殷曰重屋，周曰明堂。又《礼记·郊特牲》云"夏收，殷冔，周冕"。皆以夏殷周三代相因，明三易亦夏殷周相因之法。
④ 《周礼》："小司寇掌外朝之政，以致万民而询焉。一曰询国危，二曰询国迁，三曰询立君。""小司寇以叙进而问焉"。《小司寇》又曰："以三刺断庶民狱讼之中，一曰讯群臣，二曰讯群吏，三曰讯万民。"
⑤ 《易·系辞》云："蓍之德圆而神，卦之德方以智。"
⑥ 《周礼》既先筮后卜，而春秋时先卜后筮者，不能依礼故也。
⑦ 《易·说卦》云："风以散之，雨以润之，日以烜之。"日，旸也；烜，干也；是"雨以润物，旸以干物，风以动物"也。《易·系辞》云："寒往则暑来，暑往则寒来，寒暑相推而岁成焉。"
⑧ 昭元年《左传》云："天有六气，阴、阳、风、雨、晦、明也。"

雨木旸金恭貌言,燠火寒水视听谏。① 木金水火沴风土,不睿不圣思难权。②

肃寒雨顺君行敬,休征专叙美行验。君行狂妄恒雨若,咎征可叙恶行验。

君臣无易政治明,王省惟岁四时兼。分治其职各有掌,俊民用章家平安。

权臣擅命君失柄,俊民用微家不安。国家平宁贤臣显,治暗贤隐国家乱。

箕星好风毕星雨,③兼总群吏政教善。日月行道寻常度,④君臣守礼常法按。⑤

富财丰备康无疾,五福寿百二十年。攸好德福考终命,各成短长自终全。⑥

动不遇吉凶短折,短未六十折未卅。⑦ 常抱疾苦忧贫困,六极恶弱丑陋现。⑧

---

① 《易·文言》云:"云从龙,风从虎,水流湿,火就燥。"
② 《五行传》说五事致五气云:"貌之不恭,是谓不肃,厥罚恒雨,惟金沴木。言之不从,是谓不乂,厥罚恒旸,惟木沴金。视之不明,是谓不悊,厥罚恒燠,惟水沴火。听之不聪,是谓不谋,厥罚恒寒,惟火沴水。思之不睿,是谓不圣,厥罚恒风,惟木金水火沴土。"
③ 《诗》云:"月离于毕,俾滂沱矣。"郑玄引《春秋纬》云:"月离于箕,则风扬沙。"
④ 郑以为"箕星好风者,箕东方木宿,风中央土气,木克土为妻,从妻所好,故好风也。毕星好雨者,毕西方金宿,雨东方木气,金克木为妻,从妻所好,故好雨也。推此则南宫好旸,北宫好燠,中宫四季好寒,以各尚妻之所好也"。
⑤ 王肃云:"日月行有常度,君臣礼有常法,以齐其民。"
⑥ 成十三年《左传》云:"民受天地之中以生,所谓命也。能者养之以福,不能者败以取祸。"
⑦ 《汉书·五行志》云:"伤人曰凶,禽兽曰短,草木曰折。一曰凶,夭是也,兄丧弟曰短,父丧子曰折。"
⑧ 郑玄依《书传》云:"凶短折,思不睿之罚。疾,视不明之罚。忧,言不从之罚。贫,听不聪之罚。恶,貌不恭之罚。弱,皇不极之罚。反此而云,王者思睿则致寿,听聪则致富,视明则致康宁,言从则致攸好德,貌恭则致考终命。所以然者,不但行运气性相感,以义言之,以思睿则无拥,神安而保命,故寿。若蒙则不通,殄神夭性,所以短所也。听聪则谋当,所求而会,故致富。违而失计,故贫也。视明照了,性得而安宁。不明,以扰神而疾也。言从由于德,故好者德也。不从而无德,所以忧耳。貌恭则容俨形美而成性,以终其命。容毁,故致恶也。不能为大中,故所以弱也。"

五福六极天实得,善福恶极劝行善。武王胜殷邦诸侯,①制作分器宗彝班。②

九畴宪法夏商用,箕子宪政周礼延。如今经济一体化,国际秩序依洪范。

---

① 《乐记》云"封有功者为诸侯",《诗·赍》序云"大封于庙",谓此时也。《释言》云:"班,赋也。"《周礼》有司尊彝之官,郑云:"彝亦尊也。郁邑曰彝。彝,法也,言为尊之法正。"然则盛邑者为彝,盛酒者为尊,皆祭宗庙之酒器也。分宗庙彝器酒尊以赋诸侯,既封乃赐之也。

② 昭十二年《左传》楚灵王云:"昔我先王熊绎与吕伋、王孙牟、溪父、禽父并事康王,四国皆有分,我独无。"

目　录

第一章　美国反补贴法是否适用于"非市场经济国家"
　　——评析中美关于"乔治城钢铁公司案"的
　　争论 ………………………………………………（1）
第一节　问题与基本概念 ………………………………（2）
第二节　中国"反补贴法不适用论" …………………（8）
第三节　美国"反补贴法不适用论" …………………（13）
第四节　"乔治城钢铁公司案"判决的意义 …………（23）
第五节　美国国会的意图 ………………………………（28）
第六节　美国商务部的行政惯例 ………………………（32）
第七节　《加入议定书》第15条 ………………………（34）
第八节　美国"反补贴法适用论" ……………………（36）
第九节　认定补贴存在的基本条件 ……………………（42）
第十节　结论 ……………………………………………（49）

第二章　"公共机构"的解释及"国有企业"是否构成
　　"公共机构"
　　——"美国对中国产品征收反补贴税案"
　　上诉机构观点质疑 ……………………………（52）
第一节　问题 ……………………………………………（52）
第二节　"美国对中国产品征收反补贴税案"

　　　　概要 …………………………………………………（55）
　第三节　补贴定义的法律功能与争论的焦点 ……………（57）
　第四节　补贴的定义和提供主体 …………………………（61）
　第五节　"公共机构"的解释 ………………………………（68）
　第六节　结论 ………………………………………………（94）

第三章　"美国对中国产品征收反补贴税案"中国
　　　　观点评析 ………………………………………（104）
　第一节　问题 ………………………………………………（104）
　第二节　"美国对中国产品征收反补贴税案"
　　　　概要 …………………………………………………（107）
　第三节　中国的法律依据与补贴的定义 …………………（109）
　第四节　"公共机构政府职能论"评析 ……………………（112）
　第五节　结论 ………………………………………………（144）

第四章　人民币汇率与补贴的认定
　　　　——因人民币汇率转移至出口企业的资金
　　　　　是否构成"财政资助" ……………………………（147）
　第一节　问题与基本概念 …………………………………（147）
　第二节　认定补贴存在的国际法根据：
　　　　《SCM协定》第1条 …………………………………（153）
　第三节　"财政资助"的解释 ………………………………（158）
　第四节　"财政资助"的适用 ………………………………（161）
　第五节　结论 ………………………………………………（170）

第五章　关于人民币汇率与补贴问题与国内学者的商榷 ……（172）
　第一节　问题 ………………………………………………（172）

第二节 "财政资助"的解释及其适用 …………………（174）
第三节 结论 …………………………………………………（190）

附录 美国对华反补贴调查终裁备忘录 ……………（193）

后记 ……………………………………………………………（198）
あとがき ………………………………………………………（206）

第一章 美国反补贴法是否适用于"非市场经济国家"*

——评析中美关于"乔治城钢铁公司案"的争论

目前中国政府所面临的国际法问题中,最令人头痛的可能是接连

---

* 本章内容首次发表于《国际经济法学刊》第 16 卷第 4 期(2009),北京大学出版社 2010 年版,第 153—170 页。原文指出,针对美国商务部频繁适用反补贴法于中国("非市场经济国家")的做法,中国政府已没有必要坚持反对的立场,而应放弃之。但是,最新的美国对华反补贴调查终裁备忘录显示,中国仍然在坚持这一立场。

虽然中国反对美国的立场执着而坚定,但并没有起到任何阻止美国对华适用反补贴法的作用。据粗略统计,自 2006 年以来,美国商务部发起的对华反补贴调查总共有 40 件之多,其中终裁近 30 件,而且还在不断地发起新的对华反补贴调查。

美国商务部 2014 年发起的对华反补贴调查:2014.5.14, Fact Sheet: Commerce Initiates Antidumping Duty and Countervailing Duty Investigations of Imports of Foot Domestic Dry Containers from the People's Republic of China;2014.2.14, Fact Sheet: Commerce Initiates Antidumping Duty and Countervailing Duty Investigations of Imports of Carbon and Certain Alloy Steel Wire Rod from the People's Republic of China;2014.1.23, Fact Sheet: Commerce Initiates Antidumping Duty Investigations of Imports of Certain Crystalline Silicon Photovoltaic Products from the People's Republic of China and Taiwan and a Countervailing Duty Investigation of Imports of Certain Crystalline Silicon Photovoltaic Products from the People's Republic of China;2014.1.8, Fact Sheet: Commerce Initiates Antidumping Duty and Countervailing Duty Investigations of Imports of Calcium Hypochlorite from the People's Republic of China. 美国商务部最近作出的反补贴初裁:Fact Sheet: Commerce Preliminarily Finds Countervailable Subsidization of Imports of Carbon and Certain Alloy Steel Wire Rod from the People's Republic of China, On July 1, 2014, the Department of Commerce (Commerce) announced its affirmative preliminary determination in the countervailing duty (CVD) investigation of imports of carbon and certain alloy; Fact Sheet: Commerce Preliminarily Finds Countervailable Subsidization of Imports of Certain Crystalline Silicon Photovoltaic Products from the People's Republic of China, On June 3, 2014, the Department of Commerce (Commerce) announced its affirmative preliminary determination in the countervailing duty (CVD) investigation of imports of certain crystalline silicon photovoltaic products from the People's Republic of China (China). 资料来源:美国商务部国际贸易署官方网站,http://enforcement.trade.gov/download/factsheets/factsheet-prc-53-ft-dry-containers-initiation-051414.pdf,2014 年 7 月 10 日访问。

不断的美国对华反补贴调查。中国政府在每个案件中均主张,美国反补贴法不适用于被认定为"非市场经济国家"的中国,其主要法律根据就是"乔治城钢铁公司案"判决。美国商务部则反驳认为,"乔治城钢铁公司案"判决所依据的事实已经发生了根本性的变化,将美国反补贴法适用于现在的中国不存在任何法律障碍。本章对中美关于"乔治城钢铁公司案"判决的不同立场和争论进行分析后得出如下结论:在美国对华反补贴调查中,"乔治城钢铁公司案"判决不能为中国提供阻止美国适用反补贴法的任何根据,中国误解了该案判决的意义,应撤回如此主张。此外,本章分析了在一个国家认定补贴存在的"基本条件",澄清了"基本条件"与判断"财政资助"的提供是否符合市场条件时所依据的"个别市场条件"之间的区别,这样为更加严密解释补贴定义提供了理论依据。

第一节 问题与基本概念

自加入 WTO[①] 以来,中国与外国之间发生了诸多国际贸易争端或

可以说,美国对华反补贴调查是中国政府在国际贸易争端中遇到的最棘手的法律问题。令人百思不得其解的是,虽然中国在美国对华反补贴调查的过程中采取了反对美国适用反补贴法的立场,但是在"美国对中国产品征收反补贴税和反倾销税案"(中国利用 WTO 争端解决机制指控美国反补贴措施的第一案)中,却只字未提美国反补贴法不适用于中国的问题。本章依据 2010 年以后的新增资料,对首次发表的文章进行了大幅度修订。

① 2001 年 11 月 10 日,世界贸易组织部长级会议作出了《关于中华人民共和国加入的决定》。中国加入 WTO 时,作为加入条件所作的承诺体现在两个国际法文件中:一个是《中华人民共和国加入议定书》(以下简称《议定书》);另一个是《中国加入工作组报告书》(以下简称《报告书》)。这两个文件是《WTO 协定》不可分割的组成部分,当然是 WTO 争端解决程序的适用规则。关于"中国加入世界贸易组织(WTO)"的表述,无论是政府官员还是学者,都使用"入世"一词。"入世"是被简化过的词汇,人们很难理解其准确的含义,应该停止使用如此含糊不清的表述,以"加入 WTO"代替。实际上,"世贸"或"世贸组织"(意即"世界贸易组织")等用法仍然不恰当,简化过分。在我国,存在大量类似的简化严重的、不恰当的有关 WTO 的中文词汇,而且如此不准确、不规范的措辞现象长期没有被纠正。如此大量的用词不规范的现象,显现出了我国政府官员对 WTO 理解的模糊不清。长期以来,此种现象得不到纠正,也折射出了我国学者 WTO 研究的不够深入。

摩擦。① 其中,中美争端②最突出,其频发情形类似于20世纪70、80年代出现过的日美贸易以及欧美贸易摩擦的局面。③

---

① 遇到国际贸易争端(实质上是指根据《WTO协定》对一项政府措施所作的评价)时,如果只是强调通过政治外交途径解决问题,可能会留下不利于法律解决的隐患。因为政治外交过程缺乏透明度和可预见性,不一定完全按照法律办事。中美遵循法律途径(主要是WTO争端解决程序以及中美两国国内司法审查程序),以事实为根据,以法律为准绳,妥善解决贸易争端,不仅为澄清法律规定作出贡献,而且通过透明度和可预见性,体现出各国的诚实和信用。中国政府试图通过政治外交途径说服美国在对华反补贴调查中改变其对中国经济体制性质的认定,那是不可能的。虽然法律的制定是一个政治过程,但是在美国已经制定出的法律(有修改的可能性)是相当稳定的,尤其是美国法律中有关国家根本价值取向(自由、民主、司法独立、自由市场竞争等)部分是不会被修正的。频繁修改(尤其是根据个别领导的主观意志进行的大规模修改)宪法,说明一个国家民主法治的不稳定和不健全,从新中国建立后到改革开放为止的中国历史是最好的证明。中国开始改革开放后,宪法修改的次数明显减少,这也正是中国大力提倡民主法治的时期。目前,承认中国是"市场经济国家"的国家很多,但是它们很少对中国发起反补贴调查,这些国家就算承认了中国的市场经济地位也没有什么实际意义。这必然引起一个问题,即到底什么是"市场经济国家"或"非市场经济国家"。值得注意的是,国际法上不存在判断某个国家是否属于"非市场经济国家"的统一标准。《议定书》第15条将制定判断标准的责任交给了试图提出指控的国家。关于美国法律制定的有关"非市场经济国家"的具体判断标准,下文将予以阐述。

② 在国际贸易领域面临进口增加(通常是在出口国经济快速增长时期发生)时,尤其是进口产品像潮水般涌来时,很容易出现进口频繁利用贸易救济措施的局面。如此应对不足为怪,贸易救济措施本来就是一个巧妙的法律装置,其主要目的是缓解进出口国之间由于经济增长速度的错位以及产业结构的调整所造成的紧张关系,是推动贸易自由化以及市场竞争的必然结果。例如,观察今天的日美和欧美贸易关系,比起20世纪70、80年代,争端或摩擦大幅度减少了,有些领域(如纺织品、钢铁、汽车、家电等)甚至销声匿迹了。针对出口国的政府补贴或企业的倾销,有学者指责为"不公正"贸易。但是,到现在为止,关于什么是"公正"或"不公正"始终没有法律规定的判断标准。政府补贴的公正性还容易判断一些(国家权力存在对市场机制的干涉与否),关于倾销的公正性则需要更复杂的论证,例如出口国反垄断法的不健全以及出口倾销等问题。本书认为,在法律领域避免使用那些没有法律明文规定的概念,因为不存在明确的法律规定,无法说明到底是合法还是非法,更不能在具体案件中适用无明文规定的概念,应该用"非合法贸易措施"(特意用"措施",旨在强调政府措施,而不是具体的贸易行为)代替在法律上无根无据的"不公正贸易"措施。当然,从各种视角出发,好好研究"公正贸易"概念及其来龙去脉是值得做的事情。

③ 纵观国际贸易发展史,经济高速增长的国家和经济发展平缓甚至衰退的国家之间容易引发贸易摩擦。第二次世界大战后,经过20世纪50、60年代的经济恢复和重建,西欧和日本逐渐从战争废墟中站立起来。到了70、80年代,西欧和日本经济开始与美国经济并驾齐驱,在钢铁、家电以及汽车等领域挑战甚至超越美国的地位。这一时期,西欧各国和日本与美国之间发生了大量的贸易摩擦。有学者以此为依据认为,战后美国的"霸权安定论"接近尾声了。如此轻率的认识为时尚早。依据部分产业竞争力的衰退判断美国霸权体制命运的做法是非常幼稚的,一个国家在世界秩序中的地位不只是一部分产业竞争力的强弱所能决定的。如上所述,针对20世纪后半期西欧和日本的出口,美国大量使用了贸易救济措施,尤其是反倾销和反补贴措施(在GATT时代,紧急进口限制措施因举证责任的过重和烦琐而无法使用)。在自由贸易体制中安排的贸易救济制度为缓和经济高速增长的国家和经

中美贸易争端出现在很多领域(如知识产权、卫生检疫、技术规格、反倾销、反补贴以及紧急进口限制措施等),作为贸易救济措施[①],美国对华反补贴调查是最受关注的问题之一。[②] 美国对华反补贴调查也包括诸多法律问题。其中,对于确立征收反补贴税的依据,补贴存在的认定具有决定作用,而且直接涉及中国的经济体制和产业政策的

济增长平缓的国家之间的关系发挥了重要的缓冲和润滑作用。虽然日美和欧美之间发生了严重的贸易摩擦,但是并没有破坏这些国家之间的友好合作关系,更没有动摇其军事上的同盟关系。今天,20 世纪发生的贸易摩擦在中美贸易关系中重演。本书认为,美国对华动用贸易救济措施并不表明,贸易救济措施就是"零和游戏"和"以邻为壑"政策的体现。相反,美国的贸易救济措施是促进中美贸易关系顺利发展的"润滑剂"。关于日本与美国的战后贸易关系,参见〔日〕佐藤英夫:《日美经济摩擦:1945 年—1990 年》,日本平凡社 1991 年版。

① 本章对"贸易救济措施"所作的定义如下:《WTO 协定》允许的,进口国为挽救在贸易自由化(由于减少和规范国家贸易管理措施而产生的企业进出口的自由或市场竞争)过程中失败或失利的国内产业(生产进口产品的同类产品,与国外企业处于直接竞争关系)而采取的暂时性保护措施,包括"紧急进口限制措施"(所谓"保障措施")、"反补贴措施"以及"反倾销措施"。保护或救济主要体现在,除"关税减让表"规定的正常海关关税以外征收的税负,即反倾销税和反补贴税(也叫"特殊关税")的征收以及数量限制措施(只限于"紧急进口限制措施")。这些措施的作用是,利用国家权力人为提高进口成本,达到保护国内产业的目的。如何判断国内产业是否在市场竞争中失利或失败并达到了被救济的程度呢?其标准就是"实质性损害"和"严重损害"及其威胁的存在。前者适用于反补贴措施和反倾销措施,后者适用于"紧急进口限制措施"。后者的举证责任比前者重,因为导致采取措施的原因是正常的贸易活动(即不存在政府补贴和倾销的情况)。因为导致反补贴税和反倾销税征收的原因是通常被认为具有消极意义的行为("补贴"和"倾销"),针对此类行为采取应对措施时,进口国负担的举证责任就轻一些。如上所述,学界通常不区分"补贴"和"倾销",统统拿"不公正贸易"来评论。关于将倾销与补贴相提并论是否合适的问题,"不公正贸易"论者尚未拿出有说服力的理由,对此不予讨论。总而言之,虽然自由贸易体制(《WTO 协定》和 WTO 的总和)在推行贸易自由化和市场经济,但并未达到无条件承认市场机制的自由化程度。在市场竞争中失败的产业退出市场(最严重的是"破产",即竞争者法律主体资格的消失)是市场竞争的本质性结局。是否对在市场竞争中失利的所有企业一律采取保护措施,是进口国自己决定的事情,保护的力度和选择性依赖于国家的经济制度与产业政策。进口国针对补贴进口产品采取反补贴措施,是理所当然的事情,这与贸易自由化无关。即使再放宽贸易自由化,也不应该容忍政府补贴,尤其是与公共利益无关的补贴。贸易自由化是企业摆脱国家权力的束缚,参与市场机制(配置资源)的自由,是通过减少和规范国家权力对市场的管制实现的,而不是政府配置资源(补贴)的自由,但是为实现公共利益的"绿色补贴"除外。

② 2006 年 11 月 20 日,美国商务部针对中国出口铜版纸产品发起了反补贴调查。据笔者粗略统计,到 2014 年 7 月 10 日为止,美国共发起 40 多起对华反补贴调查,其中 30 起作出了补贴存在的最终裁定。美国是对华反补贴调查的急先锋,紧随其后,加拿大、欧盟、澳洲以及印度等国家和地区接踵而来,但没有一个是"非市场经济国家"。目前,中国所面临的贸易救济措施中,反补贴调查占的比例很大,是急需抓紧研究的问题。

实施,应该是研究的重点。本章讨论的主题,即美国反补贴法是否适用于"非市场经济国家",实际上就是如何认定补贴的存在或不存在的问题。

细查美国对华反补贴调查的原始资料①可以发现,中国尚未无条件地提出美国反补贴法不适用②于中国的主张。③ 首先,中国指出,反补贴法不适用于"非市场经济国家"这一前提。其次,中国进一步主张,只要美国商务部在对华反倾销调查中继续认定中国是个"非市场经济国家",那么就不应将反补贴法适用于中国。本章将此立场概括为"反补贴法不适用论"。

那么,"反补贴法不适用论"的依据是什么呢?中国展开了三个方面的论证:第一,"乔治城钢铁公司案"判决支持"反补贴法不适用论";第二,美国国会认可了"乔治城钢铁公司案"判决的判例法效力;第三,"乔治城钢铁公司案"以后形成的美国商务部的行政惯例也支持"反补贴法不适用论"。对此,美国则反驳认为,"乔治城钢铁公司案"判决所依据的事实已经发生了根本性的变化,将反补贴法适用于现在的中国不存在任何法律障碍。本章将此观点概括为"反补贴法适用论"。④

---

① 美国商务部在实施一项完整的反补贴调查措施(以调查程序全部完成为准)时,将会发布以下法律文件:反补贴调查发起通知、反补贴调查初裁、反补贴调查终裁、反补贴税征收令(在美国国际贸易委员会得出实质性损害成立的结论后提出)、反补贴调查终裁备忘录等。这些文件中,反补贴调查终裁备忘录是展示各方观点和论据最为翔实的文件,在研究一项反补贴措施时具有重要地位。

② "适用"一词是本章讨论的重要法律概念。中国和美国对该词汇含义的理解是,根据反补贴法能够认定补贴的存在,无法证明补贴存在的状态叫作反补贴法的"不适用"或"无法适用"。严格来讲,证明补贴不存在与无法认定补贴存在也是两码事。因为补贴的存在是其他两个要件(实质损害的存在与补贴进口产品的因果关系)的前提,即如果补贴不存在,讨论后两者也就无意义。可以说,补贴存在的认定几乎涵盖了反补贴法适用的大部分问题。关于如何理解法律适用的含义,将在下文中继续讨论。

③ 如果中国政府试图直接反对美国反补贴法的适用,就应该证明在中国根本就不具备适用美国反补贴法的最基本的条件或最基本的前提等事实。例如,中国根本就不存在市场机制等。但是,中国政府并没有提出如此主张。

④ 本章以美国反补贴法为依据,考察美国商务部做法的合法性,不论述该做法是否符合《WTO 协定》附件《SCM 协定》的问题。

在美国对华反补贴调查中,除为确立"反补贴法不适用论"展开论证以外,中国还需要反驳美国的"反补贴法适用论"。美国商务部在对华反补贴调查中认定:第一,在中国,价格由市场机制决定并达到了足以证明补贴存在的程度;第二,由于中国广泛存在政府干预,不能利用中国国内价格作为判断补贴存在的依据。对此,中国认为,美国商务部违反了"两者不可兼得"原则。那么,美国商务部的做法是否违背了这一原则呢?对此问题的回答关系到如何认识认定补贴存在的基本条件和确认一项"财政资助"是否授予"利益"时的判断标准的选择。实际上,这一争论仍然关系到美国反补贴法是否适用于中国("非市场经济国家")的问题。

非常有趣的是,实际上,美国商务部是"反补贴不适用论"[①]的原创者,也是实践者。自 1986 年至 2006 年,虽然美国国内产业或企业曾多次提出了针对社会主义国家出口产品的反补贴调查申请,但美国商务部以社会主义国家是"非市场经济国家"为理由,一律拒绝了反补贴调查申请,并且一贯坚持了该立场。今天,如果美国商务部不改变原来的立场,中美两国在反补贴问题上或许相安无事了。退一步来讲,即使美国商务部对中国适用反补贴法,如果在反倾销调查中将中国认定为"市场经济国家"(即撤销中国是"非市场经济国家"的认定),也许中国针对美国就不提"反补贴不适用论"了。

但是,问题并非人们所想象的那么简单。美国商务部对中国适用反补贴法的同时,在反倾销调查中仍然认定中国是"非市场经

---

① 中国的"反补贴法不适用论"与美国的"反补贴法不适用论"是有区别的。前者主张对"非市场经济国家"一概不适用反补贴法;而后者的特点是,美国在并行的反倾销调查中认定受调查国家是"非市场经济国家",同时还适用反补贴法,需要注意的是"非市场经济国家"概念的变化。尽管如此,两者在不适用反补贴法上是一致的,所以均叫作"反补贴法不适用论"。决定美国的"反补贴法不适用论"的"非市场经济国家"与现在美国反补贴法规定的判断"非市场经济国家"的具体指标不能等同,需要予以区分。

济国家"。① 如上所述,在 2006 年 11 月之前的 20 年间,美国商务部以被申请反补贴调查的国家属于"非市场经济国家"为理由,拒绝了国内企业针对来自包括中国在内的社会主义国家出口产品所提起的反补贴调查申请,并且始终坚持了这一立场。与美国商务部以往 20 年的惯例相比,商务部关于反补贴法适用的立场发生了 180 度的转弯,从对过去中国的不适用走向了对现在中国(已不再是历史上的"社会主义国家",而是"中国特色社会主义"②或"社会主义市场经济"国家)的适用,而且在与反补贴调查同时进行的反倾销调查中仍然认定中国是"非市场经济国家"。③

美国对中国的反补贴调查不同于针对资本主义国家(英国、法国、德国、日本等"市场经济国家")的通常的反补贴调查,前者简单,而后者复杂,主要是因为对华反补贴调查涉及中国经济体制的变化以及美国过去以"非市场经济国家"为理由对中国拒绝适用反补贴法的行政惯例。美国过去的"反补贴法不适用论"演变成了今天的"反补贴法适用论"那么,历史上的"反补贴法不适用论"的理由是什么? 美国今天放弃"反补

---

① 从中国开始改革开放到 2011 年 11 月,美国商务部对中国出口产品只发起反倾销调查。虽然美国企业提出过反补贴调查的申请,但均被拒绝了。现在,中国企业在受到反倾销调查的同时,又在面临反补贴调查,即所谓的"双反调查"。如果补贴和倾销的存在同时成立,并且实质损害及其因果关系能够得到证明,最终结果将是出口企业同时向进口国海关缴纳反补贴税和反倾销税。这些贸易限制措施肯定会侵蚀中国加入 WTO 后应该得到的实惠(出口利益)。学者们需要好好研究贸易限制措施所依据的事实是否真实、是否合法的问题。只从出口量的角度考虑中国加入 WTO 的意义是现代版的重商主义,没有太大的学术意义。中国企业出口受阻后,会增加国内供应或转向其他市场,由此带来的利益与出口受阻所带来的损失应该得到全面的评估,把 WTO 理解成只增加出口利益的工具是相当肤浅的。

② 关于现有的经济制度,中国自己称作"中国特色社会主义"("社会主义市场经济"也是表述经济体制时使用的词汇,对两者的区别需要澄清),这不像改革开放前的纯粹的社会主义制度,是所谓的"中国特色社会主义制度"。这里的"中国特色"几个字,是解读现有经济制度的决定性因素。外国学者认为中国经济是"国家资本主义",同时主张"国家资本主义"与"自由市场经济"的矛盾是当今世界经济领域里的主要问题。笔者认为,中国经济是典型的"国家垄断资本主义",这主要体现在国家的土地公有制(城市全民土地所有制、农村集体土地所有制)和国有企业方面。关于该问题的分析,参见 Ian Bremmer, The End of the Free Market。

③ 1986 年的"乔治城钢铁公司案"是美国联邦上诉巡回法院(CAFC)认可美国商务部裁定拒绝适用反补贴法于社会主义国家的首个判例。2006 年 11 月 20 日,美国拉开了对华反补贴调查的序幕("美国对华铜版纸反补贴调查案")。

贴法不适用论"而主张"反补贴法适用论"的理由又是什么？本章依据美国对华反补贴调查的原始资料对这些问题进行分析并得出结论。

第二节 中国"反补贴法不适用论"

一、对中国判决援引方法的质疑

中国主张，只要美国商务部继续认定中国是"非市场经济国家"，其就不具备将反补贴法适用于中国的权限。① 那么，中国否定美国商务部反补贴法适用权限的根据是什么呢？作为判例法依据，中国援引

---

① 原文："The Department does not have the authority to apply the CVD law to China as long as the Department continues to designate China as a non-market economy(NME)."每逢美国对华实施反补贴调查，中国几乎必提该观点，美国也必然提出反驳。参见如下文件：暖水虾反补贴调查终裁备忘录（2013.8.12），第33、34页；不锈钢拉制水槽反补贴调查终裁备忘录（2013.2.19），第22、23页；应用级风电塔反补贴调查终裁备忘录（2012.12.17），第28—29页；晶体硅光伏电池反补贴调查终裁备忘录（2012.10.9），第23—24页；高压钢瓶反补贴调查终裁备忘录（2012.3.30）；镀锌钢丝反补贴调查终裁备忘录（2012.3.19），第24—31页；钢制轮毂反补贴调查终裁备忘录（2012.3.16），第37—40页；复合木地板反补贴调查终裁备忘录（2011.10.11），第17—21页、第30—35页；铝型材反补贴调查终裁备忘录（2011.3.28），Comment 1（原文未付页码）；钻管反补贴调查终裁备忘录（2011.1），第39—45页；高质量打印用铜版纸反补贴调查终裁备忘录（2010.9.20），第27—31页；无缝碳钢和合金钢标准管、管线管和压力管反补贴调查终裁备忘录（2010.9.10），第36—40页、第42—46页；镁碳砖反补贴调查终裁备忘录（2010.7.26），第14—22页、第25—28页；窄幅编织袋反补贴调查终裁备忘录（2010.7.12），第12—16页；钢丝层板反补贴调查终裁备忘录（2010.6.3），第34—36、第38—43页；钢格板反补贴调查终裁备忘录（2010.5.28），第22—24页、第29—34页；钢绞线反补贴调查终裁备忘录（2010.5.14），第40页、第50—52页；石油管材反补贴调查终裁备忘录（2009.11.23），第27—30页、第35—43页；厨房用金属架反补贴调查终裁备忘录（2009.7.20），第20—23页、第25—30页；后拖式草地维护设备及相关零部件反补贴调查终裁备忘录（2009.6.15），第22—28页；柠檬酸及柠檬酸盐反补贴调查终裁备忘录（2009.4.6），第27—30页、第32—36页；不锈钢焊接压力管反补贴调查终裁备忘录（2009.1.21），Comment 4（原文未付页码）；环形碳素管线管反补贴调查终裁备忘录（2008.11.17），第58—62页；低克重热敏纸反补贴调查终裁备忘录（2008.9.25），第28—29页、第31—33页；非公路用轮胎反补贴调查终裁备忘录（2008.7.7），第28—31页、第37—42页；软磁铁反补贴调查终裁备忘录（2008.7.2），第9—10页、第12—15页；编织袋反补贴调查终裁备忘录（2008.6.16），第28—32页、第33—40页；薄壁矩形钢管反补贴调查终裁备忘录（2008.6.13），第13—17页；圆形焊接碳素钢管反补贴调查终裁备忘录（2008.5.29），第20—22页、第25—29页；铜版纸反补贴调查终裁备忘录（2007.10.17），第16—18页。
以下引证的中国观点均出自上述文献，本章不再具体标注。

了美国联邦上诉巡回法院"乔治城钢铁公司案"判决。① 该案的审理过程历时两年(1984年至1986年),是美国法院关于反补贴法是否适用于"非市场经济国家"问题的首个判例。该案是否确立了"反补贴法不适用于非市场经济国家"(the CVD law does not apply to NMEs)的判例法规则?该判例法规则能否适用于今天的美国对华反补贴调查呢?在回答这些问题之前,首先需要分析中国的主张是否符合法律规定和实际情况。②

中国在美国对华反补贴调查中反复主张,CAFC在审理"乔治城钢铁公司案"时作出了"反补贴法不适用于非市场经济国家的判决"(the CAFC ruled that the CVD law does not apply to NMEs)。若对这段话不加分析,读者会认为"反补贴法不适用于非市场经济国家"是出自CAFC判决的原文。事实上,从CAFC的判决中查不出类似的原文。可以说,这是中国推理得出的主观结论。如下分析更能说明本书判断的正确性。中国主张:"在'乔治城钢铁公司案'中,CAFC明确指出,现行法律中不存在将反补贴法适用于非市场经济国家的意图。"③那

---

① 美国联邦上诉巡回法院,The Court of Appeals for the Federal Circuit,以下简称"CAFC"。原文:"In support, the GOC points to the 1986 ruling by the Court of Appeals for the Federal Circuit(CAFC) in Georgetown Steel Corp. V. United States, 801 F. 2d 1308 (Fed. Cir. 1986), in which the CAFC ruled that the CVD law does not apply to NMEs."

② 为回答"乔治城钢铁公司案"判决对美国对华反补贴调查中补贴存在的认定有无参考意义,美国商务部专门撰写了备忘录:Countervailing Duty Investigation of Coated Free Sheet Paper from the People's Republic of China-Whether the Analytical Elements of the Georgetown Steel Opinion are Applicable to China's Present-DayEconomy(March 29,2007)。与此备忘录密切相关,美国商务部撰写的说明中国"非市场经济国家"性质的两个法律文件:The People's Republic of China(PRC) Status as a Non-Market Economy(NME)(May 15,2006);Antidumping Duty Investigation of Certain Paper products from the People's Republic of China-China's status as a non-market economy(NME)(August 30,2006)。

③ 对于论证美国商务部不享有反补贴法适用权限来讲,"the CAFC ruled that the CVD law does not apply to NMEs"和"under the statutory scheme, the CVD law was not intended to be applied against NME countries"相比,哪一种表述更具有说服力呢?显然是前者。严格来讲,如果前者是真实的存在,那么后者是多余的。中国对后者的主张本身说明,只依赖前者不能完全说明问题。原文为:"In Georgetown Steel the CAFC definitively ruled that, under the statutory scheme, the CVD law was not intended to be applied against NME countries."在所有对华反补贴调查案中,这是中国必提的主张,参见第8页脚注①。与此相反,美国主张,"乔治城钢铁公司案"中并未直接涉及该问题,CAFC也无须予以回答,参见第14页脚注①。

么,这里的"现行法律中不存在将反补贴法适用于非市场经济国家的意图"是不是CAFC判决的原文呢？遗憾的是,这仍然不是CAFC判决的原文,而是中国的主观推测。① 据此可知,"反补贴法不适用于非市场经济国家"和"现行法律中不存在将反补贴法适用于非市场经济国家的意图"均不是"乔治城钢铁公司案"CAFC判决的原文,而是属于中国的主观认识。

如上所述,中国主张的"反补贴法不适用于非市场经济国家"是依据"现行法律中不存在将反补贴法适用于非市场经济国家的意图"的主观推理。那么,中国又是在依据什么主张CAFC认为"现行法律中不存在将反补贴法适用于非市场经济国家的意图"呢？我们看看中国援引的判决原文:"国会……已经作出决定,针对来自'非市场经济国家'的不合理低价销售,保护美国市场的适当手段是反倾销措施。"② 商务部反补贴终裁备忘录显示,这段内容有引号和出处,可以确认这是中国从"乔治城钢铁公司案"判决中援引的原文。总之,中国依据"乔治城钢铁公司案"判决中CAFC对有关国会决定的援引,以推定CAFC对反补贴法目的或适用性的认识,并以此为法律根据,主张"反补贴法对非市场经济国家的不适用性"。

笔者尚未查到"乔治城钢铁公司案"CAFC判决的原文。仔细查阅原始资料,除"Congress... has decided that the proper method for protecting the American market against selling by no-market economies at unreasonably low prices is through the AD law"以外,未找到由中国引用的能够直接确认CAFC意图("反补贴法不适用于非市场经济国家")的判决原文。在审理"乔治城钢铁公司案"时,CAFC极有可能没有作出类似"美国反补贴法不适用于非市场经济国家"的判决,如果有,中国

---

① 如果"反补贴法不适用于非市场经济国家"是"乔治城钢铁公司案"判决的原文,则中国无须提出"在乔治城钢铁公司案中,CAFC明确指出,现行法律中不存在将反补贴法适用于非市场经国家的意图"等。

② 原文:"Congress... has decided that the proper method for protecting the American market against selling by no-market economies at unreasonably low prices is through the AD law"。这是中国援引次数最多的判决原文,参见第8页脚注①。

应该援引判决原文,这样更具说服力,而不应该依赖间接推断。

中国从"乔治城钢铁公司案"判决中援引的"Congress... has decided that the proper method for protecting the American market against selling by no-market economies at unreasonably low prices is through the AD law"这段原文,对论证"反补贴法不适用论"来讲,是间接的或经不起推敲的。实事求是地解读该段判决的含义,它充其量表明,在当时针对来自"非市场经济国家"的低价出口,利用反倾销措施是保护美国国内企业的最佳选择。这与反补贴法的适用与不适用问题没有直接关联性,更不意味着美国国会将反补贴措施排除于针对"非市场经济国家"出口产品的贸易救济措施之外。由此可以确凿地认为,"the CAFC ruled that the CVD law does not apply to NMEs"是中国的主观判断,而不是 CAFC 判决的原文。

针对中国援引的 CAFC 判决原文,也应该在"乔治城钢铁公司案"的历史背景下理解。将这段判决原文理解成有关反补贴法不适用于"非市场经济国家"的一般结论,尤其是针对中美现在的争论(反补贴法是否适用于"非市场经济国家")援引当时的判决是否妥当或具有说服力的问题,需要作更深入的分析。

笔者认为,美国商务部无法认定反补贴法意义上的补贴存在的事实依据是当时的苏联等国家的经济制度:绝对的中央计划经济,即由于国家实行全面的价格控制体制所造成的市场机制的完全"窒息"。在此情况下,针对来自"非市场经济国家"的进口产品,能够成为有效应对手段的只有当时能够利用的反倾销措施。反倾销法不存在因为受调查国家是"非市场经济国家"而不适用的问题,即该法的适用性与受调查国家经济制度的性质是无关的。就反倾销措施来讲,国家的经济制度所能影响的无非是在确定倾销幅度时所需证明的正常价格的选择,即针对来自"非市场经济国家"的出口,进口国可选择第三国市场作为"正常价格",以判断倾销及其幅度的存在。这是对反倾销法与"非市场经济国家"的关系所作的最好的澄清或说明。依据"Congress... has decided that the proper method for protecting the American market against selling by no-market economies at unreasonably low prices is through the AD law"推断"反补贴法不适用性"的做法是缺乏说服力的。

总之,中国为阻止美国对华适用反补贴法而援引"乔治城钢铁公司案"判决的做法存在如下质疑:第一,通过解读CAFC对国会决定的援引,解释法院的立场是不可靠的;第二,忽略了司法判决所根据的事实及其性质的根本变化,即完全的中央计划经济国家向现在的"社会主义市场经济"或者"中国特色社会主义"过渡。在援引一个司法判例论证自己的立场时,应该详细而完整地说明判例所解决的问题,尤其是判例所依据的实体法和事实。非常遗憾的是,中国始终未能做到这一点。为证实自己的主张,中国援引判决中的片言只字并以此为依据推测CAFC的意图,这是不可靠的做法。

二、关于反补贴法适用权限和反补贴调查权限的区别

中国在反对美国对华适用反补贴法时,其所使用的语言的真意需要斟酌。中国不仅主张美国反补贴法的非适用性,甚至否定美国商务部对"非市场经济国家"适用反补贴法的权限或展开反补贴调查的权限。这样的论证方法完全脱离了"乔治城钢铁公司案"的主题,因为该案审理的不是美国商务部是否具有适用权限或调查权限的问题,而是关于其对"非市场经济国家"不适用反补贴法(因忠实地解释补贴定义而无法认定补贴的存在)的做法是否合法的问题。

法律适用,是指根据法律规定对被指控行为的存在与不存在以及法律后果所作的确认。反补贴法规定的补贴定义的适用,是指依据补贴定义确认补贴的存在与不存在。法律的不适用,是指根据法律规定无法确认行为。本章所指的反补贴法的不能适用,主要是指根据补贴定义无法认定补贴的存在。本章对反补贴法规定的其他两个要件(实质损害和因果关系的成立)不予讨论。

针对一项法律规定(本章是指美国反补贴法规定的补贴定义),行政机关适用与不适用不存在权限的问题。如果存在权限,那也是相对的。例如，比起财政部、外交部以及农业部等政府部门，适用反补贴法是属于商务部的权限。但是，这并不表明反补贴法的适用与否取决于商务部的权限，权限是程序法的问题，而适用则是实体法上的事情。反补贴调查属于商务部权限范围内的事情，但这与判断法律适用的正确与否无关。补贴定义适用的合法与否完全是实体法上的问题，能适用就必须适用，不能适用就不适用，不是权限所能决定的，更不是商务部的主观意志所决定的。

因此，无论受调查的国家是"市场经济国家"还是"非市场经济国家"，美国商务部具有反补贴调查权限的事实不变。因为若不展开调查，则将无法判断能否适用法律规则。自 1986 年"乔治城钢铁公司案"CAFC 判决到 2006 年，美国商务部拒绝了国内企业针对"非市场经济国家"申请的反补贴调查。这不是因为没有调查权限，而是由于社会主义国家经济的"非市场性质"（适用补贴定义的基本条件的缺失），即使调查了也白费功夫（无法或不能认定补贴的存在）。所以，是美国商务部主动放弃了调查，而不是因为不享有调查权限。

如上所述，中国援引"乔治城钢铁公司案"判决，主张该案确立了反补贴法不适用于"非市场经济国家"的判例法规则（一般规则），如果该案的判例法规则能够成立，美国商务部应该停止对华反补贴调查。综上所述，中国的论证实在经不起推敲，这样就必须探讨"乔治城钢铁公司案"究竟解决了什么样的法律问题。今天，该判例到底具有什么样的法律意义？[①] 这些问题得到回答后，关于"乔治城钢铁公司案"是支持还是减损"反补贴法不适用论"，才可以得出一个明确的结论。

第三节　美国"反补贴法不适用论"

如上所述，"反补贴法不适用论"的原创者是美国商务部。尽管如

[①] 到现在为止，还看不到国内学者根据"乔治城钢铁公司案"判决书的原始材料对该案进行详细分析的文章，尽管这是二十多年前的案件，今天仍然有必要进行重新研究。

此,针对中国,美国商务部并未无限期地坚持该立场。2006年11月20日,美国商务部放弃了对华不适用反补贴法的做法,而对中国出口的铜版纸发起了反补贴调查,这是美国对华援引"反补贴法适用论"的开端。这样,作为受调查国家的中国就要追究,美国为什么改变了原来所坚持的立场?对此,美国商务部需要给出如下问题的答案:在"乔治城钢铁公司案"发生当时提出"反补贴法不适用论"的理由是什么?今天放弃原来的立场并开始运用"反补贴法适用论"的原因是什么?①

一、"反补贴法不适用论"的依据

在"乔治城钢铁公司案"发生当时,能够使美国商务部裁定反补贴法不适用于社会主义或中央计划经济国家("非市场经济国家")的依据是什么?美国商务部给出了两点理由:第一,"1984年,商务部首次处理了针对'非市场经济国家'适用反补贴法的问题。在法律上缺乏

---

① 关于美国的主张和论证,请参阅如下文件:暖水虾反补贴调查终裁备忘录(2013.8.12),第34页;不锈钢拉制水槽反补贴调查终裁备忘录(2013.2.19),第23页;应用级风电塔反补贴调查终裁备忘录(2012.12.17),第28—29页;晶体硅光伏电池反补贴调查终裁备忘录(2012.10.9),第23—24页;镀锌钢丝反补贴调查终裁备忘录(2012.3.19),第27—31页;钢制轮毂反补贴调查终裁备忘录(2012.3.16),第37—40页;复合木地板反补贴调查终裁备忘录(2011.10.11),第30—35页;铝型材反补贴调查终裁备忘录(2011.3.28),Comment 1(原文未付页码);钻管反补贴调查终裁备忘录(2011.1),第41—45页;高质量打印用铜版纸反补贴调查终裁备忘录(2010.9.20),第32—36页;无缝碳钢和合金钢标准管、管线管和压力管反补贴调查终裁备忘录(2010.9.10),第42—46页;镁碳砖反补贴调查终裁备忘录(2010.7.26),第25—28页;窄幅编织袋反补贴调查终裁备忘录(2010.7.12),第15—16页;钢丝层板反补贴调查终裁备忘录(2010.6.3),第38—43页;钢格板反补贴调查终裁备忘录(2010.5.28),第29—34页;钢绞线反补贴调查终裁备忘录(2010.5.14),第50—52页;石油管材反补贴调查终裁备忘录(2009.11.23),第35—43页;厨房用金属架反补贴调查终裁备忘录(2009.7.20),第25—30页;后拖式草地维护设备及相关零部件反补贴调查终裁备忘录(2009.6.15),第23—28页;柠檬酸及柠檬酸盐反补贴调查终裁备忘录(2009.4.6),第32—36页;不锈钢焊接压力管反补贴调查终裁备忘录(2009.1.21),Comment 4(原文未付页码);环形碳素管线管反补贴调查终裁备忘录(2008.11.17),第59—62页;低克重热敏纸反补贴调查终裁备忘录(2008.9.25),第31—33页;非公路用轮胎反补贴调查终裁备忘录(2008.7.7),第37—42页;软磁铁反补贴调查终裁备忘录(2008.7.2),第12—15页;编织袋反补贴调查终裁备忘录(2008.6.16),第33—40页;薄壁矩形钢管反补贴调查终裁备忘录(2008.6.13),第15—17页;圆形焊接碳素钢管反补贴调查终裁备忘录(2008.5.29),第26—29页;铜版纸反补贴调查终裁备忘录(2007.10.17),第19—23页。关于美国的论证均出自上述文献,以下不再一一引证。

有关不能认定补贴存在的明确指示的情况下,商务部运用其广泛的裁量权,得出了在'非市场经济国家'无法认定反补贴法意义上的'奖励或赠与'(bounty or grant)(这些概念后来为"补贴"所代替,本章暂时不讨论这些概念的历史沿革,以下统称为"补贴")存在的结论。"①第二,"商务部之所以得出这样的结论,在很大程度上是因为,在'非市场经济国家',投入和产出价格均由中央政府的行政权力决定,以致企业利润也由行政权力决定。"②

据此可知,对美国商务部过去的"反补贴法不适用论"来讲,两个因素发挥了决定性作用:一是法律规定方面,即法律没有明确指示有关无法认定补贴存在的情形、美国商务部利用其所掌握的裁量权得出了无法认定反补贴法意义(补贴定义)上的补贴的结论;二是事实方面,即国家权力决定价格以及企业利润。根据美国商务部的陈述,国家权力决定"投入产出"以及"企业利润"发挥了"很大程度"(in large part)的作用。美国商务部对"很大程度"作出说明:"这是当时针对'非市场经济国家'政府的一项具体措施,无法判断其是否提供了'补贴'(奖励或赠与)时所依据的事实。"③可见,作为客观事实,国家行政权力决定"投入产出"以及"企业利润"所发挥的作用,不仅仅是"很大程度"上的,而是"决定性"的。那么,为什么这些客观事实竟然能发挥决定性的作用呢?要说清楚这一问题,还需要将法律规则(补贴定

---

① 原文:"In 1984, the Department first addressed the issue of the application of the CVD law to NMEs. In the absence of any statutory command to the contrary, the Department exercised its 'broad discretion' to conclude that 'a bounty or grant, within the meaning of the CVD law, cannot be found in an NME.'"作出该裁定的两个反补贴终裁是 Steel Wire Rod from Poland: Final Negative Countervailing Duty Determination, 49 FR 19374(May 7, 1984)和 Carbon Steel Wire Rod from Czechoslovakia: Final Negative Countervailing Duty Determination, 49 FR 19370(May 7, 1984).

② 原文:"The Department reached this conclusion, in large part, because both output and input prices were centrally administered, thereby effectively administering profits as well."

③ 原文:"This is the background that dos not allow us to identify specific NME government actions as bounties or grants."商务部对"because both output and input prices were centrally administered, thereby effectively administering profits as well"的法律意义进一步予以证明,指出:"作出不适用裁定的事实依据就是苏联阵营社会主义国家计划经济的现实。"原文:"The Department based its decision upon the economic realities of Soviet-bloc economies."

义)与事实结合起进行分析。换言之,只讲事实是说明不了法律问题的。

如上所述,事实因素不是也不可能是决定美国商务部裁定的唯一理由,此外至少还有三个法律因素影响了美国商务部的裁定:第一,"在法律上不存在任何有关不适用反补贴法的明确指示的情况下";第二,"商务部运用其广泛的裁量权(broad discretion)";第三,"得出了在'非市场经济国家'无法认定反补贴法意义上的补贴存在的结论"。本章暂时不讨论后两者。实际上,对美国商务部作出"无法认定补贴存在"的裁定来讲,其"裁量权"也许发挥了一定的作用,但是不是达到了决定性的程度呢?这是需要仔细分析的问题。

二、裁量权的意义

英文"裁量权"(discretion)一词的含义是:"在特殊情况下应该作出决定的自由或权力。"[1]据此可知,裁量权不是凭空存在的,其存在理由是"特殊情况"。换言之,在正常情况下是无须裁量权的。因为法律不可能预见将来可能发生的所有事情并作出相应规定,所以允许行政机关在特殊情况下自由处理问题,也叫作"自由裁量权"。

那么,决定美国商务部有关适用反补贴法的裁量权的特殊情况指的是什么呢?据"在法律上不存在有关不适用反补贴法的明确指示的情况下"[2],商务部运用其广泛的裁量权"可知,"在法律上不存在有关不适用反补贴法的明确指示的情况"是导致美国商务部行使"裁量权"的法律上的特殊情况。本章分析认为,"无法适用反补贴法"应该

---

[1] 原文:"The freedom or power to decide what should be done in a particular situation." Oxford Advanced Learner's Dictionary, Sixth Edition, Oxford University Press, 2000, p. 358.

[2] "In the absence of any statutory command to the contrary"是指与"能够认定补贴存在"的相反情况,是与"to conclude that a bounty or grant, within the meaning of the CVD law, cannot be found in an NME"一致的内容。这在此被译成了"在法律上缺乏有关不能认定补贴的明确指示的情况下",如果直接翻译成"在缺乏相反的法律规定的情况下"则不利于明确这段内容。"无法(或不能认定)认定补贴"(即与能够认定补贴存在情况的相反)是依据"a bounty or grant, within the meaning of the CVD law, cannot be found in an NME"中"cannot be found"得知的。

是"适用反补贴法"的相反情形,"适用反补贴法"是指依据法律规定能够认定补贴存在与不存在的情形。所以,在已经有了法律规定(补贴定义)的情况下,反向解释法律规定就可掌握"无法适用反补贴法"的依据,也就不需要针对"无法适用反补贴法"的情形作出专门的规定。

分析到这里,可以得出如下结论:"裁量权"依赖于适用反补贴法的情形,这一情形则依赖于补贴的定义,补贴定义的相反解释是无法适用反补贴法的依据。因此,在不能或无法适用补贴定义的问题上,裁量权的存在与否都是个疑问。① 可见,对"反补贴法不适用论"来讲,"裁量权"并未发挥多大作用(甚至不存在)。分析到这里,可以得出如下结论:对美国商务部作出在"非市场经济国家"无法认定补贴的裁定来讲,"缺乏有关不适用反补贴法的明确指示"和"裁量权"都没有发挥什么重要的作用,这些因素甚至是无关紧要的。接下来需要分析的是,对美国商务部"反补贴法不适用论"来讲,除上述两个因素以外的其他两个因素,即法律依据(反补贴法意义上的补贴,即补贴定义)和客观事实(国家权力决定价格)所发挥的作用。

三、决定商务部裁定的法律规则

从美国商务部"得出了在'非市场经济国家'无法认定反补贴法意义上的补贴存在的结论"中看出,"反补贴法意义上的补贴"是"无

---

① 按照美国商务部的辩解,在反补贴调查中,正常情况就是指能够顺利认定补贴存在的情况,而无法认定或不能认定补贴存在的就是特殊情况。在反补贴调查与补贴认定问题上,比起正常情况的市场经济,中央计划经济就属此类情况。在此情况下,不能认定补贴存在(或否定补贴存在)是美国商务部的裁量权范围内的事情了。问题在于,为什么在"社会主义国家利用中央行政权力决定一切投入产出价格的实际情况"下,美国商务部就无法认定补贴的存在呢?裁量权是在特殊情况下主体享有的作出决定的自由,那么美国商务部为什么在"社会主义国家利用中央行政权力决定一切投入产出价格的实际情况"下作不出认定补贴存在的决定呢?事实说明,从"乔治城钢铁公司案"以后,只要在受调查国家的实际情况不变的情况下,美国商务部始终坚持了以无法认定补贴存在为理由拒绝对"非市场经济国家"适用反补贴法的做法。可见,美国商务部作出无法认定补贴的裁定与裁量权无关,如果是援引裁量权,它有可能作出认定补贴存在的裁定,而不是相反。

法认定补贴"的法律依据,而不是上述广泛的裁量权。据此可知,如果美国商务部在认定补贴时不考虑"反补贴法意义上的补贴"这一法律规则,也能够自行决定补贴的存在与否,也许就不存在"无法认定补贴存在"的情况了。但是,美国商务部在作出认定补贴的存在与否的裁定时,明确意识到并遵守了"反补贴法意义上的补贴",这实际上指的就是补贴的定义。可以说,补贴的定义规范或约束了美国商务部作出"无法认定补贴存在"的裁定行为。在此情况下,"裁量权"是谈不上的。事实上,"在法律上不存在有关不适用反补贴法的明确指示的情况下",是指补贴定义的相反情况。如上所述,在存在关于认定补贴存在的补贴定义的情况下,关于其相反情况是不需要什么明确指示的,而将补贴定义予以相反解释就能解决问题。这样,分析补贴定义的法律功能成了必须做的工作。

四、补贴定义及其法律功能

美国反补贴法所规定的补贴定义可概括为:"政府"或任何"公共机构"给"接受者"通过提供"财政资助"所授予的"利益"。[①]

---

① 美国反补贴法规定的补贴定义与《SCM 协定》的规定几乎是一致的,为深入理解补贴定义,引述《SCM 协定》的补贴定义如下:
Part I:General Provisions
Article 1:Definition of a Subsidy
1.1　For the purpose of this Agreement,a subsidy shall be deemed to exist if:
(a)(1) there is a financial contribution by a government or any public body within the territory of a Member (referred to in this Agreement as "government"),i. e. where:
(i) a government practice involves a direct transfer of funds (e. g. grants,loans,and equity infusion),potential direct transfers of funds or liabilities (e. g. loan guarantees);
(ii) government revenue that is otherwise due is foregone or not collected (e. g. fiscal incentives such as tax credits)(In accordance with the provisions of Article XVI of GATT 1994 (Note to Article XVI)and the provisions of Annexes I through III of this Agreement,the exemption of an exported product from duties or taxes borne by the like product when destined for domestic consumption,or the remission of such duties or taxes in amounts not in excess of those which have accrued,shall not be deemed to be a subsidy.);
(iii) a government provides goods or services other than general infrastructure, or purchases goods;

该定义所反映的是"接受者利益论"①的法理,即当"政府"(或"公共机构")通过一项措施(主要是指"财政资助")授予"接受者"(企业或产业或其集团)超出"市场条件"的"利益"时,就认定补贴的存在。因此,补贴是由"财政资助"给"接受者"带来的超出"市场条件"的好处,

(ⅳ) a government makes payments to a funding mechanism, or entrusts or directs a private body to carry out one or more of the type of functions illustrated in(ⅰ) to(ⅲ) above which would normally be vested in the government and the practice, in no real sense, differs from practices normally followed by governments;

or

(a)(2) there is any form of income or price support in the sense of Article XVI of GATT 1994;

and

(b) a benefit is thereby conferred.

① 关于《SCM 协定》第 1 条规定的补贴定义的解释,确立"接受者利益论"的重要判例是"加拿大提供民用飞机出口补贴案"。该判例中,"接受者利益论"的观点体现在对"benefit"的解释上。专家组报告的主要段落如下:"... the ordinary meaning of 'benefit' clearly encompasses some form of advantage.... In order to determine whether a financial contribution(in the sense of Article 1.1(a)(ⅰ))confers a 'benefit', i. e., an advantage, it is necessary to determine whether the financial contribution places the recipient in a more advantageous position than would have been the case but for the financial contribution. In our view, the only logical basis for determining the position the recipient would have been in absent the financial contribution is the market. Accordingly, a financial contribution will only confer a 'benefit', i. e., an advantage, if it is provided on terms that are more advantageous than those that would have been available to the recipient on the market. 68 (emphasis added)", Panel Report, para. 9. 112.

该案上诉机构报告的主要段落如下:"We also believe that the word 'benefit', as used in Article 1.1(b), implies some kind of comparison. This must be so, for there can be no 'benefit' to the recipient unless the 'financial contribution' makes the recipient ' better off' than it would otherwise have been, absent that contribution. In our view, the marketplace provides an appropriate basis for comparison in determining whether a 'benefit' has been ' conferred', because the trade-distorting potential of a 'financial contribution' can be identified by determining whether the recipient has received a 'financial contribution' on terms more favorable than those available to the recipient in the market. 157; Article 14, which we have said is relevant context in interpreting Article 1.1(b), supports our view that the marketplace is an appropriate basis for comparison. The guidelines set forth in Article 14 relate to equity investments, loans, loan guarantees, the provision of goods or services by a government, and the purchase of goods by a government. A 'benefit' arises under each of the guidelines if the recipient has received a 'financial contribution' on terms more favorable than those available to the recipient in the market."

即"利益"。① 虽然"市场"概念未出现在补贴定义中,但关于这一问题的判例反复确认,认定"利益"的存在与否时必须以市场为判断标准。这里的"市场"有狭义和广义之分:前者是指衡量一项"财政资助"是否授予了"利益"的"判断标准";后者还要包含受调查国家的经济体制是否属于市场经济的问题。②

据上述分析可知,认定补贴的存在需要两个基本前提条件:第一,认定超出市场条件的利益的存在具有实际意义,即受调查国家整体经济环境的市场性质;第二,接受利益的企业独立于其他企业实体而存在,即受调查企业脱离于国家和政府以及其他企业。如果连这些基本条件都不成熟,自然就不可能认定补贴的存在。在此情况下,认定补贴不存在也是很自然的结果。③

补贴定义所发挥的法律功能就是,规范和约束拥有调查和裁定权限的行政机关的认定行为,使其严格按照补贴定义所规定的法律要件证明补贴的存在。因此,依据补贴定义,作出补贴存在和不存在的认定以及无法认定(无法适用补贴定义)都是可能的,无论作出哪一种裁定都是遵守补贴定义的结果。无法认定补贴的存在不是特殊情况,而是反向解释补贴定义的结果。换言之,无法认定补贴存在的情况,也是补贴定义所预料中的事情,而不是特殊情况。因为在"乔治城钢铁公司案"发生之前,受到反补贴调查的均是"市场经济国家",所以也

---

① 例如,政府提供低于市场商业贷款利息的贷款、政府以高于股票市场价格购入股票、低于市场价格的货物和服务的提供等。尽管美国反补贴法规定的补贴定义经过几次修改,从原来的"bounty"和"grant"变成了现在的"subsidy",但是补贴定义的基本精神(即"接受者利益论")未变,商务部在反补贴调查的实践中反复运用和继承了这一精神。

② 补贴定义的应有含义是,只有在一个国家已具备市场经济条件(市场中存在因政府干预而受到扭曲的部分不影响对国家经济性质整体的判断)的情况下,反补贴法所规定的"补贴"(超出"市场条件"的"利益")才有存在的意义。不然,即便使用第三国的判断标准证明和计算出了补贴的金额也没有实际意义。换言之,补贴定义要求的是被调查企业处于市场经济条件的大环境或基本条件下,其生产活动是在按照市场机制(供求平衡决定价格,企业受价格的影响而调整供求量)展开。

③ 应该明确承认的是,即使在美国的反补贴法中,也不存在有关这一问题的直接规定,关于认定补贴存在与否的最基本的条件(一个国家的经济体制),是通过补贴定义的推理而得知的知识判断,当然不需要专门的立法。

就未出现过无法适用反补贴法甚至补贴定义的问题。针对"非市场经济国家"适用反补贴法的问题确实出现得很晚,但这不表明对后者就束手无策或无法处理。美国商务部反向解释补贴定义,裁定无法认定补贴的存在就是处理方法之一。相对"市场经济国家"的反补贴调查而言,对"非市场经济国家"的调查确实很少,如果说后者具有特殊性,那也就仅此而已。

五、无法认定补贴存在的事实依据

那么,决定美国商务部反向解释补贴定义以处理问题的客观事实是什么呢?如上所述,补贴定义不仅是认定补贴存在的法律依据,同样也是无法认定补贴存在的判断尺度。从现实中找到并确定补贴定义要求的客观事实,就能认定补贴存在;如果找不到足够的证据,就认定补贴不存在;如果找到了与认定补贴存在的依据相反的事实,那就无法认定补贴的存在,也就是美国商务部所说的无法适用补贴定义或反补贴法。[①]

通常情况下,保证认定补贴存在的基本条件是"市场经济",这是指一个国家整体经济体制的性质。与此完全相反的事实就是中央计划经济,即市场机制完全处于窒息的状态,典型的表现就是政府对价格的全面控制以及国家对企业所有权的全面掌握,最终结果就是一个国家的绝大部分产品价格及企业利润均由行政权力来决定。"企业的投入和产出的价格均由中央政府来决定,以致企业的利润也由行政权力来决定",这是美国商务部作出无法认定补贴的裁定时所依据的实际情况。在当时的波兰、捷克以及苏联或中国等社会主义国家,正如美国商务部所认定的那样,企业的投入和产出的价格均由中央政府通过行政权力决定,以致企业的利润也是由行政权力决定的。

[①] 关于反补贴法的适用,美国商务部的解释与笔者的理解大不相同。美国商务部认为,只有在依据补贴定义能够认定补贴存在的情况下才叫作"适用"。笔者认为,依据补贴定义,能够确认补贴存在与不存在都是指适用,无非后者是在反向解释的情况下得出的结论。

这里所说的"企业的投入和产出的价格",不仅仅是指受调查企业的个别情况,而是指受调查企业所处的整体经济环境。虽然在当时的美国反补贴法中不存在关于"非市场经济国家"的具体规定,但如上所述,反向解释补贴的定义,就可以得出在"非市场经济国家"无法认定补贴的结论,这是符合实际的解释。因此,在当时美国商务部作出对"非市场经济国家"不适用反补贴法的裁定,应该说是合法合理的做法,但绝对不是行使裁量权的结果。如果是裁量权起到了决定性作用,美国商务部也可能作出认定补贴存在的裁定。但是,根据补贴的定义,商务部作出否认补贴存在的裁定(或无法认定)是必须的,是没有裁量余地的。①

如上所述,在针对"乔治城钢铁公司案"当时的实行中央计划经济的社会主义国家的反补贴调查中,美国商务部无法作出补贴存在的认定的理由与其裁量权无关,具有决定意义的则是认定补贴时须遵守的补贴定义(法律规定)和事实。但是,美国商务部在提出事实的同时,遗忘了对法律依据(补贴定义)的详细论证。没有法律规定,只靠事实是得不出无法认定补贴的结论的。

总之,当时在这些社会主义国家,法律上要求的证明补贴存在的大环境和最基本的前提条件都不具备,决定这些国家经济体制的实际情况是"企业的投入和产出的价格均由中央政府通过行政权力来决定,以致企业的利润也是由行政权力决定的"。在此条件下,也就无法认定补贴的存在,即使认定了补贴的金额(例如,不使用判断标准就能计算出"赠款"或"税收的减免")也没有实际意义。

从接受补贴的企业的独立性来讲,在社会主义国家,企业为国家所有,政府财政和企业密切挂钩。别说政企关系,甚至企业相互之间也没有独立性可言。因此,调查个别企业的补贴是无法做到的,也没

---

① 如前所述,从根本上讲,决定美国商务部不适用反补贴法的关键性因素不是反补贴调查权限或裁量权,而是反补贴法所规定的补贴定义和当时的事实。当时针对苏联式中央计划经济国家,如果美国商务部选择了适用反补贴法,当有利害关系方提起行政诉讼时,在司法审查过程中,商务部的适用结果应该被推翻。

有实际意义。

综上所述,美国商务部作出针对"非市场经济国家"不适用反补贴法的裁定(或无法认定补贴存在)的依据是"反补贴法意义上的补贴"的相反情况(即认定补贴存在的法律要件的缺失)和"社会主义国家利用国家行政权力决定一切投入产出价格以及企业利润的现实情况"。

第四节 "乔治城钢铁公司案"判决的意义

如上所述,中国"反补贴法不适用论"的依据是"乔治城钢铁公司案"判决。对此,美国商务部有责任说明该案判决并不为"反补贴法不适用论"提供支持,相反,该案判决起到了否定"反补贴法不适用论"的作用。这就引出一个问题:为什么"乔治城钢铁公司案"有利于"反补贴法适用论"而不利于"反补贴法不适用论"呢?接下来,我们考察美国商务部的说明。[1]

---

[1] 为说明"乔治城钢铁公司案"判决是否适用于今天的美国对华反补贴调查,美国商务部作出了备忘录(以下简称"MEMORENDUM 2007"):Countervailing Duty Investigation of Coated Free Sheet Paper from the People's Republic of China-Whether the Analytical Elements of the Georgetown Steel Opinion Are Applicable to China's Present-Day Economy(March 29,2007)。这一备忘录产生的背景如下:On November 20, 2006, the Department of Commerce initiated Countervailing Duty Investigation on imports of coated free sheet paper from the People's Republic of China. This is the first CVD investigation involve China since 1991. The initiation of the present investigation requires that the Department review its long-standing policy of not applying the CVD law to non-market economy countries, such as China. On December 15, 2006, the Department issued a notice requesting comment on the applicability of the CVD law to imports from China. See Application of the Countervailing Duty Law to Imports From the People's Republic of China: Request for Comment, 71 FR 75507 (Dec. 15, 2006). In that notice, the Department cited to the 1986 decision of the Court of Appeals for the Federal Circuit, which affirmed the Department's discretion not to apply CVD law to NMEs. This memorandum focuses on whether the analytical elements of the Georgetown Steel opinion, which was framed according to the traditional, Soviet-style economies of the 1980s, are applicable to China's present-day non-market economy. As discussed in detail below, given the substantial difference in the economies at issue in Georgetown Steel and China's economy during the period of investigation in the current proceeding, we find that the Department's policy that gave rise to the Georgetown Steel litigation is inapposite to the current investigation and does not bar the application of the CVD law to imports from China. MEMORENDUM 2007, pp. 1—2.

一、"乔治城钢铁公司案"概况

1984年,美国商务部首次遇到了国内企业要求对来自苏联、民主德国、波兰以及捷克等社会主义国家("非市场经济国家")的进口产品进行反补贴调查的申请,这是关于反补贴法是否适用于"非市场经济国家"的首个案件。对此,美国商务部作出了拒绝适用反补贴法的行政裁定(也就是当时的"反补贴法不适用论")。① 国内企业乔治城钢铁公司不满(因为适用反补贴法才能满足对进口产品征收反补贴税的要求)美国商务部的做法,将其告到了美国国际贸易法院(Court of International Trade,CIT),这是"乔治城钢铁公司案"的开端。在"乔治城钢铁公司案"一审中,CIT审查的是美国商务部拒绝适用反补贴法的做法是否合法,或者说依据受调查国家("非市场经济国家")的事实无法认定补贴的存在是否合法的问题。这显然是实体法上的问题,而不是程序法上的事情。CIT否决了美国商务部的行政裁定,即美国商务部无法认定补贴的存在是违背法律的。换言之,美国商务部应该作出认定补贴存在的裁定。美国商务部不服CIT的判决,将一审判决上告到了联邦上诉巡回法院(CAFC),"乔治城钢铁公司案"进入了二审阶段。审理结果是,CAFC驳回了国际贸易法院的判决,认可了美国商务部的裁定。换言之,美国商务部的"反补贴法不适用论"胜诉了。这就是著名的"乔治城钢铁公司案"。

二、"乔治城钢铁公司案"审理的核心问题

"乔治城钢铁公司案"中,联邦上诉法院所要解决的问题是,根据法律规定和案件的事实,对被国际贸易法院推翻的商务部行政裁定(在"非市场经济国家"无法认定补贴的存在)的合法性作出判决。

---

① "乔治城钢铁公司案"审查的关于美国商务部不适用反补贴法的裁定:Carbon Steel Wire Rod from Poland:Final Negative Countervailing Duty Determination,49 FR 19374(May 7,1984);Carbon Steel Wire Rod from Czechoslovakia:Final Negative Countervailing Duty Determination,49 FR 19370(May 7,1984)。

CAFC 在判决中指出：

> 执行反补贴法的行政机关具有广泛的裁量权以证明法律所规定的补贴（bounty or grant）的存在。商务部认定指出，苏联和民主德国提供给碳酸产品（出口到美国。——引者注）的利益不是反补贴法第 303 节意义上的补贴，我们并不认为这一认定缺乏合理性，商务部的结论符合法律，没有滥用裁量权。[①]

根据这段判决可知，CAFC 在支持美国商务部的裁定时，提出了两个根据：一是广泛的裁量权；二是反补贴法意义上的补贴。我们在此先讨论后者，即 CAFC 对补贴定义的解释与适用。

美国商务部所考虑的"非市场经济国家"的含义和范围与苏联、民主德国等国家当时的经济体制是一致的。CAFC 判决中的"苏联和民主德国提供给碳酸产品（出口到美国）的利益不是反补贴法第 303 节意义上的补贴"表明，以当时苏联和民主德国经济体制的实际情况为依据，证明美国反补贴法规定的"利益"（补贴定义的构成要件之一）是很困难的。如上所述，补贴定义中的"利益"是在市场这一大环境下将一项政府措施与具体市场（贷款、土地、钢铁和石油等）相比较而得出的结果，如果受调查国家的经济体制不是市场经济，那么自然就不存在具体市场，既无比较的意义，也无法比较，自然也就无"利益"可言。

当时受反补贴调查的这些国家里根本就不存在市场条件，即受调查企业所处的大环境是国家权力绝对控制经济的计划体制，不存在任何市场机制发挥作用的余地。在此情况下，针对超出"市场条件"的

[①] 判决的这一段内容非常重要，原文："The agency administering the countervailing duty law has broad discretion in determining the existence of 'bounty' or 'grant' under that law. We cannot say that the Administration's conclusion that the benefits the Soviet Union and the German Democratic Republic provided for the export of potash to the United States were not bounties or grants under section 303 was unreasonable, not in accordance with law or an abuse of discretion." 中国援引的判决原文在论证"反补贴法不适用论"时有些牵强甚至不沾边。与此相比，美国商务部引用的判决更有说服力。

"利益"的存在作出证明是完全不可能的。原因很简单,不存在前提条件和比较的基础,即市场环境本身不存在,当然也就无法证明超出市场条件的"利益"的存在。①

笔者认为,通过判例所确立的规则(判例法)的有效性应该局限于与原案(设立判例法的案件)所涉事实相同的案件中。换言之,在法律规定不变的情况下,先例的有效性依赖于构成前后两个案件背景事实的相同性。1986 年"乔治城钢铁公司案"判决确认了美国商务部的做法(在"非市场经济国家"中无法认定补贴的存在)是合理的,而且未超越权限(事实上,超越权限与否与补贴认定无关)。② 因为"乔治城钢铁公司案"判决认可美国商务部裁定的合法性时,所依据的事实是"苏联式的中央计划经济",只要受调查国家的经济体制与此相同,美国商务部的做法就应该得到认可,即"乔治城钢铁公司案"判决的有效性是不容置疑的。

关于针对"非市场经济国家"能否适用反补贴法的问题,"乔治城钢铁公司案"所具有的重大意义是,该案判决没有否定美国商务部所作的裁定(无法作出补贴存在的认定或无法适用反补贴法),而且,该裁定的有效性应该受到"企业的投入和产出的价格均由中央政府通过行政权力决定,以致企业的利润也是由行政权力决定的"这一条件的制约。

需要注意的是,在"乔治城钢铁公司案"当时,美国商务部认定"非市场经济国家"的核心事实与现行美国反补贴法所规定的判断

---

① 为论证"乔治城钢铁公司案"判决的意义,美国商务部援引了美国国际贸易法院最新案件的判决。该案法院判决指出,"乔治城钢铁公司案"中,法院只是肯定了商务部在该案的特殊情况下将反补贴法不适用于"非市场经济国家"的做法,同时肯定了商务部有广泛的裁量权以决定是否将反补贴法适用于"非市场经济国家"。原文:"The Georgetown Steel court only affirmed the Department's decision not to apply countervailing duty law to the NMEs in question in that particular case and recognized the continuing 'broad discretion' of the agency to determine whether to apply countervailing duty law to NMEs."Government of the People's Republic of China v. United States,483 F. Supp. 2d at 1282.

② 美国商务部作出在"非市场经济国家"无法认定补贴的存在这一裁定之前,对事实和补贴定义所作的分析过程不应被忽略。

"非市场经济国家"的各项指标所反映的事实并不完全相同。① 在此情况下,机械地坚持"乔治城钢铁公司案"的判决和美国商务部当时的裁定(尽管在以后的二十多年间演化为行政惯例),主张"反补贴法不适用论"是缺乏说服力的。原因很简单,法律适用的事实依据发生了实质性的变化。

CAFC 在支持商务部裁定的判决中指出:"执行反补贴法的行政机关具有广泛的裁量权以证明法律所规定的补贴的存在。"该案判决在裁量权问题上仍然留下了需要澄清的疑问。在"执行反补贴法的行政机关具有广泛的裁量权以证明法律所规定的补贴的存在"中,"广泛的裁量权"包含作出关于补贴存在、补贴不存在以及无法认定补贴的认定结果的概念。如上所述,裁量权的本质是主体作出决定的自由,而不是对是与非的决定。

美国商务部在依据补贴定义认定补贴存在或不存在时,没有任何裁量权可言,要么认定存在,要么认定不存在,或者作出无法适用补贴定义的裁定。因为补贴的存在与不存在不是留给美国商务部的裁量权所解决的问题。在补贴定义面前,不存在美国商务部有没有裁量权的问题,只能根据法律和事实作出裁定。如上所述,美国商务部作出了补贴不存在的认定,原因不是其裁量权的行使,而是遵循补贴定义的结果。美国商务部虽然未能直接适用补贴定义,但反向解释补贴定

---

① 美国现行反补贴法中关于"非市场经济国家"的一般定义为:An NME for purposes of the U. S. antidumping law is defined in section 771(18)(A)of the Tariff Act of 1930(the"Act")as "any country that the administering authority determines does not operate on market principles of cost or pricing structures, so that sales of merchandise in such country do not reflect the fair value of the merchandise."

具体判断指标为:(1) the extent to which the currency of the foreign country is convertible into the currency of other countries;(2) the extent to which wage rates in the foreign country are determined by free bargaining between labor and management;(3) the extent to which joint ventures or other investments by firms of other foreign countries are permitted in the foreign country;(4) the extent of government ownership or control of the means of production;(5) the extent of government control over the allocation of resources and over the price and output decisions of enterprises;(6) such other factors as the administering authority considers appropriate. The People's Republic of China(PRC)Status as a Non-Market Economy(NME)(May 15,2006).

义,作出了无法适用的裁定。CAFC 是依据补贴定义支持美国商务部认定(裁定无法认定补贴的存在)的合法性的,但同时又把裁量权混合在法律(实体法)判断里面,这是非常含糊的做法。CAFC 在判决中指出美国商务部具有广泛的裁量权,这无疑使美国商务部备受鼓舞,更加确信自己有裁量权。每逢中国提出美国商务部无反补贴法的适用权限时,美国商务部均拿出裁量权争论一番。① 事实上,中国没有必要争论反补贴法适用权限的有无,美国商务部也没有必要主张享有裁量权云云,两者都是多余的。

总之,"乔治城钢铁公司案"支持了美国商务部的"反补贴法不适用论"。但是,支撑判决结论的决定性因素是美国商务部所依据的补贴定义和事实,而不是裁量权。

第五节　美国国会的意图

一、中国的主张

如上所述,中国在主张"反补贴不适用论"时,援引了"乔治城钢铁公司案"判决的如下内容:"Congress... has decided that the proper method for protecting the American market against selling by no-market economies at unreasonably low prices is through the AD law."

除此之外,关于反补贴法能否适用于"非市场经济国家"的问题,美国国会立法未作出明确的规定,这一事实是没有争论余地的。中国也未提出除"乔治城钢铁公司案"判决以外的、能够确认国会意图(认可反补贴法不适用于"非市场经济国家")的其他依据。中国的论证方法是,通过证明国会对"乔治城钢铁公司案"判决结果的认可,证明国会具有这方面的意图。② 例如,中国主张:即使现在,"'乔治城钢铁

---

① 参见第 14 页脚注①。
② 参见第 8 页脚注①。

公司案'也仍然保留着其主导性的先例地位,因为该案联邦上诉巡回法院有关反补贴法不适用于'非市场经济国家'的判决得到了国会的认可。"①中国还论证指出:"该案以后,尽管遇到几次修改法律的机会,国会均没有通过立法程序制定出将反补贴法适用于'非市场经济国家'的明确规定。根据法律规定,如果国会试图为改变司法判例中形成的概念而制定法律,将会明确表示其意图。"②

很显然,为证明美国国会对"乔治城钢铁公司案"判决结论的认可,中国在援引国会的不作为行为,即未主动修改法律。为证明国会的意图,中国首先援引的是美国1988年《综合贸易与竞争法》,该法虽然对适用于"非市场经济国家"的反倾销法的规定进行了修改,但对反补贴法的基础未作任何更动。根据中国的看法,美国国会已经明确其意图,利用对"非市场经济国家"产品倾销幅度的认定方法,完全能够处理和应对其补贴对市场的扭曲效果,针对来自"非市场经济国家"的不公平贸易,须利用反倾销法进行处理,而不是反补贴法。③

中国援引的另一个法律依据是美国1994年《乌拉圭回合协定法》。中国认为,尽管该法有多处修改反补贴法的规定,但对"非市场经济国家"不适用反补贴法这一事项未作出任何具体规定。④

笔者认为,中国利用美国国会的不作为行为⑤,论证国会认可"乔治城钢铁公司案"判决结论的做法是缺乏说服力的。因为认可应该是个积极的行为,通过消极的不作为证明本应该是积极的认可行为,说服力是非常脆弱的。国会没有明确反对的,不一定是积极予以认可的。

实际上,更容易证明的是美国国会并没有反对"乔治城钢铁公司案"判决结论(支持美国商务部无法认定补贴存在的裁定)。对此,如果国会持反对态度,应该通过立法手段明确其意图。因为针对一项不

---

① 参见第8页脚注①。
② 同上。
③ 同上。
④ 同上。
⑤ 自"乔治城钢铁公司案"以后,美国国会没有利用修改反补贴法的机会作出将反补贴法不适用于"非市场经济国家"的明确规定,这是事实。

接受或反对的法院判决（或行政机关的裁定），如果不采取积极的措施表示反对的态度和目的，国会有可能被误认为在默认该判决。①

总之，笔者确信，决定判例是否具有法律效力的不是美国国会的意图，而是在法律的基本规定（精神实质）不变的情况下，适用判例的案件所涉及的事实与先例所依据的事实的相同性。关于决定"乔治城钢铁公司案"判决结论的事实和法律，我们在前面已经讨论过了，因为这非常重要，所以赘述如下：决定"乔治城钢铁公司案"判决的核心事实是，在当时的苏联等社会主义国家实施的是容不得半点市场机制存在的经济体制，即绝对的中央计划经济。法律方面，就是反映"接受者受益论"的反补贴法所规定的补贴的定义。

在论证"乔治城钢铁公司案"判决结论的现实意义时，在美国国会没有明确表示反对的情况下，没有必要进一步论证它是否认可了该案的判决结论。笔者认为，即使没有国会的事后认可，"乔治城钢铁公司案"的判例效果依然可以得到确立，但它不能超越法律规定和事实的范围。

问题在于如何掌握"乔治城钢铁公司案"判例效果的实际范围和限度。更重要的是，具体问题具体分析，实事求是地评价每个案件的实际情况。如前所述，即使在今天，如果受美国商务部反补贴调查的国家的经济体制与案件当时各国的经济体制完全相同，受调查的国家完全可以援引"乔治城钢铁公司案"的判例，以导致反补贴法无法适用的情况依然存在为理由，抵制美国商务部对其适用反补贴法的做法。②

---

① 在美国，一个判例的形成是否必须通过国会的事后承认，即通过制定明文规定加以确认？因为笔者没有研究过这一问题，无法作出结论。但是，笔者总体上认为，即使不通过立法机关的明文规定或事后认可，判例法也应该能够成立。换言之，国会的事后认可不应该是判例法形成的决定性的根据。之所以称之为"判例法"，不通过国会立法得以成立应该是其本意，不然怎么会叫"判例法"呢？

② 如上所述，美国认为，在"乔治城钢铁公司案"以后的立法实践过程中，关于反补贴法是否适用于"非市场经济国家"的问题，国会未将特殊条款规定到反补贴法中，这是事实。但是，这并不表明美国商务部没有将反补贴法适用于"非市场经济国家"的法律权限。美国商务部依据所享有的执行反补贴调查的一般权限，足以处理针对"非市场经济国家"的反补贴问题。因为权限已经被赋予，再也没有必要重新认可。但是，拥有针对任何国家（无论是否属于"市场经济国家"）适用反补贴调查的权限，并不意味着必然能够适用实体反补贴法。

在分析中国的补贴以及对华反补贴调查问题时,不能忽略如下事实,即左右证明补贴存在的客观情势(经济体制的改革)在朝着与中国的立场相反的方向发展,并在发生质的变化,变化的时间跨度已经近三十年。从20世纪80年代开始,是包括中国在内的苏联式中央计划经济国家在推行经济体制的改革,而不是相反。美国国会应该清楚反补贴法的根本意图是什么,这一意图主要体现在补贴和反补贴税的定义中。① 从理论上讲,所谓"非市场经济国家"的改革越彻底,对其适用反补贴法的可能性就越大,国会怎么可能制定一个与决定反补贴法适用的历史发展趋势背道而驰的规则呢?事实上,美国国内产业不满足于没有明文规定的现状,近年来一直在要求国会制定一个将反补贴法适用于"非市场经济国家"的明确规则。② 现实表明,美国国会虽并未按照国内产业界的要求制定法律,但美国商务部对中国出口产品适用反补贴法的做法却连续不断。

二、美国的主张

与中国的主张相反,美国列举了一大堆法律事实,旨在证明国会支持和认可反补贴法适用于中国的立场。例如,相关法律规定,给商务部拨款以监督中国在 WTO 所作的承诺,以及利用反倾销和反补贴措施以应对来自中国出口的明确意图。③ 国会在有关法律中还明确意识到,中国加入 WTO 后要受到《加入议定书》和《SCM 协定》的约束

---

① 笔者认为,当时的美国反补贴法的定义更能反映美国国会的原始意图,对此有必要认真研究。比起对国会对"乔治城钢铁公司案"判决结论所表明的态度或意图的论证,直接证明在反补贴法(尤其是补贴的定义)中所表明的国会意图更加重要,因为国会意图不应该前后矛盾。

② 企业界形成利益团体所考虑的是企业利益或个人利益,这确实是贸易保护主义。但是,不应该忘记的是,美国国内的利益团体具有很大的政治力量,有时会影响法律的制定或实施。同样不可否认的是,在金融危机等贸易形势恶化的情势下,滥用反补贴调查的可能性是存在的。一旦开始调查,就会给被调查企业带来很大的成本或负担。所以,对滥用反补贴调查进行法律规范是非常重要的。

③ 参见第14页脚注①。

等。① 美国提出的这些内容都是事实,但只能发挥间接作用,不能直接论证反补贴法适用于中国的结论,法律上的争论还是要回到补贴定义的讨论上来。②

第六节 美国商务部的行政惯例

自1986年"乔治城钢铁公司案"以来,美国商务部一贯坚持其在该案中得到认可的做法,即二十余年来,拒绝对来自"非市场经济国家"的进口产品进行反补贴调查,因为调查申请都被拒绝了,也就不存在适用反补贴法的问题。一直到发起对华铜版纸产品反补贴调查(2006年11月20日)为止,③该惯例都得到了遵守。这是无可争辩的事实,也是美国商务部承认的事实。问题是,现在讨论美国商务部能否对像现在的中国这样的"非市场经济国家"适用反补贴法的问题时,美国商务部一贯坚持下来的行政惯例到底具有多大的意义呢?

中国主张:"乔治城钢铁公司案"以后,美国商务部将该案判决所认可的做法作为指导性先例适用,所坚持的做法和见解形成了有约束力的先例。④ 根据中国的主张,美国商务部只要不改变对中国是"非市

---

① 参见第14页脚注①。
② 为反驳中国的"反补贴法不适用论",美国商务部还根据反补贴法的一般规定,主张自己享有将反补贴法适用于中国("非市场经济国家")的权限,因为国会赋予了它一般的反补贴调查权限,从反补贴法中找不到将反补贴法的适用仅限于"市场经济国家"的规定。美国还主张,联邦上诉巡回法院认可了美国商务部拥有广泛的裁量权,以处理反补贴法是否适用于"非市场经济国家"的问题。因为关于这一问题,法律本身没有作出明确而具体的规定,而是把问题交给美国商务部处理。美国的法院并没有认定反补贴法禁止将本法适用于"非市场经国家"。美国的这些争辩停留在表面上,当然也存在问题,因为这一说法不能直接回答中国的疑问。在此,可以反问美国,既然美国商务部拥有反补贴调查的一般权限,为什么当时不对苏联等国家适用反补贴法,相反却放弃了反补贴法的适用呢? 导致美国商务部不适用反补贴法的决定性因素,除了程序法上的裁量权以外,更具决定性意义的是补贴的法律定义以及决定补贴是否存在的事实。
③ 参见第8页脚注①。
④ 中国政府援引的美国商务部调查:Final Negative Countervailing Duty Determination: Oscillating and Ceiling Fans from the People's Republic of China,57 FR 24018(June 5,1992);Final Affirmative Countervailing Duty Determination: Sulfanilic Acid from Hungary,67 FR 60223(September 25,2002)。

场经济国家"的认定,就应该遵循过去的先例,并停止对华反补贴调查。

我们在上文的讨论中已经予以明确的是,决定"乔治城钢铁公司案"的事实方面的根据是特定的,即当时苏联、波兰等国家的计划经济体制,其特点在于存在"国家对经济的全面控制,市场机制完全被排除的情况"。美国商务部正是根据当时的实际情况,依据反补贴法规定的补贴的定义,作出了在"非市场经济国家"无法认定补贴的存在,故不适用反补贴法的裁定。换言之,同样是"非市场经济国家",20世纪80年代使用过的概念和今天的"非市场经济国家"已经完全不同了。

美国商务部的裁定得到了联邦上诉巡回法院的认可。法院也是根据案件所涉及的事实和法律规定,判断美国商务部裁定的合理性的。如上所述,即使美国商务部的行政惯例得以确立,其法律效力也应该被局限于在其产生时所依据的事实,在决定美国商务部所作裁定的事实发生了根本变化的情况下,就不应该千篇一律地主张原裁定的法律效力了。

在美国对华反补贴调查中,中国花费了大量精力论证美国商务部的行政规则或实践是如何肯定了当时被法院认可的做法,以致使该做法获得了法律地位云云。笔者认为,这些议论对论证中国的立场来讲并不是很重要的。我们需要关注的是,将现在的中国经济的实际情况与20世纪80年代的情况进行一个比较,将会得出一个什么样的结论。

现在,在中国绝大多数投入产出的价格是由市场机制决定的情况下,"国家对经济的全面控制,市场机制完全被排除的情况"已完全不存在,即美国商务部拒绝适用反补贴法的事实根据在今天的中国已经找不到踪影。

如上所述,就算美国商务部的做法通过国会的认可获得了实体法的地位,其效力也应该受到该做法被法院认可时法院所依据的实际情况的限制,即只要"国家对经济的全面控制,市场机制完全被排除的情况"依然存在,援引美国商务部的惯例是完全没有问题的;相反,在决定或支撑美国商务部行政惯例的事实已不复存在的情况下,行政惯例将失去意义。所以,在围绕美国商务部行政惯例所展开的争论中,中国能够得到的法律上的好处是微乎其微的。

第七节 《加入议定书》第 15 条

对于中国的"反补贴法不适用论",最不利的国际法规定是《加入议定书》第 15 条。在整个美国对华反补贴调查中,中国基本上未主动提出该文件。该文件的规定对"反补贴法适用论"则很有利,所以美国就援引其规定反驳中国。我们先看该文件是如何规定的。《加入议定书》第 15 条(b)有关反补贴部分的规定如下:①

---

① 英文原文:
Protocol on the Accession of the People's Republic of China
15. Price Comparability in Determining Subsidies and Dumping
SCM Agreement shall apply in proceedings involving imports of China origin into a WTO Member consistent with the following:
(b) In proceeding under parts Ⅱ, Ⅲ and Ⅴ of the SCM Agreement, when addressing subsidies described in Articles 14(a), 14(b), 14(c) and 14(d), relevant provisions of the SCM Agreement shall apply; however, if there are special difficulties in that application, the importing WTO Member may then use methodologies for identifying and measuring the subsidy benefit which take into account the possibility that prevailing terms and conditions in China may not always be appropriate benchmarks. In applying such methodologies, where practicable, the improving WTO Member should adjust prevailing terms and conditions before considering the use of terms and conditions prevailing outside China.
与该规定密切相关的《SCM 协定》第 14 条如下:
Article 14 Calculation of the Amount of a Subsidy in Terms of the Benefit to the Recipient
For the purpose of Part V, any method used by the investigating authority to calculate the benefit to the recipient conferred pursuant to paragraph 1 of Article 1 shall be provided for in the national legislation or implementing regulations of the Member concerned and its application to each particular case shall be transparent and adequately explained. Furthermore, any such method shall be consistent with the following guidelines:
(a) government provision of equity capital shall not be considered as conferring a benefit, unless the investment decision can be regarded as inconsistent with the usual investment practice (including for the provision of risk capital) of private investors in the territory of that Member;
(b) a loan by a government shall not be considered as conferring a benefit, unless there is a difference between the amount that the firm receiving the loan pays on the government loan and the amount the firm would pay on a comparable commercial loan which the firm could actually obtain on the market. In this case the benefit shall be the difference between these two amounts;

第15条　确定补贴和倾销时的价格可比性

《SCM协定》应适用于涉及原产于中国的进口产品进入一WTO成员的程序,并应符合下列条件:

(b)在根据《SCM协定》第二、三及五部分规定进行的程序中,在处理第14条(a)项、(b)项、(c)项和(d)项所规定的补贴时,应适用《SCM协定》的有关规定;但是,如此种适用遇有特殊困难,则该WTO进口成员可使用考虑到中国国内现有情况和条件并非总能用作适当基准这一可能性的确定和衡量补贴利益的方法。在适用此类方法时,只要可行,该WTO进口成员在考虑适用中国以外的情况和条件之前,应对此类现有情况和条件进行调整。

上述规定是中国政府在加入WTO时明确承认并接受的国际法规则。"《SCM协定》应适用于涉及原产于中国的进口产品进入一WTO成员的程序"以及"(b)在根据《SCM协定》第二、三及五部分规定进行的程序中,在处理第14条(a)项、(b)项、(c)项和(d)项所规定的补贴时,应适用《SCM协定》的有关规定"是有关反补贴法适用的最直接的规定。既然《SCM协定》能适用于中国,为什么美国的反补贴法就不能适用于中国呢?事实上,没有任何理由在反补贴法适用问题上区别对待国际法和国内法。

这些规定无可争辩地表明,在今天,反补贴法是否适用于中国已

(c) a loan guarantee by a government shall not be considered as conferring a benefit, unless there is a difference between the amount that the firm receiving the guarantee pays on a loan guaranteed by the government and the amount that the firm would pay on a comparable commercial loan absent the government guarantee. In this case the benefit shall be the difference between these two amounts adjusted for any differences in fees;

(d) the provision of goods or services or purchase of goods by a government shall not be considered as conferring a benefit unless the provision is made for less than adequate remuneration, or the purchase is made for more than adequate remuneration. The adequacy of remuneration shall be determined in relation to prevailing market conditions for the good or service in question in the country of provision or purchase (including price, quality, availability, marketability, transportation and other conditions of purchase or sale).

不是什么问题。正如"但是,如此种适用遇有特殊困难,则该 WTO 进口成员可使用考虑到中国国内现有情况和条件并非总能用作适当基准这一可能性的确定和衡量补贴利益的方法"所表明的,在这里适用不适用已不是问题了,需要解决的是在适用过程中可能出现的"困难"以及由此带来的判断标准的选择问题。在已经有了如此明确的国际法规则的情况下,中国针对美国的对华反补贴调查提出"反补贴法不适用论"还有什么意义呢?

第八节 美国"反补贴法适用论"

如上所述,放弃"反补贴法不适用论"并转向适用论的是美国有义务说明这样做的理由和依据。换言之,过去美国援引"乔治城钢铁公司案"判决坚持了不适用论,那么今天不再坚持的依据是什么呢?美国商务部为回答这一问题,专门准备了备忘录,表明了美国的立场。

一、美国认定中国是"非市场经济国家"的依据

如上所述,尽管美国开始对中国适用反补贴法,但并未改变对中国经济体制市场性的否定,即继续维持认定中国是"非市场经济国家"的立场。但是,需要注意的是,现在认定中国经济体制非市场性的依据与"乔治城钢铁公司案"当时的情况相比发生了重大变化。美国总的认为,虽然中国的经济体制已不再是传统的苏联式中央计划经济,但是依据美国现行反倾销法,依然可以将中国认定为"非市场经济国家"。据此可知,同样是"非市场经济国家",美国前后的认定标准已有了很大的变化。美国现行的 1930 年《关税法》第 771(18)(A)段①

---

① 原文:"... section 771(18)(A) of the Act, section 771(18)(B) of the Act." MEMORENDUM 2007.

规定了认定一个国家市场经济性质的具体内容①:

> 具有行政权限的机构所认定的,不按照市场原则所要求的价格和成本结构运作,以致产品的销售并不反映产品的公证价格。

这是总的规定,美国商务部在具体认定时还需要遵守1930年《关税法》第771(18)(B)段的具体规定②:

第一,外国货币与其他国家货币的兑换程度;

第二,外国劳动工资受劳资双方自由交涉决定的程度;

第三,企业、其他国家的合资企业或其他形式的投资被允许的程度;

第四,国家对生产手段的所有或控制的程度;

第五,国家对资源配置以及价格和企业产出的控制程度;

第六,行政机关认为合适的其他因素。

上述因素表明,认定"非市场经济国家"的事实标准不再是"乔治城钢铁公司案"当时的苏联式中央计划经济,因为后者是市场机制完全被遏制的状态。那么,根据上述因素,将如何认定中国经济的市场性呢?美国商务部作出了如下分析:

第一,关于人民币的可兑换性。美国商务部认为,人民币被隔绝于汇率市场。③ 按照国家制定的汇率,人民币与外币的兑换是肯定的,

---

① 原文:"... any country that the administering authority determines does not operate on market principles of cost or pricing structures, so that sales of merchandise in such country do not reflect the fair value of the merchandise." MEMORENDUM 2007.

② 原文:"... 1. the extent to which the currency of the foreign country is convertible into the currency of other countries; 2. the extent to which wage rates in the foreign country are determined by free bargaining between labor and management; 3. the extent to which joint ventures or other investments by firms of other foreign countries are permitted in the foreign country; 4. the extent of government ownership or control of the means of production; 5. the extent of government control over the allocation of resources and over the price and output decisions of enterprises; 6. such other factors as the administering authority considers appropriate." Ibid.

③ 原文:"The PRC Government continues to insulate the currency from market forces." Ibid.

但是汇率不是由市场机制决定的,这样势必限制了兑换的程度。

第二,关于劳动工资的决定机制。中国政府在限制劳资双方的交涉和劳动者的移动自由。①

第三,关于外资的准入程度。虽然中国吸收了大量的外国直接投资,但在根据政府政策广泛限制并指导投资领域。②

第四,国有企业仍然是国民经济的重要组成部分,大型国有企业依然存在,中国政府关于在重要领域里保持国有企业主导地位的政策没有改变。③ 虽然中国政府不再通过直接配置资源和定价(现在已变得相当自由)等传统手段支持国有企业,但在利用复杂的规制性限制网络(土地使用权的配置和国有银行系统的支配地位等)维持国有企业。④ 国有商业银行并未按照市场机制运作,仍然被隔绝于来自国内外的竞争。⑤

第五,可信赖的法律与程序的缺失。

总之,美国商务部认为,虽然中国为脱离传统计划经济取得了重大进展,但是政府控制与指导广泛存在于国家经济,这足以成为认定中国是"非市场经济国家"的依据。⑥

---

① 原文:"...there are still important restrictions on workers' freedom of movement, as well as on bargaining between labor and management." MEMORENDUM 2007.
② 原文:"China has attracted an enormous amount of foreign direct investment, but extensively guides and constrains this investment in line with governmental policy objectives." Ibid.
③ 原文:"State-owned enterprises('SOEs') are still a crucial part of the economy and remain many of the largest enterprises in the country. The government's stated policy is to maintain a leading role for SOEs within many important sectors of the economy." Ibid.
④ 原文:"The government no longer sustains such SOEs through the traditional means of direct resource allocations or the setting of prices (which are now largely freely set), but instead through a complex web of regulatory restrictions, control over the allocation of land-use rights, and the continued dominance accorded to the state-owned banking sector." Ibid.
⑤ 原文:"Despite ongoing reforms, there is little evidence that China's banks act as genuine commercial entities. After amassing huge volumes of non-performing loans to SOEs, China's banks have been repeatedly bailed out by the government and shielded from both foreign and domestic competition." Ibid.
⑥ 原文:"...the lack of a reliable set of laws and procedures serves in part to preserve the role of the state in the economy, rather than simply being a feature of a chaotic period of transition." Ibid.

二、中国经济与苏联式中央计划经济的本质区别

这里所说的"苏联式中央计划经济",是指 20 世纪 80 年代"乔治城钢铁公司案"当时苏联的经济体制。美国法院和商务部认为该经济具有的标志就是不存在市场机制,体现在如下几方面:物价由中央政府制定;企业的生产和贸易亏损由国家财政支付;投资由国家控制;中央政府配置货币与信贷;政府决定劳动工资;外币兑换受到控制;个人所有权仅限于消费品。① 美国商务部将这些非市场经济因素概括为:市场机制与资源配置和利用之间完全的隔离状态。② 此外,政府通过制定和实施指令性五年计划,控制了经济的所有方面:生产计划全部被落实到国有企业层面;工业生产、银行、交通和通信、贸易和公共服务以及农业领域全部归国家所有;政府计划部门决定所有生产资料的流通;政府直接制定生产的价格等所有相关因素,包括劳动力和资本;中央政府按照党的方针政策完全控制了投资和消费。③ 这样的分析与当时的中国经济体制完全吻合,这是毫无疑问的。

但是,经过改革开放,中国经济与上述情况相比发生了显著的变化,具体如下:

---

① 原文:"Prices are set by central planners. 'Losses' suffered by production and foreign trade enterprises are routinely covered by government transfers. Investment decisions are controlled by the state. Money and credit are allocated by the central planners. The wage bill is set by the government. Access to foreign currency is restricted. Private ownership is limited to consumer goods." MEMORENDUM 2007.

② 原文:"The deliberate and almost complete severance between market forces and allocation and use of resources." Ibid.

③ 原文:"In 1984, virtually every aspect of these economies was governed by extensive mandatory five-years plans created and administered by central planners. Production quotas were set for all SOEs, with near-complete government ownership and operation of all industries, banking, transportation, and communication systems, trade and public services, and most of the agricultural sector. Leaders and planners directed the flow of all materials, directly setting prices for nearly all factors of production, including labor and capital. The central government exercised complete control over investment and consumption in accordance with party priorities, the details of which extended down to the level of every enterprise." Ibid.

第一,劳动工资和价格。① 虽然部分重要的生产和服务领域保留了价格指导和控制,但政府对几乎所有产品废除了价格控制,超过90%的产品交易是由市场机制决定的。20世纪90年代初,中国废除了利用计划配置劳动力资源的制度,根据现行《劳动法》,所有企业(外资企业、国有企业和私营企业)有权制定超过最低工资的劳动报酬,劳动工资明显通过劳资双方的交涉决定,而不是由政府制定。②

第二,外币的兑换。③ 为国际贸易收支所必需的人民币与外币的兑换是自由的,尽管与资本项目相关的人民币与外币的兑换受到限制。国内外企业和个人可自由购买、持有以及出售外汇,外资企业可自由汇出资本和受益。④

---

① 中央计划经济时期,行政权力决定几乎所有的物价;价格与供求无关,仅仅是供应企业和消费企业之间的结算工具而已。政府部门决定劳动工资幅度、劳动纪律与劳动生产率,价格不受市场供求的影响。旱涝保收、一包到底的劳动工资制度是典型的分配制度。原文:"Pricing committees, or similar state agencies, administratively set nearly all prices in the Soviet-style economies of the 1980s. Moreover, prices were not fixed with any deference to the forces of supply and demand, but rather served as an accounting device between supplier and consumer enterprises. Similarly, in NMEs in the 1980s, party and government officials set wage scales, work norms and labor productivity targets. China's previous cradle-to-grave employment system was modeled on these Soviet-style economies."MEMORENDUM 2007.

② 原文:"Although price controls and guidance remain on certain 'essential' goods and services in China, the PRC Government has eliminated price controls on most products; market forces now determine the prices of more than 90 percent of products traded in China. However, labor regulations in the early 1990s abolished central planning for labor allocation. The current Labor Law grants the right to set wages above the government-set minimum wage to all enterprises, including foreign-invested enterprises(FIEs), SOEs and domestic private enterprises. Wages between employer and employee appear to be negotiated, as opposed to government-set."Ibid.

③ 中央计划经济时期,在苏联式中央计划经济国家,包括经常性收支所需外汇受到严格的限制。原文:"Access to foreign currency was extremely circumscribed in Soviet-style NMEs. In 1986, the Czech currency was only convertible under very restricted conditions and could not be used in foreign trade. The Soviet ruble was completely inconvertible and not permitted to be used in foreign trade."Ibid.

④ 原文:"China's currency, on the other hand, is freely convertible on the current account today. Although the convertibility of the renminbi on the capital account is limited, the PRC Government has begun to liberalize capital account transactions. Domestic and foreign companies and individuals are free to acquire, hold and sell foreign exchange, and foreign companies are free to repatriate capital and remit profits."Ibid.

第三,私人财产所有权和私营企业。① 从20世纪90年代开始,中国政府开始允许私营工业企业的发展,私营企业占据了除政府不保留国有企业主导地位的产业领域的主要部分。②

第四,外贸权。③ 1998年,中国政府给20万家企业授予了外贸权。虽然中国政府通过国有贸易企业控制着重要产品的价格,但是废除了对国际贸易的垄断。④

第五,金融资源的配置。⑤ 中国政府不再制订财政预算大纲,直接

---

① 中央计划经济时期,在苏联式中央计划经济国家,私人财产所有权受到严格的限制。1986年,苏联市民只能拥有个人消费品,只能出售使用过的物品,私营企业未受到正式认可。原文:"Personal property rights, an important precursor to private enterprise, were extremely limited in Soviet-style economies. In the USSR in the 1980s, citizens could own personal property and sell this property as 'used,' but were not permitted to engage in entrepreneurship. Private enterprise was not officially permitted or tolerated in the Soviet Union until 1987, and then only in limited spheres of the economy." MEMORENDUM 2007.

② 原文:"Starting in the 1990s, the PRC Government began to allow the development of a private industrial sector, which today dominates most of the industries in which the PRC Government, has not explicitly preserved a leading role for SOEs." Ibid.

③ 在苏联式中央计划经济国家,国家垄断国际贸易,决定进出口产品的种类和数量,国有贸易企业是国内进出口商与国际市场之间的唯一中间商。1978年,20家外贸企业垄断了中国的进出口贸易。原文:"In the Soviet-style economies, all foreign trade was operated as a state monopoly with central planners deciding on the type and volume of goods to be exported and imported. State trading enterprises (STEs) were the only intermediaries between the domestic export producers or import purchasers and the external market. STEs were generally responsible for arranging contracts, securing financing and setting prices, all of which had little connection with domestic production. In China in 1978, less than 20 STEs held an effective monopoly over the import and export of most goods." Ibid.

④ 原文:"By 1998, however, the PRC Government had given foreign trading rights to over 200,000 firms. Although China continues to maintain some import price controls through the use of STEs. The PRC Government has dismantled its monopoly over foreign trade and finally extended foreign trading rights to all FIEs in accordance with its WTO accession obligations." Ibid.

⑤ 中央计划经济时期,在苏联式中央计划经济国家,是由中央银行直接配置金融资源的。例如,在1985年的捷克,国家银行同时就是中央银行、政府金融机构、商业银行、投资银行,同时也是结算机构。中央政府直接控制投资并决定利息。在苏联,银行系统完全由国家所有和经营,苏联中央银行是唯一的商业银行。苏联财政部配合中央计划制订并实施金融计划,以控制金融资源。原文:"Allocation of credit in Soviet-style economies was generally achieved through the Central Bank. For example, in Czechoslovakia in 1985, the State Bank was 'the central bank, the government's financial agent, the country's commercial bank, an investment bank and clearing agent... [and] [t]he central authorities controlled most investments directly,' as well

配置金融资源。1997年,政府废除了中央银行直接向特殊部门配置金融资源的指令性信贷计划。从此,信贷计划不再具有约束力,只发挥信贷配置的指南作用。①

美国商务部适用反补贴法的法律要件是认定补贴的存在和专向性的证明。如前所述,在苏联式中央计划经济体制下,证明这两个因素都不具有意义。为企业所提供的补贴无异于资金从政府的一个口袋流入了另一个口袋,在国有企业一统天下的情况下,无法隔离单独的企业于整体经济,以致无法证明补贴的专向性。可以说,导致无法适用反补贴法的正是苏联式中央计划经济的客观情况。

但是,如上所述,中国现在的实际情况已不再成为阻止适用反补贴法的理由。依据价格控制的废除和大量私营企业的存在这一客观情况,美国商务部认为,认定中国政府是否为企业提供了利益以及受反补贴调查的企业是否具有专向性已成为可能。在此情况下,受"乔治城钢铁公司案"指控的美国商务部过去的政策已不再具有阻止适用反补贴法于中国产品的法律功能。

第九节 认定补贴存在的基本条件

一、"两者不可兼得"原则

美国对华反补贴调查的原始资料显示,关于如何理解美国反补贴

---

as set all interest rates. The banking system in the Soviet Union was also completely state-owned and managed, with Gosbank (the central bank of the Soviet Union) serving as both the central bank and the only commercial bank. The Soviet Ministry of Finance established financial plans to control the allocation of all financial resources in accordance with the wishes of the central planners." MEMO-RENDUM 2007.

① 原文:"The PRC Government no longer allocates most resources in the economy directly through budgetary outlays, as was the case in these traditional Soviet-style command economies. The government abolished the mandatory credit plan in 1997, under which the PBOC had directly allocated credit to specific sectors, often supporting the operations of loss-making SOEs. The credit plan was replaced with non-binding targets, which were to serve as guidance for credit allocation. Banks were afforded legal autonomy from the state in most matters, which allowed them to lend, at least in theory, having regard to commercial considerations." Ibid.

法规定的认定补贴存在的基本条件,中美之间存在着严重的分歧。如上所述,美国商务部认定中国仍然是个"非市场经济国家",与此同时,对中国出口产品适用其反补贴法。中国认为,这是自相矛盾的或违背"两者不可兼得"原则的做法。那么,矛盾表现在哪里呢?中国反复指出:

  美国商务部认定了在中国价格由市场机制决定并达到了足以证明补贴存在的程度,但同时又以广泛存在政府干预为理由,否认利用中国国内价格能够证明补贴的存在。商务部违反"两者不可兼得"原则所作出的认定是不合法的。①

  根据中国的观点,"在中国价格由市场机制决定并达到了足以证明补贴存在的程度"与"以广泛存在政府干预为理由,否认利用中国国内价格能够证明补贴的存在"是相互矛盾的、并不能同时成立的两个事实。换言之,美国商务部只要认定"在中国价格由市场机制决定并达到了足以证明补贴存在的程度",那么就不应该"以广泛存在政府干预为理由,否认利用中国国内价格能够证明补贴的存在"。总之,中国认为,前者是决定后者的前提条件,后者是前者的必然结果。下述中

---

① 在美国对华反补贴调查的所有案件中均出现如此议论,主要案件如下:圆形焊接碳素钢管反补贴终裁备忘录,第 21 页;薄壁矩形钢管反补贴终裁备忘录,第 14 页;非公路用轮胎终裁备忘录,第 29 页;柠檬酸及柠檬酸盐反补贴终裁备忘录,第 27 页;石油管材反补贴终裁备忘录,第 30 页。原文:"The Department cannot 'lawfully have it both ways' in finding that Chinese prices are sufficiently market-based such that it can measure subsidies, while simultaneously claiming that it cannot use Chinese prices to measure subsidies due to pervasive government influence."类似的说法还有:美国商务部的主张自相矛盾,因为一边主张中国经济的市场机制发展到了足以认定和证明补贴以及适用反补贴法的程度,同时又主张中国经济不足以自由到允许在对华反倾销调查中利用中国国内的价格确定正常价格的程度。如果美国商务部继续认定中国市场自由到足以允许适用反补贴法,那么中国经济也应该被认为足以自由到允许在并行展开的反倾销调查中运用市场经济的方法。原文:"It is paradoxical for the Department to find that the PRC economy is market-oriented enough to permit measurement of subsidies and application of the CVD law, but not liberalized enough to allow normal value to be based on sales or costs in an AD investigation relating to the PRC. If the Department continues to find that the PRC market is liberalized enough to permit the application of the CVD law, then the PRC must also be liberalized enough to allow the use of market economy methodologies in the parallel AD investigation."MEMORANDUM 2007.

国的观点更能证实上述中国的立场:

第一,美国商务部长期坚持拒绝对"非市场经济国家"适用反补贴法的原因是,被调查国家缺乏衡量政府措施是否授予"利益"(超出市场条件的部分)的判断标准。①

第二,申请反补贴调查的国内企业所设想的前提是,中国政府垄断了提供给轮胎企业的部分货物和服务(贷款、土地使用权、橡胶),导致非市场因素决定这些部门生产投入的价格(非市场价格),因此无法确定作为判断标准的可靠的市场价格(衡量政府"财政资助"措施的市场标准)。② 如果美国国内企业的上述主张成立,将不存在任何判断标准以判断政府干预的结果。在此情况下,参照反映中国国内供需条件的市场标准,无法计算和认定被指控补贴的存在。③ 正是这一考虑,为美国商务部长期以来坚持对"非市场经济国家"不适用反补贴法的做法提供了根据和理由。④

第三,美国商务部主张,因为受政府干预的影响,中国国内价格不能用作可靠的判断标准。这一立场与美国商务部在"乔治城钢铁公司案"中说明为什么反补贴法不适用于"非市场经济国家"时所阐述的理由如出一辙。⑤

第四,美国商务部对中国出口产品适用反补贴法的做法与它将中国评价为转型经济的做法是冲突的。美国商务部对中国现在的经济状况作出评价并指出,与"乔治城钢铁公司案"当时的背景即苏联经济相比,中国经济更具有灵活性和自由。美国商务部在对华反补贴调查中利用第三国的外部判断标准,说明它在中国现在的经济和其他非市

---

① 该备忘录并不是美国关于一般意义上的反补贴法适用问题的观点,而是说明"乔治城钢铁公司案"判决所分析的因素能否适用于今天的"中国式非市场经济"。参见第 8 页脚注①。
② 同上。
③ 同上。
④ 同上。
⑤ 同上。

场经济国家之间只能找到很小的区别。①

总之,上述中国的观点表明,证明补贴存在的基本前提条件和判断"财政资助"是否授予"利益"的标准是同样的。那么,这两者之间是否存在因果或条件关系呢?

二、认定补贴存在的"广义市场"和"狭义市场"

在证明补贴的存在时,"在中国价格由市场机制决定并达到了足以证明补贴存在的程度"和"以广泛存在政府干预为理由,否认利用中国国内价格能够证明补贴的存在"这两种情况的内涵及其在证明补贴存在时分别所具有的意义是什么呢?笔者认为,前者的含义要宽泛于后者,当前者成立或存在时,后者不一定必然成立;而当前者不存在时,后者必然不成立。

"在中国价格由市场机制决定并达到了足以证明补贴存在的程度"②,是指在一个国家能够证明反补贴法所规定的补贴存在的最基本的条件。这与"乔治城钢铁公司案"当时的社会主义国家的情况大不相同,因为后者不具备最基本的条件。这里所讲的决定价格的市场机制的范围,要远远超过某一产业领域或部门,是指国家经济体制的整体状况。用美国商务部的话讲,是指几乎所有投入产出以及利润的价格决定机制,或者说是指一个国家放弃了对绝大多数产品价格的政府控制。如果被调查企业或产业处于这样的大环境下,判断该企业通过接受政府提供的"财政资助"是否得到了超出市场条件的"利益"(对补贴是否存在的认定),就具有法律意义。

在这一大环境和大前提已经具备的前提下,在判断个别"财政资助"是否给"接受者"授予了超出市场条件的"利益"时,不能理所当然地推定判断标准(市场)是存在的,仍然需要另行证明该领域(例如,

---

① 参见第8页脚注①。
② 与此完全相反的就是美国商务部受到"乔治城钢铁公司案"审查时为拒绝认定补贴存在所依据的客观事实,即在"非市场经济国家",企业的投入和产出的价格均由中央政府通过行政权力决定,以致企业的利润也是由行政权力决定的。

贷款、石油、钢铁、橡胶的供应）是否存在市场判断标准。因为不存在一概不受政府干预的市场经济，即使在大环境和大前提具备的情况（政府废除绝大多数投入产出的价格控制）下，某些领域的市场受政府干预而无法作为判断标准的情况仍然是存在的。

但是，与此不同，后者所指的情况要比前者狭隘。如果认定补贴存在的基本条件不成立，自然没有必要证明国内价格的市场性。一般来讲，反补贴调查中主要以国内价格为衡量标准，判断政府的一项措施（法律上叫作"财政资助"）是否给接受"财政资助"的个别企业（受反补贴调查的某一具体企业，如钢铁企业）提供了超出市场条件的"利益"。当国内价格是垄断价格或政府控制的价格时，反补贴调查机构可以选择国外市场充当判断标准。

这里所考虑的市场，是指政府给企业提供的一项具体"财政资助"所处的交易环境或条件。例如，如果一项"财政资助"是贷款，那么就要考虑在受调查国家是否存在商业贷款和商业利率。如果存在市场条件（金融市场的商业贷款利率），那就将政府提供的贷款利率与商业贷款利率进行比较，只要前者不低于后者，就可以认定补贴不存在。相反，如果政府贷款利率低于商业贷款，即"财政资助"给接受企业带来了超过市场条件的"利益"（市场利率减去政府贷款利率，得出利率的优惠幅度），即可证明补贴定义所要求的"利益"的存在，也就是补贴（补贴总额＝商业贷款利率－政府贷款利率×贷款总额）的存在。

再如，如果政府提供的一项"财政资助"是货物（例如，国家向受反补贴调查的轮胎企业提供橡胶等原料），那么需要考察在受调查国家是否存在该货物的市场以及市场价格，判断补贴存在与否和选择判断标准的原理与上述贷款的情形一致。如果在受调查产品的原产国不存在此类货物的市场条件（货物的市场及其市场价格），会引起从原产国以外的地方寻找判断标准的问题。

如果存在"乔治城钢铁公司案"所依据的事实，即在受调查企业处于无法认定补贴存在的实际情况下，利用国外判断标准就会失去意义。在一个市场经济国家，不一定所有经济领域必然具备本国市场标准。但是,关于一项具体措施,不存在市场标准的情况是存在的。受调查产品的原产国不存在市场标准,不一定导致无法证明补贴的结果。① 与"美国对加拿大软木反补贴调查案"不同,在美国对华反倾销调查和反补贴调查中,中国所有国内产品的价格都遭到了拒绝。这个问题比在加拿大国内不存在软木市场价格的问题复杂得多。美国认定中国在多个方面(货币、劳动工资、投资、企业所有制与生产手段的控制、土地使用权和金融资源的配置甚至法治的缺乏)不存在真正的市场。这些领域的非市场价格不像单个的产业,尤其是金融、土地以及国有企业制度会影响到相当广泛的产业领域的产品价格。

通过上述分析可知,利用国内(或国外)判断标准证明一项"财政资助"是否给接受者授予了超出市场条件的"利益",是证明补贴存在过程的重要环节。但是,在受调查产品原产国"不存在判断标准"的情况,未必导致无法证明补贴存在的结果,因为可以寻找第三国的市场标准以代替受调查国内的标准。那么,这种做法是否符合反补贴法的本来目的呢?这不是本章所要讨论的问题,在此不再深入分析。有一点必须指出,随着自由贸易体制的深入发展,市场的深度和广度在延伸(货物贸易减让种类的增加、税率的减少以及服务贸易自由化的发展),从第三国寻找市场的做法符合整个自由贸易体制的发展方向。

上述分析告诉我们,美国商务部承认在中国市场机制达到足以证明补贴存在的程度,同时在具体反补贴调查中拒绝利用中国国内价格(例如,商业银行贷款利率、钢铁、橡胶、木材等货物的价格),两者是不矛盾的,即不违反"两者不可兼得"原则。"两者不可兼得"中的"两者"是内涵和外延都一致的事物。"价格由市场机制决定并达到了足

---

① 例如,美国商务部援引的"美国对加拿大软木反补贴调查案"和"美国对印度尼西亚铜版纸反补贴调查案"。加拿大和印度尼西亚均为市场经济国家,但是因为政府提供的个别产品如软木(财政资助)的市场受政府干预而严重扭曲,使美国商务部在受调查国内无法找到该产品的市场标准。作为判断标准,美国商务部就使用了受调查国以外国家的市场。关于如何评价使用受调查国以外的市场条件判断一项财政资助这一做法,虽然不存在明确的法律规定,但与《SCM协定》规定的补贴定义密切相关。对这一问题,需要作进一步的分析,本章不探讨。

以证明补贴存在的程度"与"中央政府通过行政权力决定企业的投入和产出价格以及企业的利润"是完全不同的两个因素，前者的涵盖范围要远远大于"以广泛存在政府干预为理由，否认中国国内价格"。

如上所述，"乔治城钢铁公司案"所依据的客观事实与今天中国所具备的能够证明补贴存在的条件（或证明决定不能证明补贴存在的事实已经消失）形成对照。苏联式中央计划经济的性质，即政府权力绝对控制整个经济这一情况，是美国商务部无法证明补贴存在的决定性因素。在政府权力控制整个经济的国家，所有的价格也由政府权力制定。但是，这不是决定"非市场经国家"性质的原因，而是结果。所以，在苏联式中央计划经济的条件下，非市场因素决定价格是计划经济国家的必然结果。在此特定情况下，可将非市场因素决定价格的情况与无法适用反补贴法等同起来考虑。在今天的中国，传统的中央计划经济已不复存在，绝大多数价格不是由行政权力而是由市场机制决定的。在中国，能够证明补贴存在以及适用反补贴法的决定性因素是国家权力对整个经济的绝对控制这一客观情况的消失，而不是存在不存在市场机制决定价格的问题。①

根据上述分析可知，中国混淆了判断"财政资助"是否授予"利益"的市场标准（实际上，在市场经济国家也存在找不到判断标准的情况）与决定在一个国家能否证明补贴存在的大环境和基本前提条件（国家绝对控制经济这一客观情形的消失，或绝大多数投入产出的价格由市场决定），并把前者看作决定能否证明补贴存在的前提或最基本的条件，这在逻辑上是不妥当的。中国似乎并未从正面理解美国商务部的做法，以致提出如此缺乏说服力的抗辩。

---

① 中国对此持完全否定的态度。中国指出，美国商务部有意突出现在的中国经济与苏联式中央计划经济的区别纯属抽象分析，这一区别与在美国对华反补贴调查中被调查的政府措施无关，也与在中国现有经济情况下正确而公正地认定补贴的存在无关。根据中国的观点，由于市场价格的缺乏，无法判断政府的介入和干涉是否导致资源的错误配置，这是支撑或决定美国商务部二十多年实践做法（不将反补贴法适用于"非市场经济国家"，拒绝对其出口产品进行反补贴调查）的关键性因素。

第十节 结 论

综上所述,笔者认为,美国反补贴法适用于现在的中国。得出该结论的分析过程如下:

第一,中国的"反补贴法不适用论"。中国未从"乔治城钢铁公司案"判决中援引到"反补贴法不适用于非市场经济国家"的原文,根据法院对国会意图的表述证实法院判决的意图是不妥当的。事实上,反补贴法的适用权限和调查权限与适用补贴定义是否合法是两回事。美国商务部具有反补贴法的适用权限和调查权限,但是这些程序上的权限不能代替反补贴法(主要是补贴定义)的适用是否合法这一实体问题。"乔治城钢铁公司案"在判例法上的意义与反补贴法的适用权限和调查权限无关,中国和美国有关该权限的争论偏离了主题,双方未能切中问题的要害。

第二,美国的"反补贴法不适用论"。从"乔治城钢铁公司案"到美国对中国铜版纸发起反补贴调查,应该从两个方面说明美国决定不适用反补贴法于"非市场经济国家"的理由。首先是作为法律依据的补贴定义,即"接受者受益论"。依据该理论,补贴是政府授予企业的超过市场条件的好处或利益,市场条件是判断好处是否存在的标准,没有市场,就无法进行比较,也无补贴可言。其次是事实因素,即当时的苏联式中央计划经济。在此情况下,市场完全被遏制,故无法依据补贴定义从现实经济中确定补贴。需要注意的是,不是美国商务部的权限决定了"反补贴法不适用论",而是补贴定义这一实体法上的依据,再加上当时的客观事实。总之,美国的"反补贴法不适用论"不能成为今天阻止美国"反补贴法适用论"的依据,因为两者所依据的客观事实之间有着本质的不同。

第三,"乔治城钢铁公司案"审理的核心是,针对苏联式中央计划经济国家(社会主义),美国商务部拒绝适用反补贴法是否合法的问题。苏联式中央计划经济的本质是,国家经济在整体上不存在市场生存的任何空间,国有企业和国家财政几乎合为一体。在此情况下,根据补贴定义无法完成在市场条件才具有意义的补贴的认定工作,即使认定也确定不了接受补贴的企业或产业的独立性。因此,"乔治城钢铁公司案"上诉审认可了美国商务部不适用反补贴法的做法,而不是对美国商务部裁量权的确认。不能以该案当时所认可的不适用为依据,今天仍然主张不适用,因为事实已经发生了本质变化。"乔治城钢铁公司案"所能确立的判例法必须被限制在与该案当时的事实完全吻合的情况下。

第四,美国国会的意图。美国国会关于利用反倾销法应对来自"非市场经济国家"产品的意图不能成为反补贴法不适用于"非市场经济国家"的依据。美国国会在历次法律修改过程中,关于反补贴法的适用未作出直接规定,这同样不能说明反补法的非适用性。从不适用论到适用论的转变过程中,决定美国反补贴法适用性的补贴定义基本上没有变化,变化的是客观事实,即从市场的完全不存在到"中国已具备认定补贴存在的足够的条件"这一变化。因此,根据原有客观事实得出的法律判断不能构成阻止依据变化后的客观事实能够作出法律判断的理由。

第五,美国商务部的行政惯例。美国商务部行政惯例的依据是苏联式中央计划经济,当这一客观事实在实质上发生变化后,原有的行政惯例就会失去意义。所以,过去的惯例不能成为阻止美国商务部"反补贴法适用论"的依据。

第六,《议定书》第15条。该条款明确承认反补贴法适用于中国的问题。在此情况下,中国依据该条款主张反补贴法的不适用性是非常困难的。

第七,美国的"反补贴法适用论"。决定美国从"反补贴法不适用论"转向"反补贴法适用论"的不是法律依据(补贴定义),而是客观事实的变化,即苏联式中央计划经济向"中国已具备认定补贴存在的足够的条件"的转移。因此,现在的"适用论"与过去的"不适用论"是不矛盾的。中国若试图阻止美国对华反补贴调查,应该直接指控美国提出的"中国已具备认定补贴存在的足够的条件"的合法性,但是目前尚未看到此类论证。

第八,认定补贴存在的基本条件。关于认定补贴存在的基本条件,不能混淆受调查企业所处国家的整体经济环境和判断一项"财政资助"是否授予利益时所依据的个别市场条件之间的关系。在前者存在的情况下,后者是无从存在的。但是,后者可以在整体经济环境允许适用反补贴法的情况下依然存在。因此,将用于判断"财政资助"的市场标准的缺失予以绝对化(即不能认定补贴存在的大前提)是错误的。

总之,美国反补贴法是适用于中国的,今天得出这样的结论是符合美国反补贴法和中国经济的实际情况的。国内一些学者反对美国反补贴法适用于中国的议论基本上停留在感情发泄的水平上,对党和国家处理国际贸易问题来讲,无参考意义可言。① 如果中国政府试图从根本上避免美国对华出口产品征收反补贴税,那就应该从根本上改革国有企业制度和土地公有制。

---

① 国内关于美国反补贴法对中国的适用性问题的论文,请参考"知网",在此不具体列举。

第二章 "公共机构"的解释及"国有企业"是否构成"公共机构"

——"美国对中国产品征收反补贴税案"[①]上诉机构观点质疑

"美国对中国产品征收反补贴税案"是中国指控美国反补贴措施违反《SCM 协定》的第一案。该案主要审理了中美就补贴存在的认定所展开的争论,如何解释"公共机构"是其中之一。专家组否决了中国主张的"公共机构政府职能论",支持美国主张的"公共机构政府控制论"。但是,上诉机构否决了专家组的解释,支持中国的观点。本章在对上诉机构对"公共机构"所作的解释进行了严密的分析后得出结论如下:上诉机构的解释存在严重的硬伤,因其论证经不起推敲,故其结论是无法让人信赖的。依据《维也纳条约法公约》的相关规定,上诉机构的观点很难站得住脚,而推翻专家组的结论几乎是不可能的。

第一节 问 题

"美国对中国产品征收反补贴税案"是中国通过 WTO 争端解决机

[①] 该案全称为"美国对中国产品征收反补贴税和反倾销税案",虽然包括"反倾销",但在具体争论中涉及"反倾销"的只是对"双反调查"的指控,即美国商务部对中国的同一出口产品同时展开反倾销和反补贴调查,并同时征收反倾销税和反补贴税。事实上,该案的争论和审理集中在反补贴问题上。可以说,该案是典型的有关反补贴措施的国际贸易争端。本书将该案简称为"美国对中国产品征收反补贴税案"。

制对美国商务部反补贴调查提出全面指控①的第一案。② 该案主要审理了美国商务部针对中国所作的补贴存在的认定是否符合《SCM 协定》(第 1 条"补贴的定义")的问题。中美关于如何解释"公共机构"以及"国有企业"是否构成"公共机构"的争论是其中之一。对此,专家组和上诉机构走向了对立。

专家组支持美国的主张,认为"公共机构"是指政府控制的机构(entity controlled by a government),简称"公共机构政府控制论"。根据该解释就能够认定"国有企业"构成"公共机构",因为中国政府掌握国有企业的所有权(过半数股份)是客观事实。③

---

① 全面指控是指案件包括有关补贴认定的全部要件(虽然没有从正面解释"财政资助",但多次提到了该要件)。在中美之间近年发生的贸易争端中,美国针对中国的补贴采取措施的案件占绝大多数。在中美贸易争端案中,除本章探讨的判例以外,尚未发现中国援引《SCM 协定》相关规定指控外国反补贴调查的补贴认定违反《SCM 协定》的案件。对美国的对华反补贴调查,中国通过 WTO 争端解决机制寻求救济是顺理成章的。"美国对中国产品征收反补贴税案"是中国全面指控美国对华反补贴措施违反《SCM 协定》的第一案,也是针对外国对华反补贴调查的首次指控。2008 年 11 月 14 日,为处理由于美国对华反补贴调查所引起的贸易争端,中美进行了双边磋商。但是,磋商未能成功。2009 年 1 月 24 日,WTO 争端解决机构(Dispute Settlement Body, DSB)成立了专家组并审理此案。关于如何解释"公共机构"的含义,专家组支持美国的立场,而否定中国的立场。2010 年 7 月 23 日,专家组报告提交后,中美两国请求上诉机构进一步审理该案。2011 年 3 月 11 日,上诉机构提交报告并在网站上公布。关于"公共机构"的含义,上诉机构推翻了专家组的解释,从结论上支持中国的立场。但是,在其他几个重要法律问题(除"双反调查"以外的财政资助、利益、专项性等)上,上诉机构基本上支持专家组的立场。有关本案的原始材料请参阅:WT/DS379/R:United States-Definitive Anti-Dumping and Countervailing Duties on Certain Products from China(22 October 2010, Report of the Panel)和 WT/DS379/AB/R:United States-Definitive Anti-Dumoing and Countervailing Duties on Certain Products From China(11 March 2011, Report of the Appellate Body)。这两份文件公布在 WTO 的官方网站上,以下援引的段落均出于上诉机构报告。

② 2006 年 11 月 20 日,美国拉开了对华反补贴调查的序幕。截至 2014 年 7 月 10 日,以受调查产品为标准,案件总数累计 40 件,其中作出反补贴终裁的 30 件。美国对外国反补贴调查案件集中在对华反补贴调查上。根据这一动态研究贸易制度背后的政治经济问题是很有意义的(例如,利益集团所推动的贸易保护主义等),但反补贴调查案件的数量之多与法律问题没有直接联系。有关详细情况可参照美国商务部国际贸易署进口局的官方网站:http://ia.ita.doc.gov/frn/summary/prc/prc-fr.htm。

③ 所有权者是控制企业的决策者,没有必要区分"公共机构政府控制论"和"公共机构政府所有论"。美国商务部在对华反补贴调查中给受调查企业提供了反驳的机会,以说明"国有企业"未受政府控制。实际上,这一抗辩的成功是相当困难的。"国有企业"和"国家参股的企业"是截然不同的。国家(具体而言是政府)掌握所有权(持半数以上股份)是控制国有企业的前提。掌握所有权而不控制企业是没有意义的。当然,所有权和经营权是可以分离的。但是,两者之间的分离不能成为否定所有权者控制企业的根据。

上诉机构否定了专家组的解释,认为"公共机构"是指被赋予政府权限并履行政府职能的机构(entities vested with government authority and performing governmental functions),简称"公共机构政府职能论"。根据该解释,在证明某实体是履行政府职能的机构之后,才能认定其构成"公共机构"。换言之,只依据"国有企业"的所有权形态是不能判断其是否构成"公共机构"的。通常来讲,"国有企业"是商业机构,而不是履行政府职能的实体。按照"公共机构政府职能论","国有企业"当然不构成"公共机构",故不被列入补贴提供者的范围。那么,持上述两种立场的哪一方的论证能够经得起推敲呢?答案取决于各方解释"公共机构"的正确性。

如果"公共机构政府控制论"是正确的,那么美国商务部的认定就符合《SCM 协定》规定的国际法义务。与此相反,如果"公共机构政府控制论"是错误的,而"公共机构政府职能论"是正确的,那么美国商务部就违背了协定义务,中国的指控就能站得住脚;同时,如果专家组的结论是错误的,那么上诉机构的结论是正确的。

这场论战及其结论的是非将取决于《SCM 协定》第 1 条规定的"公共机构"的应有含义。上诉机构的解释不是金科玉律,不能被绝对化,对其盲从和迷信将不利于提高 WTO 判例的研究质量。在研究 WTO 的判例时,独立、客观的态度非常重要,结论的可靠性和说服力依赖于论证的缜密和扎实。本章严密分析了上诉机构的法律解释过程,最后明确提出了不赞同"公共机构政府职能论"并支持"公共机构政府控制论"的依据或理由。①

---

① 自 1995 年 1 月 1 日《WTO 协定》生效和 WTO 成立之后,发生了大量有关补贴与反补贴措施的争端。全部贸易争端案件的统计数字以及在全部案件中有关补贴与反补贴争端所占的比例等,请另行参考 WTO 的官方网站。如此详细争论"公共机构","美国对中国产品征收反补贴税案"是首次。因为在本案中,中国、美国、专家组以及上诉机构在解释"公共机构"时,均没有援引到直接解释这一概念的先例。

第二节 "美国对中国产品征收反补贴税案"概要

2008年9月19日,中国依据《关于争端解决规则与程序的谅解》(Understanding on Rules and Procedures Governing the Settlement of Disputes,以下简称"DSU")第4条第2款①,向美国提出了磋商请求。11月4日,中美两国进行了磋商,但未能解决争端。12月9日,中国向WTO争端解决机构(DSB)提交了成立专家组审理争端的请求。② 2009年1月20日,DSB成立了专家组。2010年10月22日,专家组报告公布。12月1日,中国提起上诉。2011年3月11日,上诉机构报告公布。

在"美国对中国产品征收反补贴税案"中,中国指控了美国商务部的四项对华反补贴措施:圆形焊接碳素钢管(circular welded carbon quality steel pipe)反补贴终裁③;薄壁矩形钢管(light-walled rectangular pipe and tube)反补贴终裁④;编织袋(laminated woven sacks)反补贴终裁⑤;非公路用轮胎(certain new pneumatic off-the-road tires)反补贴终

---

① Article 4:Consultations

2. Each Member undertakes to accord sympathetic consideration to and afford adequate opportunity for consultation regarding any representations made by another Member concerning measures affecting the operation of any covered agreement taken within the territory of the former.

② Article 6:Establishment of Panels

1. If the complaining party so requests, a panel shall be established at the latest at the DSB meeting following that at which the request first appears as an item on the DSB's agenda, unless at that meeting the DSB decides by consensus not to establish a panel.

③ 反补贴调查终裁:Circular Welded Carbon Quality Steel Pipe from the People's Republic of China:Final Affirmative Countervailing Duty Determination and Final Affirmative Determination of Critical Circumstances, p. 42547.

④ 反补贴调查终裁:Light-Walled Rectangular Pipe and Tube from the People's Republic of China:Final Affirmative Countervailing Duty Investigation Determination, p. 35643.

⑤ 反补贴调查终裁:Laminated Woven Sacks From the People's Republic of China:Final Affirmative Countervailing Duty Determination and Final Affirmative Determination, in Part, of Critical Circumstances, pp. 35639 – 35640.

裁①。每个调查案件中与"公共机构"的解释有关的受指控措施如下：

第一，圆形焊接碳素钢管反补贴终裁。美国商务部认定：中国政府通过国有企业给受反补贴调查的企业（Tianjin Shuangjie Steel Pipe Group Co., Ltd., Weifang East Steel Pipe Co., Ltd. Zhejiang Kingland Pipeline and Technologies Co., Ltd.）提供的热轧钢（hot-rolled steel）构成财政资助；中国政府通过国有商业银行向受调查企业提供的贷款构成"财政资助"。

第二，薄壁矩形钢管反补贴终裁。美国商务部认定：中国政府通过国有企业给受调查企业（Qingdao Xiangxing Steel Pipe Co., Ltd., Zhangjiagang Zhongyuan Pipe-Making Co., Ltd.）提供的热轧钢构成"财政资助"。

第三，编织袋反补贴终裁。美国商务部认定：国有企业给受调查企（Han Shing Chemical Co., Ltd., Ningbo Yong Feng Packaging Co., Ltd., Shangdong Qilu Plastic Fabric Group, Ltd., Shangdong Shouguang Jianyuan Chun Co., Ltd., Zibo Aifudi Plastic Packaging Company Limited）提供的双向拉伸聚丙烯构成"财政资助"；中国政策银行和国有商业银行给受调查企业提供的贷款构成"财政资助"；中国政府给受调查企业提供的土地使用权构成"财政资助"。

第四，非公路用轮胎反补贴终裁。美国商务部认定：中国政策银行和国有商业银行给受调查企业（Guizhou Tire Co., Ltd., Hebei Starbright Tire Co., Ltd., Tianjin United Tire & Rubber International Co., Ltd.）提供的贷款构成"财政资助"；中国政府给受调查企业提供的土地使用权构成"财政资助"。

如上所述，美国商务部的四项对华反补贴终裁中，构成"财政资助"的钢材、银行贷款不是中国政府直接提供给受调查企业的，而是通

---

① 反补贴调查终裁：Certain New Pneumatic Off-the-Road Tires from the People's Republic of China: Final Affirmative Countervailing Duty Determination and Final Negative Determination of Critical Circumstances, p. 40481.

过"国有企业"或"国有商业银行"完成的。① 如果中国能够证明"国有企业"不构成"公共机构"(补贴提供者),那么美国商务部将"国有企业"提供的资源(生产资料和贷款)认定为"财政资助"的做法就违背了《SCM协定》第1条。因此,对试图避免美国征收反补贴税的中国来讲,证明"国有企业"不构成"公共机构"是赢得胜诉的关键,而决定该结论成立的是"公共机构"的解释。② 该案也涉及土地使用权的转让,但这是政府直接给受调查企业提供的"财政资助",不存在国有企业的问题。

决定本案的事实非常清楚,几乎不存在争议。中国的国有工业企业或国有商业银行向受反补贴调查的企业销售了生产资料或提供了贷款,中国对此没有提出异议。美国商务部以"国有企业"构成"公共机构"为理由,作出了国有企业提供的生产资料和贷款构成"财政资助"的认定。在认定补贴存在时,电力、石油、钢材、木材以及贷款或土地使用权的提供等都属于《SCM协定》第1条规定的"财政资助"范畴,对此中美双方也未提起争议。

第三节 补贴定义的法律功能与争论的焦点

一、补贴定义的法律功能

"公共机构"是在补贴定义中出现的法律概念,应该在规定补贴定义的法律条款(解释法律概念的最直接的上下文)中分析该用语的意义。根据各国反补贴法规定的程序要件,负责反补贴调查的行政机关(以下简称"调查机关")的首要义务是,对补贴的存在举证(即补贴的

---

① 事实上,本案未争论热轧钢、银行贷款以及土地使用权是否构成"财政资助"的问题。

② 如上所述,美国商务部认定的"公共机构"涉及两种不同的行业实体,即一般"国有企业"(除从事银行金融业以外的工业企业)和国有商业银行。

认定)。① 这一程序要求与国际法的规定相一致。② 调查机关针对一项被指控的政府措施是否在提供补贴作出举证时,遵循国内法(外贸法或关税法中有关补贴与反补贴的规则)规定的补贴定义。

　　调查机关所作的有关补贴存在与否的认定(体现在反补贴调查的初步裁定和最终裁定中),不一定是合法的或正确的。如果受调查企业及其政府持质疑态度,可通过司法审查(在美国是指国际贸易法院和联邦上诉巡回法院的审理)程序寻求救济。反补贴措施的救济途径不只限于国内司法审查制度,WTO 成员如果不满足于进口国司法审查制度的审理结果,可利用 WTO 争端解决机制提出指控。③ 作为国际法问题,关键的是出口国政府论证 WTO 成员(进口国)调查机关所作的补贴认定违背《SCM 协定》第 1 条规定的有关补贴定义的实体规则。当然,受到指控的进口国政府必须根据《SCM 协定》第 1 条的规定展开反驳,以说明自己没有违背法律规定。

　　作为实体义务,在有关反补贴调查的各项国际法义务中,证明补贴存在是决定性的。《SCM 协定》要求调查机关按照法律规定的补贴定义证明补贴的存在。补贴定义的法律功能在于,规范调查机关的举证活动,防范主权国家凭主观任意解释补贴定义,同时要求受到调查

---

① 反补贴调查的最终目的在于,针对进口产品征收反补贴税。反补贴税,是指为抵消补贴而对进口产品征收的一种特殊关税。此税的征收不受《关税减让表》所承诺的减免税率的约束。

② 例如,《SCM 协定》第 19 条 19.1 规定:"如为完成磋商而作出努力后,一成员就补贴的存在和金额作出最终裁定,并裁定通过补贴的影响,补贴进口产品正在造成损害,则该成员可依照本条的规定征收反补贴税,除非此项或此类补贴被撤销。"在承认国家政策裁量权中有关绿色补贴(法律规定将其排除在救济措施的范围之外,包括反补贴措施)的规则已经停止适用(到 1995 年 12 月 31 日为止)的情况下,《SCM 协定》对补贴的救济在向积极方面倾斜。反补贴税是矫正补贴中的人为竞争优势的救济手段,但与《WTO 协定》所追求的削减关税背道而驰。因此,严格规范反补贴调查本身也非常重要。按照补贴的定义进行补贴的认定,是约束反补贴调查的重要法律功能。

③ 在 WTO 的争端解决过程中,不存在要求提出指控的国家首先用尽被指控国家司法审查的义务。WTO 成员可以不选择对方国家的司法审查,而直接向 WTO 争端解决机构提出指控。

的成员也按照国际法规定的补贴定义维护自己的利益。① 如果 WTO 成员在补贴认定上凭主观任意行事,不仅会破坏关税减让的效果,甚至会削弱自由贸易体制的基础。

在补贴定义的解释或补贴的认定过程中,证明补贴提供主体的存在是首要问题。关于补贴提供主体范围的解释上的差异,关系到《SCM 协定》所规定的补贴的范围。通常来讲,"政府"是补贴提供主体②,对此很少有人提出质疑。

但是,《SCM 协定》第 1 条规定补贴定义时,没有把提供主体只限定于"政府",除"政府"之外还有任何"公共机构"。③ 相对于"政府"

---

① 这实质上是指重商主义的眼前利益。补贴(人为削减产品成本并降低产品价格)无疑是有利于进口国消费者的好事情。但是,反补贴考虑的是维护国内产业的利益,即挽救企业利益的减损(体现在国内产业实质损害的举证方面)。整个自由贸易体制的主流价值观是,限制和减少国家权力对跨国贸易活动的管理(交易或流通成品的提高),推动市场开放和企业的自由。但是,从《GATT1947》到《WTO 协定》,在自由贸易体制的建设和发展过程中,为国内政治利益作出妥协的法律规定随处可见。例如,承认国内法律优先适用地位的"祖父权条款"、与数量限制的一般取消义务相违背的紧急进口限制措施、与非歧视原则相违背的自由贸易区协定与关税同盟等,不胜枚举。自由贸易体制是在国内政治利益和世界经济福利的夹缝中生存和发展起来的,原则性的脆弱或灵活性的过剩贯穿始终。但是,不可否认的是,自由贸易体制的主流在朝着市场开放的方向发展,而不是国家权力对贸易的管控。纵观自由贸易体制的历史,成员(GATT 时代因为没有正式成立国际组织而叫作"缔约方")发展到今天的 160 个(尚未看到退出该体制的国家或地区),先进工业国家工业产品关税削减至 0—3%。这两点足以说明,自由贸易体制是为大多数国家所接受的国际贸易体制,其主流价值观并未出现倒退现象。在 2008 年的金融危机(最严重的市场失败或严重的政府失控)爆发后,虽然有人怀疑市场机制而重新估量国家干预市场的能力,但尚未看到主权国家陷入贸易保护主义的现象;相反,G20 首脑等一再重申反对贸易保护主义。

② 自由贸易体制的核心任务是针对政府管理或影响贸易的措施作出规范和约束,政府提供的补贴是扭曲贸易的措施之一。

③ 《SCM 协定》处理补贴提供主体的方法事关补贴的本质,值得研究。从本质上讲,补贴是公共资源无偿流向私营机构和国有企业(商业机构)的部分。这里所说的"无偿"的判断标准是"市场",即违背市场条件的资源配置。只有公共资源才有可能无偿转向企业(包括公有和私有企业),流向企业以外实体的补贴不是《SCM 协定》所规范的问题。这是米尔顿·弗里德曼所讲的花钱的第四种方式。弗里德曼提出的四种花钱方式:第一种,为自己花自己的钱;第二种,为别人花自己的钱;第三种,为自己花别人的钱;第四,为别人花别人的钱。其中,第四种是最不负责任的,也是浪费最严重的。享有无偿配置公共资源决定权的是政府,也只有政府才有权无偿介入资源的配置或再分配过程。最典型的就是征税权,即从财源上决定资源再配置。对国家来讲,除征税措施以外,掌握和控制国有企业是介入市场并

的解释,"公共机构"的界定很容易引起分歧。该用语的含义到底是什么?什么样的因素构成判断"公共机构"的法律要件?"公共机构"是否包括"国有企业"?对这些问题的回答,涉及反补贴调查和直接救济的补贴的范围,引起补贴提供方(受调查方)和反补贴调查方之间的分歧也是很自然的事情。调查方试图尽量扩大解释以利于举证,而受调查方则试图缩小解释以增加调查机关的举证负担。

作为《WTO协定》附件之一的《SCM协定》生效已过20年,虽然此间发生过大量有关补贴和反补贴措施的贸易争端,但对"公共机构"的解释而言,"美国对中国产品征收反补贴税案"尚属首次。

二、"公共机构政府职能论"与"公共机构政府控制论"

上诉机构的解释与中国的立场基本一致,认为"公共机构"是被赋予政府权限并履行政府职能的机构。除非"国有企业"在履行政府职能,否则是不会构成"公共机构"的。因此,"国有企业"(不是履行政府职能的机构)在反补贴调查中被排除于补贴提供主体的范围之外,即"国有企业非公共机构论"。这是对中国有利而对美国不利的法律解释。专家组的观点(与美国的立场基本一致)则是,"公共机构"是被政府控制(所有)的机构,"国有企业"应被纳入"公共机构"的范围并构成补贴提供主体,即"国有企业公共机构论"。据此可知,这是两种截然相反的立场,前者(接受调查者)在缩小而后者(发起调查者)在扩大补贴提供者的应有范围。若从中国的现实利益出发,[①]前者或许更容易受到中国学者的支持。但是,研究不是简单的利益之争,贵在实事求是地澄清问题的本质,而且这样做也不一定会危害中国的根本利益和长远利益。

参与资源配置的重要途径。从未听说过私营企业为其他企业提供补贴的事情,这是不合常理的,也是不可能的。理由很简单,因为那是私人所有的资源。当然,不能否定私营机构的资源也会无偿转移,变成公共利益。但是,可以断言,其接受者绝对不会是追逐利润的企业,而是教育、医疗、慈善等公益机构。例如,邵逸夫、霍英东、比尔·盖茨、巴菲特(没有一个是国有企业的老板)等进行提供大规模捐献的慈善活动。

① 否定补贴存在的认定以避免被征收反补贴税,有利于出口企业的利益。

解决上述两种观点分歧的"钥匙"在于解释"公共机构"时所展开的论证。上诉机构"公共机构政府职能论"的核心依据主要有两点：一是《SCM 协定》第 1 条规定的集合概念"政府"决定了"公共机构"的性质（被赋予政府权限并履行政府职能）；二是为进一步论证这一解释所援引的上下文的可信度。如果这些论证经不起推敲，那么上诉机构的解释及其所得出的结论就是错误的。笔者质疑在"美国对中国产品征收反补贴税案"中上诉机构的法律解释及其结论的可靠性，认为有必要澄清解释"公共机构"的法律问题。

第四节 补贴的定义和提供主体

一、补贴的定义和提供主体

决定"公共机构"的含义或性质的法律依据是规定补贴定义的《SCM 协定》第 1 条 1.1(a)(1)的内容。无论"公共机构政府控制论"还是"公共机构政府职能论"，在解释该条款时都不得违背解释国际法的习惯规则。关于补贴定义，《SCM 协定》作出了专门的规定，这就是第 1 条 1.1。与"政府"并列的任何"公共机构"是补贴的提供主体之一，决定其含义的法律条款是第 1 条 1.1(a)(1)到"i.e. where："为止的部分。第 1 条 1.1 的规定如下：

第一部分 总则
第 1 条 补贴的定义
1.1 就本协定而言，如出现下列情况应视为存在补贴：
(a)(1) 在一成员领土内，存在由政府或任何公共机构（本协定中称"政府"）提供的财政资助，即如果：
(i) 涉及资金的直接转移（如赠款、贷款和投股）、潜在的资金的直接转移或涉及债务（如贷款担保）的政府做法；
(ii) 政府放弃或未征收在其他情况下应征收的税收（如税收抵免之类的财政鼓励）（注 1：依照 GATT 1994 第 16 条（第 16 条

的注释)和本协定附件1至附件3的规定,对一出口产品免征其同类产品供国内消费时所负担的关税或国内税,或在此类关税和国内税已被征收的情况下不超过已征收数量的退税,不得视为一种补贴。);

(ⅲ)政府提供除一般基础设施外的货物或服务,或购买货物;

(ⅳ)政府向一筹资机构付款,或委托或指示一私营机构履行以上(ⅰ)至(ⅲ)列举的一种或多种通常应属于政府的职能,而且此种做法与政府通常采用的做法并无实质差别;或

(a)(2)存在GATT 1994第16条意义上的任何形式的收入或价格支持;及

(b)因此而授予一项利益。

根据《SCM协定》第1条1.1的规定,可归纳出补贴的定义。上诉机构所概括的补贴定义如下:"《SCM协定》第1条1.1规定,如果政府或任何公共机构提供了财政资助并由此授予了利益,就认为补贴存在。"[1]虽然这一定义未解释"公共机构"的含义,但承认与"政府"并列的"公共机构"也是补贴的提供主体。

根据法律规定,"政府或任何公共机构提供的财政资助"(financial contribution by a government or any public body)在表述两个要件,即"提供主体"和"提供手段或措施"("财政资助"),而且前者决定后者。提供主体是单独的法律要件,将其与"财政资助"捆绑在一起不是必须的,而且这样做反而模糊了其独立意义。上诉机构未单独表述补贴提供主体,说明它对补贴提供主体的认识是不深刻或精确的。在解释《SCM协定》第1条规定的补贴定义时,上诉机构虽没有注意到提供主体的独立性,但也没有忽略其存在,其补贴定义是正确的。

---

[1] 原文:"Article 1.1 of the SCM Agreement stipulates that a 'subsidy' shall be deemed to exist for the purpose of the SCM Agreement if there is a 'financial contribution by a government or any public body' and 'a benefit is thereby conferred'." Report of the Appellate Body, para. 282.

在上诉机构看来,表述补贴提供主体的"政府"或"公共机构"是解释"财政资助"(提供主体所采取的措施)时需要附带解释的概念。例如,上诉机构指出:"中国的主张关系到两个因素中的第一个,尤其是关系到将如何定义第 1 条 1.1 所规定的公共机构的问题"。① 这说明,如何定义"公共机构"是两个要件(第二个是指"利益")中的第一要件("财政资助")。实际上,提供主体("政府"或"公共机构")、"财政资助"以及"利益"是三个独立的要件。其中,补贴提供主体是具有决定意义的第一要件,但在上诉机构看来,却变成了第二要件的辅助性存在。

上诉机构在表述有关补贴定义的整体框架时,甚至完全忽略了主体的存在。② 例如,"关于《SCM 协定》第 1 条 1.1 的框架,我们注意到法律规定提供了构成补贴的两个主要因素,主要是财政资助和利益。"③根据上诉机构的解释,补贴主要由两个要件构成。很显然,"政府"或"公共机构"这两个概念没有被明确提出来。因此,只有在解释"财政资助"时才会附带涉及提供主体。实际上,补贴提供主体是比"财政资助"更重要的法律概念。因为提供主体得到确定之后,才能认定主体所采取的措施是否属于"财政资助"。

在上诉机构关于《SCM 协定》第 1 条 1.1 整体框架的解释中,"政府"或"公共机构"虽然没有被明确地单独提出,但在解释"财政资助"

---

① 原文:"China's claims relate to the first of the two elements, in particular, to the question of how to define the term 'public body' in Article 1.1(a)(1)." Report of the Appellate Body, para. 842.

② 据此可知,补贴主要由两大因素构成,即"财政资助"和"利益"。这里,作为提供主体的"政府"和"公共机构"消失了。实际上,作为认定补贴存在的首要要件("政府"或"公共机构"),如果没有提供主体,那么有关"财政资助"的规定将失去意义。因为《SCM 协定》所规定的毕竟是政府的资源配置,所以主体不仅是必需的,而且还是首要的。虽然"财政资助"不是脱离其提供主体而存在的法律要件,但在解释"财政资助"时,其本身的定义足矣。当主体得到确认后,判断"财政资助"无须再考虑主体了。

③ 原文:"With respect to the architecture of Article 1.1 of the SCM Agreement, we note that the provision sets out two main elements of a subsidy, namely, a financial contribution and a benefit." Report of the Appellate Body, para. 284. 在解释补贴定义时,上诉机构只提两个要件("财政资助"和"利益"),不谈提供主体。

时,上诉机构还是没有忽略主体的存在。尽管如此,上诉机构的解释偏离了法律原意。例如,"关于第一个要素,《SCM 协定》1 条 1.1 规定并明确了构成财政资助的政府性行为(the governmental conduct)。"① 根据这一解释,"政府"和"公共机构"没有单独出现,两者合在一起被表述为"the governmental",并且是在修饰动词"conduct"(是指"财政资助")。实际上,体现"the governmental"这一形容词的是表述主体的"a government or any public body",但上诉机构将两者用"the governmental"概括后并用于修饰"conduct"。换言之,在解释"财政资助"时,上诉机构虽提到了"governmental"一词,但是"the governmental conduct that constitutes a financial contribution"说明"governmental"毕竟是修饰"conduct"这一动词的形容词。② "governmental"这一用语的原意是指"政府性""与政府有关",或指"政府机构"的"政府",但上诉机构是用"governmental"在概括"政府"和"公共机构",不然它不会做出"the governmental conduct that constitutes a financial contribution"这样的解释。

《SCM 协定》第 1 条 1.1 的规定是非常明确的,补贴提供主体不限于"a government",还包括"any public body",问题也就出在这里。既然法律明确规定除政府之外还存在"公共机构",那么将两者用"governmental"来概括是否符合法律规定的本意? 上诉机构用"governmen-

---

① 原文:"Regarding the first element, Article 1.1(a)(1) defines and identifies the governmental conduct that constitutes a financial contribution." Report of the Appellate Body, para. 284. 接下来的话更能证实上诉机构的意图:"It does so both by listing the relevant conduct, and by identifying certain entities and the circumstances in which the conduct of those entities will be considered to be conduct of, and therefore be attributed to, the relevant WTO Member." 其意是指《SCM 协定》在规定补贴定义时列出了构成补贴的行为"conduct",在有关判断"财政资助"的特殊情形时涉及提供主体"entities"。

② 对补贴提供主体予以确认之后,根据"财政资助"的判断标准认定其存在即可。在判断"财政资助"时,不必时刻考虑"governmental"。不区别补贴提供主体和"财政资助"的做法是很普遍的。例如,WTO 秘书处有关《SCM 协定》补贴定义的解释,只提"财政资助"和"利益",不谈提供主体,http://www.wto.org/english/tratop_e/scm_e/subs_e.htm,2014 年 7 月 10 日访问;http://www.wto.org/english/res_e/booksp_e/analytic_index_e/subsidies_e.htm,2014 年 7 月 10 日访问。

tal"来表述"政府"和"any public body"的真正意图是什么呢?

如上所述,"governmental"的含义是指"政府性""与政府有关",或指"政府机构"的"政府"。根据《SCM 协定》第 1 条 1.1 的规定,"政府"或"公共机构"是用"referred to in this Agreement as 'government'"来概括的,而不是"governmental"这一形容词。这是符合客观实际的解释。根据上诉机构的解释"the governmental conduct that constitutes a financial contribution","governmental"也在表述"公共机构"具有"政府性"。不然,这一解释是说不通的。如果这是上诉机构的潜意识,那可能影响了其以后的解释。如果这是作一番分析后得出的结果,那就不应该在展开分析之前就得出结论。如果"governmental"的含义只限于逻辑学意义,那就问题不大。

在确认补贴定义所表述的补贴的范围时,提供主体的范围非常重要。主体的范围决定作为补贴受反补贴调查或直接救济的政府措施的范围。因此,只有"政府"提供的补贴与"政府"和"公共机构"提供的补贴是明显不同的,即后者的范围大于前者。对调查方来讲,必然选择前者,因为这样做对其举证更有利。① 用"政府性"即"governmental"来概括补贴提供主体时,如果只考虑逻辑学意义,不会破坏补贴定义的原意。因为《SCM 协定》本身也用"政府"概念概括了两者,即"referred to in this Agreement as 'government'"。但是,如果将"公共机构"的含义压缩到"政府"概念中,即否认除政府职能之外的独立意义,那么这一做法实质上等于否定了"公共机构"的存在。这样做与"政府"单独作为补贴提供主体的情况是没有区别的,这样解释的正确与否最终取决于《SCM 协定》的本意。作为对"政府"和"公共机构"的概括性表述,在已经存在集合概念"政府"的情况下,上诉机构仍在用"governmental"来表述两者,说明其意图不在于表述两个概念的逻辑意义,而

---

① 受过反补贴调查的国家在对他国进行反补贴调查时,不得不遵守自己作过的解释,即排除"公共机构"的狭义补贴论。在自己受调查时缩小解释,在调查对方时却扩大解释,这违背了法律的诚信原则。

在于说明"公共机构"也具有"政府性"。那么,上诉机构依据什么样的理由论证这样的解释呢?

二、补贴提供主体与"私营机构"

上诉机构用"governmental"概括狭义"政府"和"公共机构"的真实意图是什么呢? 如上所述,有关补贴提供主体,法律规定的是"政府"或"公共机构",但上诉机构用"governmental"概括了两者。这一做法提示了两层含义:一是对补贴提供主体独立性的模糊化,因为从"the governmental conduct"中虽然能联想到"政府",但未必能捕捉到"公共机构"的影子;二是暗含"公共机构"也具有政府性(governmental)。在"With respect to the architecture of Article 1.1 of the SCM Agreement, we note that the provision sets out two main elements of a subsidy, namely, a financial contribution and a benefit Regarding the first element, Article 1.1 (a)(1) defines and identifies the governmental conduct that constitutes a financial contribution"之后,上诉机构指出:"构成主体的两个主要部分是有区别的,即《SCM 协定》第 1 条 1.1(a)(1)规定的具有政府性的政府或任何公共机构以及第 1 条 1.1(a)(1)(iv)第二句所规定的私营机构。"①

据此可以证实,在上诉机构看来,补贴提供主体不仅限于具有"governmental"性质的"政府"和"公共机构",还包括在性质上截然不同的"私营机构"(private body)。显然,上诉机构所用的"governmental entity"一词具有与"私营机构"形成对照的含义。如上所述,在不考虑"私营机构"的存在时,上诉机构是用"the governmental conduct"来表述补贴提供主体以及财政资助的。

这样,上诉机构将"私营机构"也纳入了补贴提供主体的范围。这

---

① 原文:"Two principal categories of entities are distinguished, those that are 'governmental' in the sense of Article 1.1(a)(1): 'a government or any public body...(referred to in this Agreement as government)'; and those in the second clause of subparagraph(iv): 'private body'." Report of the Appellate Body, para. 284.

对其解释"公共机构"将会发挥什么样的支撑作用呢？上诉机构指出："如果主体具有政府性（《SCM 协定》第 1 条 1.1（a）（1）意义上的），而且其行为属于（i）至（iii）或（iv）第一句所列举的范围，那么可以视为财政资助的存在。"①

根据上诉机构的解释，当补贴提供主体是"governmental entity"时，如果其行为或措施被纳入法律规定所列举的"财政资助"的范围（穷尽式列举的四项内容），那么就认定该行为构成"财政资助"；与此相反，当补贴提供主体是"私营机构"时，情况就不同了。上诉机构认为："但是，当主体是私营机构时，其行为属于（i）—（iii），并且只有在政府和行为之间存在因果关系，即行为（或措施）在受政府的指示或委托的情况下，才能证明财政资助的存在。"②"在此情况下，不能只根据'私营机构'的行为属于第 1 条 1.1（a）（1）（i）—（iii）中的一项内容认定'财政资助'的存在，而且还要追加证明'私营机构'的行为是受政府'指示'或'委托'的结果，也就是'私营机构'的特殊行为与'政府'之间存在肯定的因果关系。"③

分析上诉机构的解释可知，与补贴提供主体是"governmental entity"的情况相反，在认定"私营机构"的行为是否构成"财政资助"时，需要证明"governmental entity"的"委托"或"指示"（entrustment or direction）的存在。很显然，"委托"或"指示"的主体是"governmental enti-

---

① 原文："If the entity is governmental (in the sense referred to in Article 1.1 (a)(1)), and its conduct falls within the scope of subparagraphs (i)—(iii) or the first clause of subparagraph (iv), there is a financial contribution." Report of the Appllete Body, para. 284. 在认定"财政资助"之前，确认主体性质是正确的。"公共机构"是否带有"governmental"性质与"财政资助"无关。

② 原文："When, however, the entity is a private body, and its conduct falls within the scope of subparagraphs (i)—(iii), then there is only a financial contribution if, in addition, the requisite link between the government and that conduct is established by a showing of entrustment or direction." Ibid., para. 284.

③ 原文："Thus, the second clause of subparagraph (iv) requires an affirmative demonstration of the link between the government and the specific conduct, whereas all conduct of a governmental entity constitutes a financial contribution to the extent that it falls within subparagraphs (i)—(iii) and the first clause of subparagraph (iv)." Ibid., para. 284.

ty",这是包括"政府"和"公共机构"的大概念。这为上诉机构解释"公共机构"的含义埋下了伏笔。

上诉机构虽然提出除了"governmental entity"以外也包含"私营机构",但并没有以此为依据解释"公共机构"的含义。换言之,上诉机构虽然将"私营机构"解释为补贴提供主体,但没有因此而为"公共机构"的解释找到依据。上诉机构认为,"this appeal raises the question of the correct interpretation of the term 'public body'"①,即两种补贴提供主体的存在为其解释"公共机构"提供了重要线索。为什么从"私营机构"与"政府"和"公共机构"的并列(这是上诉机构的解释)中能引申出"公共机构"的含义呢?

第五节 "公共机构"的解释

一、"公共机构"的词典含义

"公共机构"的含义到底是什么?先看上诉机构援引的词典含义。词典含义虽然不是衡量法律用语的解释是否正确的唯一标准,但能够提供基本的出发点。根据上诉机构的确认,"公共机构"的词典含义中不存在合成词"公共机构",词典是分别表述"公共"和"机构"的含义的。尤其是关于"公共"的性质,上诉机构所确认的词典含义并没有为其"公共机构政府职能论"提供有力依据。② 实际上,对"公共机构"的解释来讲,对"机构"一词含义的确认不是很重要的。因为"机构"毕竟是由"公共"修饰的名词,"公共"是决定"公共机构"性质的核心用语。所以,从"机构"的含义中是不能引申出"公共机构"含义的,即后者不能决定前者。

---

① Report of the Appellate Body, para. 285.
② 原文:"... of or pertaining to the people as a whole; belonging to, affecting or concerning the community or nation", as "carried out or made by or on behalf of the community as a whole", or as "authorized by or representing the community." Ibid.

上诉机构援引的有关"机构"的词典含义如下:"The word 'body' in the sense of an aggregate of individuals is defined as 'an artificial person created by legal authority; a corporation; an officially constituted organization, an assembly, an institution, a society'."①这表明,词典并不为解释"公共机构"提供依据。因为"body"的本意是与"individuals"不同的"organization",至于"organization"的性质,"body"不赋予任何答案,而由修饰"body"的词来决定。

关于合成词"公共机构"的含义,上诉机构认为,可表述不同的概念并涵盖各种机构。上诉机构解释道:"作为合成词的'公共机构'将包括数个不同概念,这将取决于不同定义性成分的组合。词典定义提示'公共机构'一词具有更加广泛的潜在含义,涵盖各种机构,包括履行政府权限的机构和从属于社会或国家的机构。"②

据上诉机构解释,"公共机构"包括"entities that are vested with or exercise governmental authority"。据此可知,"entities"后面的"that are vested with or exercise governmental authority"在表述"机构"的性质,而不是机构的"范围"。这段有关机构性质的表述不是从"机构"一词中能够引申出来的内容,而是由"公共"一词来决定的。这是因为,"公共"才能决定"公共机构"的性质。按照常理,只有"公共"这一用语包括该含义(that are vested with or exercise governmental authority),而且只有该含义才能表述"公共机构"。

如上所述,从上诉机构确认的"公共"一词中是找不到"vested with or exercise governmental authority"这样的表述的。在此,再次援引上诉机构对"公共"一词词典含义所作的确认:"... of or pertaining to the people as a whole; belonging to, affecting or concerning the community or

---

① Report of the Appellate Body, para. 285.
② 原文:"The composite term 'public body' could thus refer to a number of different concepts, depending on the combination of the different definitional elements. As such, dictionary definitions suggest a rather broad range of potential meanings of the term 'public body', which encompasses a variety of entities, including both entities that are vested with or exercise governmental authority and entities belonging to the community or nation." Ibid., para. 286.

nation", as "carried out or made by or on behalf of the community as a whole", or as "authorized by or representing the community"。显然,"公共"的本质意义在于表述国家或社会利益,而不是私人利益。关于一实体是否履行政府职能,严格地讲,与"公共"无关。在"公共"的含义尚未得到确认之前,"公共机构"是否具有"履行政府职能或权限"的意义是无法确认的。上诉机构对"公共机构"一词词典含义的解释带有主观色彩或牵强附会。上诉机构的解释表明,它无论如何都想把"政府职能或权限"(vested with or exercise governmental authority)附加到"公共机构"中去。

如上所述,关于"公共机构"是否含有"履行政府职能"的含义,从词典上找不到答案。退一步讲,就算"公共机构"含有履行政府职能的含义,也不等同于"履行政府职能的机构"。再者,法律规定是用"任何"修饰"公共机构"的,解释"公共机构"的含义时不应该忽略这一点。"公共机构"的词典含义应该为《SCM 协定》第 1 条规定的"公共机构"的含义提供客观基础,即是为国家和社会的公共利益而存在的实体,这是不可动摇的。上诉机构援引的"公共"一词的词典含义也证实了这一点。

总而言之,对确定"公共机构"的性质来讲,虽然词典含义不是决定性的,却能提供客观基础,即公共性和社会性。合成词"公共机构"的重点在"公共",而不是"机构";"公共"包含"公共利益",但不一定包含"政府职能或权限"。词典含义对"公共机构"含义的确定不产生决定性的作用,法律规定才是决定法律用语含义的核心根据。

二、"governmental"与"government"

如上所述,上诉机构虽然提出了"governmental entity"这样的概念,并且将其与"私营机构"相提并论,但并没有以此为依据解释"公共机构"。除"governmental entity"之外,上诉机构注意到了集合概念"government"。实际上,"governmental entity"是上诉机构使用的用语,而"government"才是真正的法律概念。那么,对解释《SCM 协定》第 1

条1.1(a)(1)规定的"公共机构"的含义,集合概念"政府"所发挥的作用是什么呢?

在《SCM协定》第1条1.1(a)(1)中,"公共机构"出现了一次,与该用语并列的"政府"(government)出现了两次,即分别在"a government or any public body"和"referred to in this Agreement as 'government'"中。关于在《SCM协定》第1条1.1(a)(1)括号中的"政府",上诉机构解释如下:"... second, 'government' appears within a parenthetical phrase specifying that, for purposes of the SCM Agreement, this word refers collectively to 'a government or any public body'."①

括号中的"referred to in this Agreement as 'government'",是上诉机构最看重的部分,认为"'government' appears within a parenthetical phrase specifying that, for purposes of the SCM Agreement, this word refers collectively to 'a government or any public body'"。法律原文是"in this Agreement",上诉机构则认为是指"for purposes of the SCM Agreement"。比起"in this Agreement"(文字意义浓重),"for purposes of the SCM Agreement"在明确提示法律适用。关于法律原文"referred to",上诉机构则认为是指"refers collectively to"。如果仅限于逻辑意义,这样的解释没有问题。如下所述,上诉机构的真正意图当然不止于文字意义。

那么,集合概念"政府"在修饰"a government or any public body within the territory of a Member"的括号(referred to in this Agreement as "government")中出现,这是否与"公共机构"的性质有关呢?这对"公共机构"的解释具有决定意义。括号内的"政府"是包括"公共机构"和"狭义政府"的集合概念,这是非常清楚的。但是,其意义是否超过逻辑范围而带有法律解释的色彩,则是需要慎重考虑的。

上诉机构对两次出现的"政府"解释如下:"对两次使用的'政府'用语进行区别,在解释上是必要的。我们认为,第一次使用的'政府'

---

① Report of the Appellate Body, para. 286.

是指狭义的政府,第二次使用的'政府'是指集合概念'政府'。"①据此可知,对得出"公共机构政府职能论"的结论来说,这两个"政府"概念的区分是非常重要的。问题是,如此区分是否为解释"公共机构"的性质提供了依据呢?笔者反复强调,如果只考虑字面意义,这样的解释确实没有问题。

关于集合概念"政府"的含义,专家组认为,括号中的"referred to in this Agreement as 'government'"的功能只在于简化法律规定(merely a device to simplify the drafting),以免在整个协定中每当涉及补贴提供主体时处处表述为"a government"或"public body"。上诉机构则否决了这一解释。②

如上所述,上诉机构区别了两个"政府"概念,即前者是狭义的政府(government in the narrow sense),而后者是作为集合概念的"政府"(collective term "government"),并且认为后者的存在不限于逻辑学意义。上诉机构的意图在于,根据集合概念"政府",说明"公共机构"带有"狭义政府"的性质。

那么,作为集合概念的"政府"是否在说明或确认"any public body"的性质呢?即"any public body"是否只有具备"governmental"的含义(履行政府权限或职能),才符合法律的规定呢?如果忠实于法律原文,"any public body"中使用的"any"一词将包括任何"公共机构",对"公共机构"作限制性解释是违背法律的。那么,上诉机构的依据是什么呢?

三、"政府"和"私营机构"的"并列"

沿着上诉机构的分析过程追索,最关键的是需要找到其解释"公

---

① 原文:"Where it is necessary to distinguish between these two uses of the term 'government' for purposes of our analysis, we refer to the first use of the word as 'government' in the narrow sense, and to the second use of the word as 'government' in the collective sense, or the collective term 'government'." Report of the Appellate Body, para. 286.

② Ibid., para. 287.

共机构"时发挥了决定作用的法律依据,这是本章讨论的核心问题。上诉机构对《SCM 协定》第 1 条 1.1(a)(1)的整体框架作出解释之后展开了分析。上诉机构解释如下:"我们注意到,第 1 条 1.1(a)(1)是在集合概念'政府'之下将狭义'政府'和'公共机构'规定在一起的。与此相反,第 1 条则明确地将'政府'(包括公共机构)和'私营机构'这两个概念并列在了一起。"①

如果只限于逻辑学意义,"Article 1.1(a)(1) of the SCM Agreement joins 'government' in the narrow sense and 'public body' under the collective term 'government'"这一解释没有问题。接下来,上诉机构所说的"In contrast, Article 1 clearly juxtaposes the concepts of 'government' (including 'public body') and 'private body'"②这段话则需要进一步推敲。

与上诉机构有关主体框架所作的上述解释(虽然指出除"政府性机构"以外还有"私营机构"的存在,但没有将两者并列起来)相比,这段内容中出现的明显区别就是其使用的"juxtaposes"这一动词。根据第 1 条 1.1(a)(1)的规定,在集合概念"政府"下并列了狭义"政府"和"公共机构",这是符合法律规定的正确解释。但是,仔细审察法律原文可以发现,包括第 1 条 1.1(a)(1)在内的第 1 条并没把包括"公共机构"在内的集合概念"政府"和"私营机构""并列"在一起。

《SCM 协定》第 1 条由 1.1 和 1.2 构成,第 1 条 1.1 由(a)和(b)构成。"私营机构"出现在第 1 条 1.1(a)中。如果牵强地说存在并列的情形,那也是第 1 条 1.1(a),而不是第 1 条,因为前者才是所谓"并列"出现的具体条款。第 1 条是包含第 1 条 1.1(a)在内的更宽泛的规定。从上文(有关补贴提供主体范围的讨论)可以看出,上诉机构认为,第 1 条 1.1(a)(1)包括两种主体(集合概念"政府"和"私营机

---

① 原文:"We note that Article 1.1(a)(1) of the SCM Agreement joins 'government' in the narrow sense and 'public body' under the collective term 'government'. In contrast, Article 1 clearly juxtaposes the concepts of 'government' (including 'public body') and 'private body'." Report of the Appellate Body, para. 288.

② Ibid.

构")。那么,同样是并列的主体,怎么会出现在与第1条1.1(a)相反的第1条里呢?

根据上诉机构的解释,即"In contrast, Article 1 clearly juxtaposes the concepts of 'government' (including 'public body') and 'private body'",实际上是第1条1.1(a)更加具体地规定了集合概念"政府"和"私营机构"的并列,为什么从包括第1条1.1(a)在内的更加宽泛的第1条中寻找"并列"呢?上诉机构是否察觉到,在第1条1.1(a)的框架内讨论"并列"(集合概念"政府"和"私营机构")时可能遇到的法律上的困难呢?问题是,在论证两者是并列关系时,依据第1条是得不到任何有力依据的。

如上所述,上诉机构在已经注意到第1条1.1(a)的情况下,作出"In contrast, Article 1 clearly juxtaposes the concepts of 'government' (including 'public body') and 'private body'"的解释是明显错误的。如果干脆不提第1条1.1(a),别人会认为上诉机构就是在指第1条1.1(a),因为这毕竟是被包括在第1条内的规定。换言之,即使要讨论集合概念"政府"和"私营机构"的"并列",也应该局限于第1条1.1(a)的框架之内,怎么会出现"与此相反的第1条"(In contrast, Article 1)呢?实事求是地讲,与第1条1.1(a)相比,第1条没有规定任何"相反"的东西,只是包括前者而已。两者的区别是,第1条除包括1.1(a)以外,还包括1.1(b)以及1.2,后者的规定与解释"公共机构"没有直接关系。上诉机构也解释道:"是第1条1.1(a)(1)将集合概念'政府'和'私营机构'并列。"很明显,这一解释与上述解释是矛盾的。①

上诉机构的解释岂止是含糊,很明显是误判。这也许是因上诉机构的笔误所造成的,因为这是一个非常简单的问题,按道理上诉机构

---

① 原文:"As we see it, the juxtaposition of the collective term 'government' on the one side and 'private body' on the other side, as well as the joining under the collective term 'government' of both a 'government' in the narrow sense and 'any public body' in Article 1.1(a)(1) of the SCM Agreement, suggests certain commonalities in the meaning of the term 'government' in the narrow sense and the term 'public body' and a nexus between these two concepts." Report of the Appellate Body, para. 288.

不该犯如此低级的错误。上诉机构对第1条整体框架(决定"公共机构"含义的核心条款,也是有关补贴定义的最基本的知识)的误判,令人不得不质疑其接下来所作解释的正确性和可靠性。

那么,第1条1.1(a)是否真的将集合概念"政府"和"私营机构"并列(juxtaposes)在一起了呢?我们还是重新观察该条款:

1.1 For the purpose of this Agreement, a subsidy shall be deemed to exist if:

(a)(1) there is a financial contribution by a government or any public body within the territory of a Member(referred to in this Agreement as "government"), i.e. where:……

在此重新确认"私营机构"出现的条款如下:

(iv)政府向一筹资机构付款,或委托或指示一私营机构履行以上(i)至(iii)列举的一种或多种通常应属于政府的职能,而且此种做法与政府通常采用的做法并无实质差别;……

第1条1.1(a)(1)(iv)是在"i.e. where:"下列举"财政资助"的具体内容。"i.e. where:"表明,其以下内容是对"财政资助"的穷尽式列举,被列举的四项内容是认定"财政资助"是否存在的法律依据。"私营机构"是出现在第1条(a)(1)列举"财政资助"具体内容的第(iv)项第二句中的概念,该条款的重点是说明"财政资助",而不是说明主体。这可以从"where"这一英文词汇中得到确认。"where"指的是场合或情况,而不是主体。

将补贴的提供主体("政府"或"公共机构")与其所提供的有关"财政资助"的规定中出现的"私营机构"并列在一起,这违背了法律规定的上下文之间的逻辑关系。换言之,在特殊情况下,认定"财政资助"是否存在的法律规定中出现的"私营机构",是不能与提供"财政资助"的主体"并列"起来的。就算两者之间存在并列关系,它们的法律意义也是不能相提并论的。

上诉机构承认,"私营机构"只有在得到来自政府(暂时不考虑是否包括"公共机构")的"指示"或"委托"的情况下,才能成为提供"财政资助"的所谓的主体。例如,上诉机构解释道:"如果某实体具有第1条1.1(a)(1)规定的政府性,当其措施属于(i)至(iii)或(iv)第一句的内容时,就认定财政资助的存在。但是,当某实体是私营机构,而且在其行为属于(i)至(iii)的情况下,只有在政府和行为之间存在因果关系,即此种行为被证明是受政府的指示或委托的情况下,才能认定财政资助的存在。这样,(iv)第二句要求政府和特定行为之间存在肯定性的论证。但是,政府性实体的情况则不同,只要它属于(i)至(iii)或(iv)第一句的内容,其所有行为均会构成财政资助。"①

根据上述解释,可以证实如下:上诉机构也承认,在脱离政府的情况下,"私营机构"是不能成为补贴提供主体的,除非它得到政府的"指示"或"委托"。这是讨论"私营机构"是否能够提供"财政资助"的前提。试想,在补贴的提供等有关资源配置(资源的无偿配置关系到补贴提供者和接受者的切身利益)的重大问题上,一个不能享有意思决定权而被其他主体(政府)决定的机构(私营机构),怎么能够与决定其意思的主体(政府)并列呢?没有政府的"指示"或"委托","私营机构"一概不会给其他企业提供"财政资助"或"补贴"。如果不涉及有关补贴这样的资源配置问题,"私营机构"的活动与政府的"指示"或"委托"是无关的,这不是说"私营机构"不服从"政府"的管理。

对此问题,从有关"私营机构"规定的法律意图中可以得到确认。《SCM协定》第1条1.1(a)(1)(iv)第二句的意图在于,防范政府通过利用"私营机构"提供补贴以逃避国际法的规范。这一反规避的规定

---

① 原文:"If the entity is governmental(in the sense referred to in Article 1.1(a)(1)),and its conduct falls within the scope of subparagraphs(i)—(iii) or the first clause of subparagraph (iv),there is a financial contribution. When,however,the entity is a private body,and its conduct falls within the scope of subparagraphs(i)—(iii),then there is only a financial contribution if,in addition,the requisite link between the government and that conduct is established by a showing of entrustment or direction. Thus,the second clause of subparagraph(iv)requires an affirmative demonstration of the link between the government and the specific conduct,whereas all conduct of a governmental entity constitutes a financial contribution to the extent that it falls within subparagraphs (i)—(iii)and the first clause of subparagraph(iv)." Report of the Appellate Body,para.284.

意在说明,"私营机构"与补贴提供主体无关,因为它本来就不是提供主体。这一点从 WTO 的判例中也可以得到证实。例如,"美国出口限制构成补贴案"专家组就指出:"第 1 条 1.1(a)(i)(iv)的宗旨在于,防止政府通过利用私营机构逃避该条(i)至(iii)的规定。"①

退一步讲,就算集合概念"政府"和"私营机构"并列是存在的,那么在解释"公共机构"的含义时,是否真的具有法律意义呢?上诉机构解释如下:"我们认为,《SCM 协定》第 1 条 1.1(a)(1)将集合'概念政府'和'私营机构'并列在一起,与在集合概念之下联结'狭义政府'和'公共机构'的做法一样,是在提示狭义'政府'和'公共机构'之间存在共性和关联性。"②实际上,狭义"政府"和"公共机构"才是并列的法律概念,而上诉机构却使用"joining"这样的词汇表述两者的关系,在本来不存在并列关系的复合概念"政府"和"私营机构"之间却使用

---

① 原文:"The Panel on US-Export Restraints considered that the purpose of subparagraph (iv) of Article 1.1(a)(i) to the SCM Agreement is to avoid circumvention of subparagraphs(i)—(iii) of the same Article by a government operating through a private body:

'[W]e find no support in the text of the Agreement for the US reading of the word 'type'. Rather, in our view, the phrase 'type of functions' refers to the physical functions identified in subparagraphs(i)—(iii). In this regard, we believe that the intention of subparagraph(iv) is to avoid circumvention of subparagraphs(i)—(iii) by a government simply by acting through a private body. Thus, ultimately, the scope of the actions(the physical functions) covered by subparagraph(iv) must be the same as those covered by subparagraphs(i)—(iii). That is, the difference between subparagraphs(i)—(iii) on the one hand, and subparagraph(iv) on the other, has to do with the identity of the *actor*, and not with the nature of the *action*. The phrase 'type of functions' ensures that this is the case, that is, that Article 1 covers the types of functions identified in subparagraphs(i)—(iii) whether those functions are performed by the government itself or are delegated to a private body by the government.' "Panel Report on US-Exports Restraints, para. 8.53.

② 原文:"As we see it, the juxtaposition of the collective term 'government' on the one side and 'private body' on the other side, as well as the joining under the collective term 'government' of both a 'government' in the narrow sense and 'any public body' in Article 1.1(a)(1) of the SCM Agreement, suggests certain commonalities in the meaning of the term 'government' in the narrow sense and the term 'public body' and a nexus between these two concepts."Report of the Appellate Body, para. 288. 将集合概念"政府"和"私营机构"并列的是《SCM 协定》第 1 条还是第 1 条 1.1(a)(1)? 上诉机构对此是非常混乱的。例如,再次援引上诉机构的解释如下:"We note that Article 1.1(a)(1) of the SCM Agreement joins 'government' in the narrow sense and 'public body' under the collective term 'government'. In contrast, Article 1 clearly juxtaposes the concepts of 'government' (including 'public body') and 'private body'."Ibid.

"并列"（juxtaposes）一词，这一做法令人不可思议。关于前者的并列，有法律根据可查（referred to in this Agreement as "government"）；对后者，上诉机构并未找到确凿的法律依据。

根据上诉机构的解释，即 "the juxtaposition of the collective term 'government' on the one side and 'private body' on the other side（as well as）"与 "the joining under the collective term 'government' of both a 'government' in the narrow sense and 'any public body'"，同样也（as well as）在提示（suggests）狭义"政府"和"公共机构"之间存在共性和联系。关于后者提示狭义"政府"和"公共机构"之间存在共性（例如，两者都是补贴提供主体，或均为公共利益而存在等）还可以理解，为什么集合概念"政府"和"私营机构"的并列也在说明狭义"政府"和"公共机构"之间存在的共性（certain commonalities）呢？即为什么"the juxtaposition of the collective term 'government' on the one side and 'private body' on the other side"也能够提示"certain commonalities in the meaning of the term 'government' in the narrow sense and the term 'public body' and a nexus between these two concepts"呢？其根据到底是什么？反复而细致地查看上诉机构的所有论证内容，始终没有发现能够明确解释这一质疑的答案。虽然找不到明确的依据，但有一点很清楚，即上诉机构试图从"政府"和"公共机构"中找到共性。

根据上述解释，读者会认为上诉机构要以集合概念"政府"和"私营机构"的并列为依据，展开一番分析，以说明为什么这种并列也会提示狭义"政府"和"公共机构"之间存在共性。遗憾的是，上诉机构并没有继续分析集合概念"政府"和"私营机构"的并列是在提示"公共机构"的性质（笔者认为，客观上也不可能做到），而是在中途停止了论证。换言之，虽然上诉机构提出集合概念"政府"和"私营机构"是并列的，但确实没有论证清楚这一并列对"公共机构"所具有的法律意义。

四、集合概念"政府"的解释

为论证狭义"政府"和"公共机构"的共性,除"the joining under the collective term 'government' of both a 'government' in the narrow sense and 'any public body'"①以外,上诉机构没有援引其他法律依据。如上所述,上诉机构虽然指出过集合概念"政府"和"私营机构"是并列的,但论证却中途停止了。那么,以集合概念"政府"为依据,上诉机构又如何解释"公共机构"的性质?同样是对集合概念"政府"下的"政府"与"公共机构"的联结(上诉机构似乎在有意回避使用"并列"一词)以及对"公共机构"的解释,与上述内容相比,上诉机构所作的解释显示出一些不同。例如,"第1条规定,在《SCM协定》中将政府或任何公共机构表述为政府,集合概念'政府'是上位概念,它包括作为一个下位概念的'公共机构'"②。换言之,集合概念"政府"是包括下位概念"公共机构"在内的上位概念。

因为括号中的集合概念"政府"涵盖狭义"政府"和"公共机构",是上位概念或集合概念,"公共机构"当然是被包括在其中的小概念或下位概念。笔者曾反复表示,若只考虑两者之间的逻辑关系,上诉机构的这一解释确实没有什么问题。但是,上诉机构的意图不在于澄清两个概念之间的逻辑关系(包含与被包含)。在上诉机构解释"公共机构"时,有关集合概念"政府"涵盖狭义"政府"和"公共机构"的规定(referred to in this Agreement as "government")发挥了决定性作用。例如,上诉机构有如下一段解释:"将两个概念规定在集合概念'政府'之下,这一做法意在提示在两者之间存在足够程度的共性和重复,因此所涉实体的性质应该正确地被理解为具有政府性。此外,当实体的行为属于(i)至(iii)或(iv)第一句的内容时,将构成《SCM协定》规定

---

① Report of the Appellate Body, para. 288.
② 原文:"When Article 1.1(a)(1) stipulates that 'a government' and 'any public body' are referred to in the SCM Agreement as 'government', the collective term 'government' is used as a superordinate, in cluding, inter alia, 'any public body' as one hyponym." Ibid.

的财政资助。"①

　　这一解释表明了上诉机构的真实意图。上诉机构认为,在集合概念"政府"之下规定"公共机构"和狭义"政府",说明两者之间存在足够的本质上的(essential characteristics)共性或重复。这样,可以将"政府"和"公共机构"正确地理解成具有"governmental"性质的实体。根据这一解释继续推导,就会得出"公共机构"是具有"governmental"性质的实体的结论。分析到这里,可以肯定的是,对上诉机构得出"公共机构"就是"具有政府性质的机构"这一结论来讲,发挥了决定性作用的法律依据是"referred to in this Agreement as 'government'"(尽管这是对"a government or any public body"的说明部分)。这是上诉机构认为"政府"和"公共机构"具有"governmental"性质的唯一根据,而且是具有决定性的根据。

　　政府具有"governmental"性质是理所当然的事实,也不会引起争议。关键的是,为什么集合概念"政府"也会给"公共机构"带来政府性质?为什么狭义"政府"和"公共机构"被包含于集合概念"政府"之下会造成两者之间存在本质上的共性?对此问题的论证是至关重要的,但上诉机构确实没有说清楚。上诉机构认为:"将两个概念规定在集合概念'政府'之下,这一做法意在提示在两者之间存在足够的共性和重复,因此所涉实体的性质应该正确地被理解为具有政府性。"②但是,遗憾的是,这一解释并没有说明,为什么狭义"政府"和"公共机构"在集合概念"政府"下出现,就能够提示两者之间存在本质共性。既然法律规定了两个概念,两者之间具有不同含义才合乎逻辑。实际上,就像专家组所解释的那样,为避免两个概念在法律条文中反复出

---

　　① 原文:"Joining together the two terms under the collective term 'government' thus implies a sufficient degree of commonality or overlap in their essential characteristics that the entity in question is properly understood as one that is governmental in nature and whose conduct will, when it falls within the categories listed in subparagraphs (i)—(iii) and the first clause of subparagraph (iv), constitute a 'financial contribution' for purposes of the SCM Agreement." Report of the Appellate Body, para. 288.
　　② Ibid.

现,才将两者用一个概念(政府)来表述。这一解释更符合逻辑或实际情况,更让人容易接受。

这里的"政府性"(governmental),当然是指狭义"政府"所具有的政府职能。可以说,上诉机构否认了"政府"和"公共机构"之间的差异,意即第1条所规定的"公共机构"只具备狭义"政府"的性质。试问,为什么在法律条款中两个概念的并列是在提示其中存在的共性呢?按通常的逻辑理解,若要强调两个概念的共性,应该没有必要并列两者,只有注重其不同性质时,才将两者并列起来,而且这样做才具有法律意义。当然,这不是说同一性质的事物不能并列。如果某一实体具备狭义"政府"的性质才能构成"公共机构",那就没有必要作出单独规定,在解释狭义"政府"时完全可以解决这一问题。例如,将"政府"概念扩大解释成包括履行政府职能的非政府机构或公共机构在内。

作出上述解释之后,上诉机构开始追究"公共机构"享有狭义"政府"所具有的什么样的政府性的问题。实际上,提出这样的问题显得多余。这是因为,狭义"政府"的性质不是有选择性的,而且也不具有争议。关于该问题,从上诉机构援引的词典含义中能得到清楚的答案。例如,"continuous exercise of authority over subjects; authoritative direction or regulation and control"①。还有其他WTO案件的上诉机构所作的解释,即"the essence of government is that it enjoys the effective power to regulate, control, or supervise individuals, or otherwise restrain their conduct, through the exercise of lawful authority"②。由此可知,狭义"政府"的性质体现在"行政权力""行政权限""管理"以及"控制"等概念中。

但是,上诉机构的意图不在于确认狭义"政府"的性质本身,而在于通过说明政府的性质解释"公共机构"所具有的性质。上诉机构解

---

① Report of the Appellate Body, para. 290.
② Ibid.

释道:"正如我们已作的确认,构成'政府'概念的这些因素在揭示'公共机构'一词的含义。从这里得到的提示是,被赋予和履行政府职能,是政府和公共机构之间核心的共性。"①需要注意的是,狭义"政府"概念的性质是不能直接决定"公共机构"性质的。上诉机构所作解释的可靠性,取决于对为什么"公共机构"具有政府性所作的论证。因此,只是确认"公共机构"应该具有的政府性质是没有说服力的。换言之,为什么"公共机构"具备政府性的问题,比"公共机构"具备什么样的政府性的问题重要得多。

依据上诉机构对"公共机构"的解释,该用语的外延被缩小至"被赋予政府权限并履行政府职能的机构",这样"公共机构"的本来面目就消失了(脱离政府管理权限而为公共利益服务的机构)。"公共机构"的范围不应该被局限得如此狭窄。就算《SCM 协定》将"公共机构"的含义限制在如此狭窄的范围内,只依据"referred to in this Agreement as'government'"(对"政府"或"任何公共机构"的概括性说明而已)中的"government"解释"公共机构"是缺乏说服力的。

综上所述,上诉机构为得出"公共机构政府职能论",对括号(referred to in this Agreement as"government")中集合概念"政府"的解释是缺乏依据的。只依据"referred to in this Agreement as'government'"判断"公共机构"的性质,是对法律用语(集合概念"government")的过度解释。

五、第 1 条 1.1(a)(1)(iv)构成上下文的可靠性

对"公共机构政府职能论"来讲,除了"referred to in this Agreement as'government'"之外,《SCM 协定》第 1 条中还有哪些规定提供了法

---

① 原文:"As we see it, these defining elements of the word'government'inform the meaning of the term'public body'. This suggests that the performance of governmental functions, or the fact of being vested with, and exercising, the authority to perform such functions are core commonalities between government and public body."Report of the Appellate Body, para. 290.

律依据？为找到上下文，上诉机构将目光转向了第 1 条 1.1(a)(1)(iv)。上诉机构认为："为进一步确认对'公共机构'概念的理解，尤其是该实体必须与狭义'政府'所共同具有的核心性质，我们考虑到第 1 条 1.1(a)(1)(iv)在提供上下文的依据。如上所述，这一规定提供了'私营机构'概念。"①

这里需要重新确认该条款。第 1 条 1.1(a)(1)(iv)的原文如下：

(iv) a government makes payments to a funding mechanism②, or entrusts or directs a private body to carry out one or more of the type of functions illustrated in (i) to (iii) above which would normally be vested in the government and the practice, in no real sense, differs from practices normally followed by governments.

援引该条款，上诉机构解释如下：

第一，第 1 条 1.1(a)(1)(iv)中的"government""entrusts or directs"。上诉机构说："我们还认为，因为《SCM 协定》第 1 条 1.1(a)(1)(iv)所规定的'政府'概念是作为集合概念的'政府'，所以该规定包含政府和任何公共机构指示或委托私营机构采取一项或多项(i)至(iii)所列的职能或行为时所发生的财政资助。据此判断，(iv)考虑的

---

① 原文："In seeking to refine our understanding of the concept of 'public body' in Article 1.1(a)(1) of the SCM Agreement, and, in particular, of the core characteristics that such an entity must share with government in the narrow sense, we consider next the context provided by Article 1.1(a)(1)(iv). As noted above, this provision introduces the concept of 'private body'." Report of the Appellate Body, para. 291. 此外，上诉机构也确认了"私营机构"的含义，对此不存在争议，与此相反，考察什么是"国有企业"更有意思。

② 在《SCM 协定》第 1 条穷尽式列举的四项"财政资助"中，关于"a government makes payments to a funding mechanism"不存在政府"指示"或"委托""私营机构"。筹款机构不是接受补贴的受益者，在此情况下，如何确定补贴"利益"的接受者将会复杂化。

是公共机构可能会委托或指示私营机构采取(i)至(iii)所列的职能。"①

更能说明上诉机构意图的解释如下:"指示的含义是指发出权威性命令、命令采取某种行动、命令、控制或管理一种行为。'委托'一词赋予某一主体完成任务的责任。"②"指示是指一种情形,即政府针对私营机构实施其权限,包含某种程度的强制。委托是指政府针对私营机构施加责任。这样,根据(iv)的规定,公共机构为实施其权限,可以强制或命令私营机构,或管理私营机构的行为(指示),或对其赋予责任以完成某种任务(委托)。如我们所确认,为保证使公共机构能够针对私营机构行使其权限,公共机构本身必须拥有这种权限,或具备实施控制和命令的能力。同样,为保证公共机构能够对私营机构赋予责任,其本身必须被赋予责任。如果公共机构本身都不具有相应的权限或责任,它是不可能对私营机构的行为实施有效的控制和管理或赋予某种责任的。这一规定提示,作为能够指示或委托私营机构的前提条

---

① 原文:"We also consider that, because the word 'government' in Article 1.1(a)(1)(iv) is used in the sense of the collective term 'government', that provision covers financial contributions provided by a government or any public body where 'a government or any public body' entrusts or directs a private body to carry out one or more of the type of functions or conduct illustrated in sub-paragraphs(i)—(iii). Accordingly, subparagraph(iv) envisages that a public body may 'entrust' or 'direct' a private body to carry out the type of functions or conduct illustrated in subparagraphs(i)—(iii)." Report of the Appellate Body, para. 293. "a government makes payments to a funding mechanism"是该条款的第一句,也是被穷尽式列举的"财政资助"的第四项内容。该条款与"公共机构"的解释无关。第二句是有关"财政资助"特殊情形的规定,即"政府"(规定在第一句中)通过对"私营机构"的"指示"或"委托"履行第1条1.1(a)(1)(i)至(iii)规定的"财政资助"。依据法律条款的结构,在解释"公共机构"时,第二句不宜被援引为上下文。理由是,该条款的目的是防范政府通过"私营机构"提供补贴以逃避法律约束。如果没有这样的规定,当政府通过"私营机构"将资源配置给其目标企业或产业时,将无法采取救济措施。至少从表面上看,"私营机构"不是补贴提供主体。同时,在只有私营机构是非补贴提供主体时,这样的规定才有意义,因为"私营机构"毕竟是政府为规避法律所利用的"主体"。《SCM协定》关心的是如何防范政府向个别企业配置资源。符合市场条件的资源配置与《SCM协定》无关。严格来讲,该条款中有关"政府"和"私营机构"的规定与"公共机构"的解释无关。但是,作为解释"公共机构"的上下文,上诉机构却非常看重这一规定。

② Report of the Appellate Body, para. 294.

件的权限和责任,就是指狭义政府和公共机构的共性。"①

　　上述解释可概括如下:如果"公共机构"连自己都没有被赋予政府"权限"或履行政府"职能",如何还谈得上"指示"或"委托""私营机构"呢? 既然"公共机构"也能够"指示"或"委托"私营机构,那么它一定具备政府"权限"并在履行政府"职能"。可见,依据上下文,强化对"公共机构"的解释时,第 1 条 1.1(a)(1)(iv)第一句中的"政府"和第二句中的"direction"和"entrust"发挥了重要作用。

　　笔者反复论证,上诉机构只根据集合概念"政府"解释"公共机构"的性质,并主张《SCM 协定》第 1 条规定的任何一个"政府"概念必须包括狭义"政府"和"公共机构",这是错误的解释。以此错误解释作为前提所作的解释自然是错误的。

　　第二,"公共机构"与征税权。接下来,上诉机构解释,根据《SCM 协定》的规定,一个机构必须履行什么样的权限才能称得上是"公共机

---

① 原文:"The verb 'direct' is defined as to give authoritative instructions to, to order the performance of something, to command, to control, or to govern an action. The verb 'entrust' means giving a person responsibility for a task. The Appellate Body has interpreted 'direction' as referring to situations where a government exercises its authority, including some degree of compulsion, over a private body, and 'entrustment' as referring to situations in which a government gives responsibility to a private body. Thus, pursuant to subparagraph (iv), a public body may exercise its authority in order to compel or command a private body, or govern a private body's actions (direction), and may give responsibility for certain tasks to a private body (entrustment). As we see it, for a public body to be able to exercise its authority over a private body (direction), a public body must itself possess such authority, or ability to compel or command. Similarly, in order to be able to give responsibility to a private body (entrustment), it must itself be vested with such responsibility. If a public body did not itself dispose of the relevant authority or responsibility, it could not effectively control or govern the actions of a private body or delegate such responsibility to a private body. This, in turn, suggests that the requisite attributes to be able to entrust or direct a private body, namely, authority in the case of direction and responsibility in the case of entrustment, are common characteristics of both government in the narrow sense and a public body." Report of the Appellate Body, para. 294.

构"。① 如上所述,上诉机构回答过"公共机构"具有狭义"政府"所拥有的权限,即行政管理职能。具体到"财政资助"的穷尽式列举,《SCM协定》第1条规定的若不具备政府权限将无法实施的内容只有一个,那就是征税权。其他内容都不需要政府权限或职能本身(当然不能排除政府能够采取这些措施),而且通常是适合国有企业这样的"公共机构"完成的。专家组②和美国③的解释均采取了这一立场。当然,中国反对这一立场。④ 上诉机构反对美国和专家组的解释,支持中国的立场。⑤

那么,上诉机构不赞同专家组解释的依据是什么?上诉机构指出:"无论如何,我们认为,采取财政资助的具体手段是否更频繁地被公共或私营机构使用这一问题,与《SCM协定》第1条1.1(a)(1)规定

---

① 原文:"This raises the question as to what kind of authority or responsibility an entity must exercise or be vested with to constitute a public body in the sense of the SCM Agreement." Report of the Appellate Body,para.295. 上诉机构接下来的援引如下:"We note that subparagraph(iv) refers to entrustment or direction to carry out the type of functions illustrated in subparagraphs(i)—(iii)'which would normally be vested in the government'." Ibid. 上诉机构注意到了第1条1.1(a)(1)(iv)规定的政府"委托"或"指示"的三项措施,即(i)至(iii)所列措施。这些措施通常是由政府来履行的,而这里的"政府"未必是排除"公共机构"的狭义"政府"。

② 原文:"We recall the Panel's statement that the provision of loans and loan guarantees referred to in subparagraph(i), and the provision of goods and services referred to in subparagraph(iii), are'functions that are typically carried out by, indeed in the first instance are the core business of, firms or corporations rather than governments'." Ibid. 专家组认为,三项职能中,(i)和(iii)是典型的企业行为,而(ii)则是政府的职能。该解释虽然不能绝对化,但相当有道理。

③ 原文:"The United States maintains that the provision of loans and loan guarantees, and the provision of goods and services, are not inherently the functions of governments or entities vested with authority to perform governmental functions, but rather of firms or businesses, including sometimes those owned or controlled by the government." Ibid. 美国认为,提供贷款和贷款担保以及货物和服务不是被赋予政府权限的机构本来所负的职能,更应该是企业的行为,包括被政府控制的企业。

④ 原文:"China disagrees with this statement and contends that the provision of loans and goods or services is not inherently governmental or inherently non-governmental." Ibid.

⑤ 原文:"We observe that the Panel identifies no basis for its statement that certain acts listed in subparagraphs(i) and (iii) are'in the first instance the core business of firms or corporations rather than governments'." Ibid.,para.296.

的公共机构的构成因素没有任何关系,也不允许作出任何推论。"①
"与此相反,我们认为,第1条1.1(a)(1)(i)和(iii)规定的行为可以被政府或私营机构采取。但是,(ii)所规定的关于放弃或未征收在其他情况下应征收的税收的决定,明显构成本来就包括履行政府职能的行为。征税权,是国家主权功能不可或缺的部分。"②

根据上述解释,上诉机构推导如下:"这样,作为上下文,第1条1.1(a)(1)(i)至(iii),尤其是(ii),支持某种实体被赋予政府责任或履行一些政府职能的主张。"③这段解释的意思是,征税权本来是政府所拥有的权限,第1条1.1(a)(1)(ii)在规定"公共机构"履行这一权限时,如果政府没有被赋予政府权限,那就谈不上征税权的放弃。看来,上诉机构也承认,比起贷款、货物或服务的提供,征税权原本是政府的职能。既然从第1条1.1(a)(1)(i)至(iii)中只能选择征税权是政府应有的职能,那么可以推断贷款、货物或服务的提供不是通常的政府(狭义)职能。按照这一分析继续推理,就会得出"公共机构履行政府权限或职能(包括征税权)并指示或委托私营机构放弃征税权"这样的解释。

第1条1.1(a)(1)(ii)规定的"政府"概念(government revenue that is otherwise due is foregone or not collected)是否必须包括"公共机构"是值得质疑的。上诉机构的解释是以《SCM协定》第1条规定的

---

① 原文:"In any event, we consider that whether a particular means of making a financial contribution is more commonly used by public or private entities has no direct bearing on, nor allows any inference regarding, the constituent elements of a public body in the context of Article 1.1(a)(1) of the SCM Agreement." Report of the Appellate Body, para. 296.

② 原文:"On the contrary, we consider relevant that, while the types of conduct listed in Article 1.1(a)(1)(i) and (iii) can be carried out by a government as well as by private bodies, a decision to forego or not collect government revenue that is otherwise due, which is set out in subparagraph (ii), appears to constitute conduct inherently involving the exercise of governmental authority. Taxation, for instance, is an integral part of the sovereign function." Ibid.

③ 原文:"Thus, if anything, the context of Article 1.1(a)(1)(i)—(iii) and in particular subparagraph (ii) lends support to the proposition that a 'public body' in the sense of Article 1.1(a)(1) connotes an entity vested with certain governmental responsibilities, or exercising certain governmental authority." Ibid.

"政府"概念必然包括"公共机构"为前提的,根据就是"there is a financial contribution by a government or any public body within the territory of a Member (referred to in this Agreement as 'government')"中的括号内出现的集合概念"政府"。一旦这一前提受到质疑(这里的"政府"不一定非包括"公共机构"不可,或许仅指狭义"政府"),援引征税权解释"公共机构"性质的做法就会彻底失效。

第三,"Which would normally be vested in the government"和"in no real sense, differs from practices normally followed by governments"的援引。上诉机构在解释完"公共机构"必须具备政府性质这一问题之后,接下来为解释"公共机构"而援引上下文,以强化其结论。分析到这里,要考察的上诉机构的解释仅剩最后一段。上诉机构最后援引的上下文如下:"上述解释使我们找到另一个上下文的依据,这主要是指第(iv)项规定的'which would normally be vested in the government'"。如我们所确认,该段表述中使用"normally"一词包括如下含义,即通常来讲,在相关成员的法律秩序中,什么样的措施将会被认为属于政府行为的一部分。这一点在提示,在相关成员的法律秩序中,一种职能或行为是否通常被分类为具有政府性,或许与决定某一特定实体是否构成公共机构具有关联性。

该规定接下来的部分"in no real sense, differs from practices normally followed by governments"更能说明,"在 WTO 成员中的有关实体的职能和分类,或许与通常由公共机构所表现的性质有关。"[①]可以看

---

① 原文:"This brings us to the next contextual element, namely, the phrase 'which would normally be vested in the government' in subparagraph (iv). As we see it, the reference to 'normally' in this phrase incorporates the notion of what would ordinarily be considered part of governmental practice in the legal order of the relevant Member. This suggests that whether the functions or conduct are of a kind that are ordinarily classified as governmental in the legal order of the relevant Member may be a relevant consideration for determining whether or not a specific entity is a public body. The next part of that provision, which refers to a practice that, 'in no real sense, differs from practices normally followed by governments', further suggests that the classification and functions of entities within WTO Members generally may also bear on the question of what features are normally exhibited by public bodies." Report of the Appellate Body, para. 297.

出，对上诉机构的解释来讲，"which would normally be vested in the government"和"in no real sense, differs from practices normally followed by governments"提供了重要的根据，均在提示"公共机构"被赋予并履行了政府权限和职能。但是，不能忘记的是，这些规定能够成为上下文需要一个前提，即这些"政府"概念必须包括"公共机构"，否则没有实际意义。"Which would normally be vested in the government"和"in no real sense, differs from practices normally followed by governments"中的"governments"未必包括"公共机构"，仅指狭义"政府"而已。

六、解释国际法的习惯规则与"公共机构"的通常含义

总而言之，上诉机构的本意是解释"公共机构"具有狭义"政府"的性质，即被赋予政府权限并履行政府职能。那么，该解释是否符合《维也纳条约法公约》①（以下简称《条约法公约》）？上诉机构没有援引《条约法公约》的具体条款，笔者主要依据其第31条第1款的规定来考察上诉机构的解释，对其他条款不予考虑。第31条第1款是解释条约时须遵守的最起码的规则。

---

① 《WTO协定》附件2《关于争端解决规则与程序的谅解》第3条第2款第一句规定："WTO争端解决制度是为多边贸易体制提供稳定性与可预见性的核心因素，各成员认识到，该制度的任务在于维护各成员基于适用协定所承担的义务和所享有的权利，以及遵照关于解释的国际法习惯规则澄清适用协定的现有规定。"该规定所言及的关于解释的国际法习惯规则是指《维也纳条约法公约》第31条等规定。国际法上一直承认，该规定是关于解释的国际法习惯规则的法典化。
《维也纳条约法公约》第31条规定：
一、条约应依其用语按其上下文并参照条约之目的及宗旨所具有之通常意义，善意解释之。
二、就解释条约而言，上下文除指约文（包括前言和附件）以外，应该包括：
（甲）全体当事国间因缔结条约所订与条约有关之任何协定；
（乙）一个以上当事国因缔结条约所订并经其他当事国接受为条约有关文书之任何文书。
三、应与上下文一并考虑者尚有：
（甲）当事国嗣后所订关于条约之解释或其规定之适用之任何协定；
（乙）嗣后在条约适用方面确定各当事国对条约解释之协定之任何惯例；
（丙）适用于当事国间关系之任何有关国际法规则。
四、倘经确定当事国有此原意，条约用语应使其具有特殊意义。

根据该条款,解释条约时,须遵守三个要求:第一,确定条约用语的通常意义;第二,确定用语的通常意义时,须根据条约的上下文以及参照条约的目的与宗旨;第三,善意解释条约用语的通常意义。在前两者符合要求的情况下,难以谴责解释者违背了善意解释的条款。笔者主要讨论条约用语的通常意义和上下文的关系。条约的上下文,首先是指约文本章(《条约法公约》第 31 条之二),不讨论约文以外的其他法律文件(《条约法公约》第 31 条之二),也不考察与约文一并考虑的其他法律文件(《条约法公约》第 31 条之三)以及确认当事者原意的法律文件(《条约法公约》第 31 条之四)。在"美国对中国产品征收反补贴税案"中解释"公共机构"的含义时,争端双方、专家组和上诉机构均未援引这些条款。

以条约规定和被解释的条约用语的紧密程度为准,约文可分为直接包括条约用语的规定和其他条款。关于"公共机构"的原规定如下:"there is a financial contribution by a government or any public body within the territory of a Member(referred to in this Agreement as 'government'")。其中,"there is a financial contribution by a government or any public body within the territory of a Member"是最紧密的约文。虽然"referred to in this Agreement as 'government'"也是约文,但与"there is a financial contribution by a government or any public body within the territory of a Member"相比是间接的,其重要性不如前者。在研究"公共机构"的上下文时,应该甄别两者。因此,"government or any public body"是解释"公共机构"最重要的约文。如果"referred to in this Agreement as 'government'"是"公共机构"的定义,当然应该受到重视。但是,该段约文不是定义,只是表述狭义"政府"和"公共机构"的文字关系而已。

《SCM 协定》第 1 条 1.1(a)(1)(iv)规定的"a government makes payments to a funding mechanism, or entrusts or directs a private body to carry out one or more of the type of functions illustrated in(i) to(iii) above which would normally be vested in the government and the practice, in no real sense,differs from practices normally followed by governments",虽然也属于约文,但与前两者相比,与"公共机构"关系轻微甚至无关。在解释"公共机构"时,须谨慎对待不同约文所具有的法律地位的轻重。不是所有约文都能成为依据,约文的重要性是具体分析的结果。

"a government or any public body"是解释"公共机构"通常意义的基本依据,但上诉机构却回避了该约文。该约文表明,"公共机构"与"政府"是两种事物,不存在包含关系,是不能相互替代的。这是"公共机构"的通常意义。① 只有这样解释,"referred to in this Agreement as 'government'"才具有意义。因为,不同事物才有必要用一个概念来涵盖。将"公共机构"解释成具有狭义"政府"性质的实体时,两者的意义重复。用集合概念"政府"来概括意义重复的用语是多余的。所以,上诉机构对"a government or any public body"进行合二为一地解释,违背条约用语的通常意义。

上诉机构对"referred to in this Agreement as 'government'"的解释也不符合"government"的通常意义。该约文表明,"government"只是概括狭义"政府"和"公共机构"而已,与"公共机构"的性质无关。"government"并不表明其必须同时包括"政府"和"公共机构"。②

上诉机构将集合概念"政府"的观念带到了《SCM 协定》第 1 条 1. 1(a)(1)(iv)中,即"a government makes payments to a funding mecha-

---

① 虽然该条款没有给"公共机构"提供定义,但是"公共机构"不是指"被赋予政府权限并履行政府职能的机构"。

② 第 1 条 1.1(a)(1) "there is a financial contribution by a government or any public body within the territory of a Member(referred to in this Agreement as 'government')"之后的规定是"i. e. where:",说明再往下规定的是"财政资助",而不是补贴提供主体。作为上下文,从有关"财政资助"的规定中寻找有关解释主体的依据时,要符合法律规定的基本逻辑。上诉机构对"referred to in this Agreement as 'government'"的解释严重过度,其最大的硬伤在于对法律条款框架的误解。最明显的错误就是把"政府"和"私营机构"并列在一起,把"私营机构"也当作补贴提供主体。这样的解释对"公共机构"来讲是牵强附会的。《SCM 协定》第 1 条 1.1(a)(1)并没有表明在"i.e. where"以下的规定中出现的每一个"government"概念中必须包括"政府"和"公共机构",尤其是不能以"referred to in this Agreement as 'government'"中的集合概念"政府"为根据,将"公共机构"的含义解释成是"履行政府职能的机构"。上诉机构的头脑中隐藏着"公共机构是履行政府职能的实体"的观念,在此潜意识的驱使下,作为其解释寻找上下文的根据,这是主观臆断的表现。

nism"中的"a government"也要包括"公共机构",以此为前提,援引"a government makes payments to a funding mechanism, or entrusts or directs a private body to carry out one or more of the type of functions illustrated in(ⅰ)to(ⅲ)above which would normally be vested in the government and the practice, in no real sense, differs from practices normally followed by governments"中的"entrusts or directs",以强化对"公共机构"的解释。

依据上诉机构对"公共机构"通常意义的解释,会遇到如下令人费解的问题:按照上诉机构的解释,"公共机构"是履行政府职能和权限的机构,那么在实施除征税权以外的"财政资助"时(贷款、投股、货物和服务的提供等),"公共机构"有必要被赋予政府权限并履行政府职能吗?除征税权以外的活动或措施,通常是包括"国有企业"①在内的"公共机构"的事情。政府可以直接采取这些措施,也可以通过"公共机构"或"私营机构"实施这些措施。但是,无论如何,赋予"公共机构"政府权限是多余的。因为政府向"公共机构"传达指令时,利用其所有权或控制权就足矣。②

在《SCM协定》第1条所列举的"财政资助"的四项内容中,除征税权以外的其他各项内容均不是唯有政府才能完成的职能,这些内容可以由"私营机构"来履行。上诉机构也承认这一点。就算上诉机构的解释是正确的,"公共机构"所能履行的政府权限实际上仅限于征税权,因为其他"财政资助"措施与有无政府职能无关。如果以"公共机构"履行征税权限为依据,可推理如下:政府将征税权赋予"公共机构"(从根本上讲,"公共机构"不具有征税权),"公共机构"再委托或

---

① "公共机构"不需要政府权限或职能,但不一定与政府的控制或政策无关。
② 政府设立"公共机构"的目的在于实现公共利益,"公共机构"也为私人带来利益。例如,国有商业银行的存款制度为个人储户提供利息。但是,这不影响对"公共机构"性质的评价。有些公共事业本来就没有必要通过履行政府职能完成。有些不适于通过政府职能和权限完成的工作,"公共机构"会完成得更好。政府职能和企业经营之间的分离更具说服力。例如,国有商业银行与国家行政机构的脱钩。但是,政府通过国有商业银行履行公共义务(提高存贷款利率等)时,没有必要让银行肩负政府职能。此外,邮政、自来水、煤气以及电力供应等"公共事业"亦如此。

指示"私营机构"履行征税权,"私营机构"再对受反补贴调查企业作出放弃征税权的决定。

如果政府不通过"公共机构"把征税权直接赋予"私营机构"并放弃征税权,那么"公共机构"被赋予政府权限并履行政府职能的解释就失去了意义。这是因为,除征税权以外的各项内容均不需要以履行政府职能为前提。为通过"私营机构"实现减免税目的,政府将征税权赋予"公共机构",再让"公共机构""指示"或"委托""私营机构"放弃征税权。如果是这样,为利用"私营机构"避免反补贴调查,政府绕的圈子实在太大,不可思议。这既不符合"政府"的实际情况,也不符合"公共机构"的通常含义。

上诉机构主张,在《SCM 协定》第 1 条 1.1(a)(1)(iv) 中出现的"政府"必须包括"政府"和"公共机构",不然"指示"和"委托"将失去上下文的意义。实际上,这里的"政府"不一定非要处处包括"公共机构"。只有狭义"政府"才具有"指示"或"委托"的权限,能够"指示"或"委托"的主体当然不包括"公共机构"。"which would normally be vested in the government"中所规定的"the government"当然包括"政府"和"公共机构"。政府可以将"公共机构"履行的措施"指示"或"委托"给"私营机构"完成。

总而言之,在上诉机构看来,《SCM 协定》第 1 条规定的"政府",不仅包括狭义"政府"和"公共机构",而且在提示后者具有"政府性"。上诉机构受此潜意识的支配,把"政府权限或职能"往"公共机构"头上死搬硬套,就不足为奇了。上诉机构对"公共机构"性质的解释是违背该用语的通常含义的,也得不到上下文的支持。

以上是上诉机构解释"公共机构"的基本内容。在澄清"公共机构"的含义时,除此以外还包括《SCM 协定》的目的以及联合国《国家责任法草案》等其他论证,本章不讨论这些问题。

第六节 结 论

综上所述,上诉机构所坚持的"公共机构政府职能论"是站不住脚的,得出这一结论的分析过程如下:

一、补贴的定义与"公共机构"

最后,重新确认有关"公共机构"的法律规定。《SCM 协定》第 1 条关于补贴定义的规定如下:

Part I: General Provisions

Article 1: Definition of a Subsidy

1.1 For the purpose of this Agreement, a subsidy shall be deemed to exist if:

(a)(1) there is a financial contribution by a government or any public body within the territory of a Member (referred to in this Agreement as "government"), i. e. where:

…

(iv) a government makes payments to a funding mechanism, or entrusts or directs a private body to carry out one or more of the type of functions illustrated in (i) to (iii) above which would normally be vested in the government and the practice, in no real sense, differs from practices normally followed by governments;

or

(a)(2) there is any form of income or price support in the sense of Article XVI of GATT 1994;

and

(b) a benefit is thereby conferred.

在解释法律概念时,不能破坏其所处法律条款的框架结构,也不应否定法律概念所反映的客观事实。规定补贴定义的《SCM 协定》第 1 条中,"a government or any public body within the territory of a Member"是解释"公共机构"的核心条款,是决定性的上下文。"referred to in this Agreement as 'government'"中的"government"仅具有逻辑意义而已。

根据《SCM 协定》第 1 条的规定,上诉机构归纳出的补贴定义如下:《SCM 协定》第 1 条 1.1 规定,如果"政府或任何公共机构提供了财政资助"并由此带来了"利益",那么就认定补贴存在。上诉机构进一步解释如下:"... with respect to the architecture of Article 1.1 of the SCM Agreement, we note that the provision sets out two main elements of a subsidy, namely, a financial contribution and a benefit."由此可知,在上诉机构的意识中,补贴提供主体是不必单独表述的法律要件。

笔者所作的补贴定义如下:补贴是"政府或任何公共机构"通过提供"财政资助"所提供的"利益"。该定义中缺少"接受者"(指受者的"专项性")。如果将"接受者"包含于补贴定义中,可表述如下:补贴是"政府或任何公共机构"通过给"接受者"提供"财政资助"并为其所提供的"利益"。提供主体、提供手段(或措施)、接受者(专项性)、利益(或提供结果,由提供方法决定),是认定补贴存在的四个法律要件,缺一不可。同时,在认定补贴存在时,不得混淆四个要件的顺序。

在认定补贴时,提供主体的举证是首要的。如果没有该过程,其他举证是没有意义的。只有对四个要件的存在作出完整的证明,才符合法律规定。补贴提供主体的证明是前提中的前提,这一前提在狭义"政府"(通常所说的"政府")作为主体的案件中可以忽略。因为在认定补贴存在时,政府是必然的。政府的法律地位与"私营机构"不能相提并论。援引有关"财政资助"的规定作为上下文以论证补贴提供主体性质的做法是错误的。上诉机构对"补贴"这种最基本的法律概念的解释不是很精确的,它对"公共机构"所作解释的可靠性堪忧。

二、《SCM 协定》规定"公共机构"的核心条款

《SCM 协定》第 1 条 1.1(a)(1)的规定"there is a financial contribution by a government or any public body within the territory of a Member",是有关"公共机构"的核心条款,比"referred to in this Agreement as 'government'"重要。出现在"referred to in this Agreement as 'government'"中的"government",除概括性表达"政府"和"公共机构"之外,并不赋予"公共机构"法律意义。作为集合概念的"政府"是包括"公共机构"的,其作用为避免语言表述上的重复。在《SCM 协定》第 1 条中,狭义"政府"和"公共机构"或许同时存在,或许单独存在。这要看具体情况,不是只要出现集合概念"政府"就必须同时包括两者。当然,"公共机构"履行政府职能的情形可能存在,但不能成为解释"公共机构"的依据。

作为上下文,被上诉机构反复援引的第 1 条 1.1(a)(1)(iv)中的"政府"也不是非包括"公共机构"不可。不履行政府职能的主体当然无法"指示"或"委托""私营机构"履行政府职能。在此情况下,"政府"就不包括"公共机构"。与"normally"一词同时出现的"政府",不是指狭义"政府",而是包括"公共机构"在内的集合概念"政府"。这样,提供"财政资助"的"公共机构"当然被包括在内。

上诉机构坚持认为"公共机构是被赋予政府权限并履行政府职能的机构",这对只具有文字意义的"政府"概念过于苛求,导致其从几乎靠不上边的规定(第 1 条 1.1(a)(1)(iv))中寻找上下文的依据。上诉机构承认,"指示"的权限和"委托"的责任不是从天上掉下来的,而是由政府赋予"公共机构"的。按照上诉机构的逻辑,被赋予"权限"和"责任"的"公共机构""指示"或"委托""私营机构"采取"财政资助"措施。在现实中,虽不能完全排除此情况,但这样解释违背常识,不符合"公共机构"的通常含义。尤其是"政府"将征税权赋予"公共机构",之后"公共机构"又"指示"或"委托""私营机构"放弃征税权,如此烦琐的政府运作方式是不符合实际的。既然是放弃征税权,

政府没有必要间接委托其他实体。如果政府不把征税权赋予"公共机构",那么"公共机构政府职能论"就失去了意义。

三、上诉机构援引的上下文的可靠性

为证实"公共机构"的含义,除"there is a financial contribution by a government or any public body within the territory of a Member" "referred to in this Agreement as 'government'"以外,上诉机构援引了列举"财政资助"的《SCM协定》第1条1.1(a)(1)(i)至(iii)以及(iv)。对此,笔者提出质疑如下:

第一,根据上诉机构的解释,集合概念"政府"必然包括狭义"政府"和"公共机构"。可是,当"公共机构"做出涉及投股、贷款、贷款担保等资金转移的行为时,履行政府职能对"公共机构"来讲是必须的吗?政府职能的履行和"财政资助"之间不存在必然联系。在不履行政府职能的情况下,"公共机构"完全可以采取上述措施。从业务内容看,作为"公共机构"的"国有企业"更适合做这些事情。医疗、教育、科研、慈善、环保等"公共机构"的活动则不是提供贷款或货物的交易行为。

第二,关于第1条1.1(a)(1)(ii)规定的征税权的放弃。"公共机构"首先从政府手里获得征税权(政府职能或权限的赋予),之后又履行这一职能(放弃征税权),这一政府权力的放弃方式相当烦琐,不符合实际情况。政府为什么非通过"公共机构"放弃权力呢?这一解释违背通常的政府运作方式。

第三,关于第1条1.1(a)(1)(iv)的规定。根据上诉机构的解释,除狭义"政府"以外,"公共机构"还要"指示"或"委托""私营机构"完成职能。试问,政府"指示""私营机构"放弃征税权符合实际吗?此外,在"公共机构""指示"或"委托""私营机构"提供贷款、购买货物等方面,政府直接"指示"或"委托""私营机构"还可以理解,通过"公共机构""指示"或"委托""私营机构"则是多余的。既然是多余的,那么"公共机构"存在的意义是什么呢?这些质疑没有一个不是"公共机构政府职能论"无法回答的。

四、"公共机构"的通常含义

"任何公共机构"这一规定表明,"公共机构"的性质与"政府"职能无关。"任何公共机构"与"履行政府职能的公共机构"相比,两者的外延相差甚远,用后者(没有法律规定)代替法律明文规定的前者是不可思议的。

笔者认为,《SCM 协定》之所以将"公共机构"(以"任何"修饰)与"政府"并列,不是考虑其是否被赋予政府权限或履行政府职能。如果考虑这些因素,那就没有必要对"公共机构"作出单独规定。或者说,《SCM 协定》第 1 条对履行政府职能的"公共机构"与"政府"分别作出规定是多余的。因为将履行政府职能的机构直接解释成"政府机构"更加自然,而且不会引起争议。试问,政府将职能交给"公共机构"履行的意义何在?"公共机构"存在的意义在于,在没有必要履行政府职能的情况下,实现为整个社会服务的公共目的。"公共机构"包括医疗、教育、科研、慈善等机构,当然也包括国有企业,这些恰恰是不需要由政府来做的事情,而且政府往往做不好这些事情。

国有企业不是私人追求利润的机构或实体,而是为公共利益,即整个国家的经济与社会发展服务的。这是国有企业存在的根本意义。我国宪法有关企业所有权(国有企业在宪法上的地位是全民所有制企业)的规定证实了这一点,在社会主义市场经济国家更是如此。如果国有企业不是"公共机构",那么国家经济体制的社会主义性质的决定因素是什么?当然,资本主义国家的国有企业也属于"公共机构"。

如果只考虑追求效率和利润,国有企业早应该被私有化了。整个 20 世纪的中外历史实践表明,在发展生产和创造利润方面,私营机构(私有企业)远远优越于国有企业,但不一定为公共利益服务。[①] 国有企业有时脱离其设立宗旨,沦为私人的谋利手段(例如,国有企业利用

[①] 掌握"国有企业"所有权不是实现"公共利益"的唯一途径,国家可以通过对私有企业的征税实现公共利益。这关系到一个国家的体制选择,不是本章讨论的问题。

垄断地位攫取暴利、经营资源的严重浪费以及效率严重恶化等）。但是，这不是抗辩"国有企业"公共性质的理由，而是政府丧失对"国有企业"有效监管的结果。

所以，在确认"公共机构"的含义时，没有必要考虑除所有权或控制权以外的其他因素。半数以上的所有权等于企业控制权，这是不容置疑的。因为政府是决定国有企业公共性质的主体，掌握所有权是保证企业实现公共目的的根本手段。"国有企业"是当然的"公共机构"。通常来讲，"国有企业"不听从其所有者的控制和管理是不可能的。"国有企业"必须为"公共利益"服务。正因为如此，为防止政府通过"私营机构"提供补贴（逃避法律），《SCM协定》第1条规定了"指示"或"委托"的证明责任，但是对"公共机构"与"政府"却予以并列。通常来讲，"私营机构"不会将自己的资源无偿赋予别人，这是其本质所在。"国有企业"则不然，国家所有的企业必须服从公共利益目标。

将包括"国有企业"在内的"公共机构"与"政府"并列，均作为补贴提供主体处理，符合反补贴制度的本质要求。在补贴认定问题上，把"政府""公共机构"和"私营机构"混为一谈，在道理上是讲不通的。国有企业的所有权和经营权的分离，是为解决国有企业经营管理陷入严重困难而采取的改革措施。这不能成为否认国家掌握国有企业决策权的抗辩理由。

五、"国有企业"与"公共机构"

既然《SCM协定》考虑到了防范政府利用"私营机构"提供补贴以回避法律规范的可能性，难道会忽略政府通过"国有企业"提供补贴吗？当然不会。所以，《SCM协定》将"公共机构"与"政府"并列，干脆作为补贴提供主体处理，不要求反补贴调查方履行超过"私营机构"情形的举证责任。这是正确的做法，抓到了问题的本质。在此情况下，反补贴调查方的举证责任自然得以减轻。国有企业和私营机构在本质上是不同的，前者是政府所有的实体，因此不需要政府的"指示"或

"委托"的证明。反补贴措施作为对补贴产品造成的实质损害及其威胁的间接救济手段,其本质意义在于抵消竞争对手受到的部分人为的竞争优势。补贴提供主体不仅限于政府,还应该包括"国有企业"。因为后者是"公共资源"的占有者并听命于政府,这样的"公共资源"就是补贴的来源。

如果政府根本就不通过"国有企业"提供补贴,那么没有必要在解释"公共机构"(补贴提供主体)时浪费资源。因为认定完"财政资助"之后必然解释"利益",这才是判断一个实体的行为("财政资助"的提供方法)是否符合市场机制的根本依据。至于"国有企业"是不是真正的商业机构,在"利益"存在的认定阶段会水落石出。真正的商业机构没有一个不尊重市场机制,只要按照市场机制进行交易,自然不会存在提供利益以及补贴的嫌疑。

在解释一个法律概念时,要以客观事实为依据,文字主义或文字游戏不能决定法律概念的真正含义。解释国际法的习惯规则注重法律概念的通常意义,其目的在于尊重法律概念所具有的客观性,并防止解释条约的主观性。"公共机构"履行政府职能的情况有可能存在,但在解释《SCM协定》第1条规定的"公共机构"时不能作为依据。在"美国对中国产品征收反补贴税案"中解释"公共机构"概念时,上诉机构之所以陷入了文字主义的"泥坑",是因为忽略了有关补贴的资源配置的来源和流向,也忽略了补贴的本质。

综上所述,可以得出这样的结论:"公共机构"不是被赋予政府权限并履行政府职能的机构,而是指除政府以外的为全社会或国家的"公共利益"服务的实体。"国有企业"是为"公共利益"服务的实体,因此它属于"公共机构"。能够证明"国有企业""公共性"的证据是政府对"国有企业"的所有权。政府掌握过半数股份(企业所有权)是证明"国有企业"是"公共机构"的充分证据。

六、中国的实际情况与反补贴措施的意义

最后,需坦言,中国是一个"官"(中央到地方各级党政部门)"商"

（主要是指作为"商业机构"的"国有企业"）或"政""企"严重不分甚至合为一体的国度。例如，在重大经济决策上以党代政普遍化；绝大多数国有企业高管本身就是中共党员；党组织（党是为"公共利益"而存在的）被设置于国有企业内部各个层面；国有企业的经营管理者都有行政级别；国有企业受到包括国家规划和产业政策在内的政治权力的严重约束（党决定国有企业高管的人事任免，政府决定国有商业银行存贷款利率）等。在中国，某个中央国有企业的董事长任省委副书记之类的事情并不鲜见。在土地所有权和企业所有权等事关国家经济制度的重大问题上，党的意志是最高层次的或最终的，这从宪法的历次修改中可以得到证实。①

党政分离、政企分离不能成为否定"官商合一"的抗辩理由，将"政府"与"国有企业"区别开来几乎是不可能的，因为两者是所有与被所有的关系。同时，在国际贸易领域，区别对待中国的官与商，对独力竞争②（不依赖国家权力，仅靠企业自己的经营能力赢得市场）的私营企业是极不公平的。国有企业的所有者是拥有立法、司法、行政执法权力的国家。私营企业与国有企业的竞争不可能是公平的。国有

---

① 在对宪法规定的土地所有权和企业所有权制度进行修改时，均有党的重要文件先出台。此外，中国《反垄断法》专章规定"滥用行政权力排除和限制竞争"，参见该法第32条至第37条。该条款从反面证实，行政权力对国有企业的控制。《反垄断法》的规定不能适用于党的机关介入市场、限制竞争的行为，这是事实。

② 毛泽东的"独立自主，自力更生"，是指中国独立于西方国家而依靠自己的力量进行社会主义建设。该观点贯彻到贸易领域，是指中国不参与多边自由贸易体制，关起门来建设社会主义。中国台湾地区退出 GATT 后一直到20世纪80年代初期的二十多年间，中国大陆未向自由贸易体制靠拢。中国这样做的原因就是，正在实行社会主义制度和中央计划经济，从根本上拒绝了国际经济相互依存的原理。新中国建立后到改革开放之前的实践证明，脱离世界市场是建设不好社会主义强大国家的。"改革开放"的"开放"是指为贸易自由化开道。国际法上的结果就是签署《WTO 协定》并加入 WTO。现今中国的强大，恰恰是融入世界体系（包括自由贸易体制）、参与全球市场的结果。例如，4万亿美元的外汇储备是用贸易逆差换来的。没有自由贸易，如此庞大金额的外汇储备是不可能的。我们可以用毛泽东的"独立自主，自力更生"来形容企业的"独力竞争"。"独力竞争"，是指在自由贸易体制下，中国企业独立于国家的保护伞，凭借自身的经营实力赢得世界市场。这是中国加入 WTO 的核心意义。在保持垄断地位的情况下，国有企业是否真的能够增强国际竞争力是个疑问。国有企业是与自由竞争原则背道而驰的企业机制，国有企业资本收益率的严重低下、国家资源的严重浪费是严重缺乏竞争机制（国有企业的自然垄断与行政垄断）造成的。

商业银行的贷款几乎全部流向国有企业。中小私营企业则苦于失去金融资源,导致高利贷的横行和泛滥。在解释"公共机构"的含义时,上诉机构甚至把"国有企业"和"私营机构"混为一谈,这是本末倒置。这样的解释违背以市场机制为核心的资源配置理念以及补贴的本质,即公共资源向企业的无偿流失。

在"美国对中国产品征收反补贴税案"的研究中,有人建议以"国有企业"是"商业机构"为依据,抗辩"国有企业公共机构论"。这确实不算是高明的议论,是经不起推敲的。① 国有企业本来就是"商业机构",这是不重要的,也无人争议。关键的是"国有企业"的存在意义及其所有者是谁。谋求"公共利益"是"国有企业"存在的根本意义。政府是"公共利益"的捍卫者,是"公共机构"的所有者。这才是问题的本质所在。"国有企业"是以营利为目的的实体,但不是为私人牟利,而是实现"公共利益"。再次重申,"国有企业"是为国家和全社会服务的"公共机构",在社会主义国家更是如此。②

在"公共利益"和"私人利益"之间,不存在中间利益。将"国有企业"解释为"公共机构"符合补贴的本质和反补贴税制度的宗旨。美国对华反补贴调查大量涉及"国有企业"这一事实说明,中国社会主义经济体制与反补贴措施之间存在矛盾和冲突。当遇到外国对华反补贴调查时,谴责对方贸易保护主义云云是无济于事的。这是

---

① WTO上诉机构成员张月娇就持这种观点。她提出的根据就是中国银行和中国工商银行等在全世界有那么多的商业分支机构存在,怎么能说它们不是"商业机构"而是"公共机构"呢?严格来讲,在讨论国有企业是否构成"公共机构"时,国有商业银行有无分支机构及其从事的业务并不是问题的本质所在,关键在于这些商业机构的所有者是谁、它们是为什么而存在的或者是为谁的利益而服务的。可以肯定地回答,这些商业机构是国家投资设立的,而且是国有独资企业,它们不是为了私人利益而存在的,是为公共利益而存在的。这才是问题的本质所在。国有商业银行是商业机构,这一点是毫无疑问的,但是与商业银行性质的讨论是无关的。在讨论国有企业是否构成"公共机构"的问题时,应该先把"公共机构"解释清楚,之后再将解释的结果适用于国有企业,看能得出一个什么样的答案,而不是直接解释国有企业或商业银行的表面现象。这是法律思考的最基本常识。

② "中国特色社会主义"和"社会主义市场经济",是党和政府的文件表述中国社会经济制度时惯用的重要概念。这里的"社会主义"是根本性的,其经济基础就是土地公有制和国有企业制度。因此,"国有企业"是保证"社会主义"性质的决定性因素之一。

因为，问题的根源在于中国以国有企业为主导的社会主义市场经济体制。围绕"公共机构"的解释所展开的争议，实际上是国际法触及中国社会主义经济体制敏感神经的表现。既要坚持社会主义市场经济和国有企业的垄断地位，又要阻止外国的反补贴调查，这注定是个两难困境。

第三章 "美国对中国产品征收反补贴税案"中国观点评析

"美国对中国产品征收反补贴税案",是中国运用 WTO 争端解决机制全面指控外国对华反补贴措施违反《SCM 协定》的首个案例。"全面"是指该案涵盖了有关认定补贴存在的全部法律要件,中美争论的"公共机构"的含义是其中之一。本章在对中国为解释"公共机构"所提出的十项依据逐一分析后得出如下结论:中国的论证严重偏离了解释"公共机构"的主题。甚至可以断言,中国并未直接解释究竟什么是"公共机构"。虽然中国解释"公共机构"的立场("公共机构政府职能论")受到了该案上诉机构的肯定,但这并不代表中国政府相关部门(或受委托的律师)法律论证水平的出色,而是由于上诉机构的误判所致。该案显示出现阶段中国政府相关部门法律论证水平的有限和辩护能力的薄弱。为切实提高中国在国际贸易争端中的法律论证水平和辩护能力,政府相关部门还需要扎扎实实地学习《WTO 协定》并磨炼运用技术,这比在一场国际贸易争端案中胜诉更具深远意义。本章最后指出,为实务部门提供具有建设性并可信赖的知识是学界不可推卸的责任。

第一节 问 题

自 2006 年 11 月 20 日起,美国商务部发起的对华反补贴调查累计 40 件,其中作出最终裁定的有 30 件。[①] 为澄清美国对华反补贴措

[①] 这是笔者的粗略统计。由于篇幅所限,本章不具体介绍全部案件,将美国对华反补贴调查终裁备忘录的中英文对照附在书后的附录中。

施是否违背《SCM 协定》并维护该协定所赋予的权益,中国运用 WTO 争端解决机制对美国首次提出了全面指控,这就是"美国对中国产品征收反补贴税案"。①

根据《SCM 协定》的规定②,为满足对进口产品征收反补贴税的法律要件,进口国政府反补贴调查部门所负的首要举证义务是对补贴的存在进行证明。依据《SCM 协定》第 1 条的规定,认定补贴存在须证明三个要件:"政府"或任何"公共机构"(提供主体)、"财政资助"(提供手段或方式)、"利益"(提供手段带来的结果)。③

---

① 如上一章所述,虽然该案名称中包括"反倾销",但在具体争论中涉及反倾销的只有对"双反调查"的指控,即美国商务部对中国的同一出口产品同时展开反倾销和反补贴调查,并同时征收反倾销税和反补贴税。事实上,该案的争论和审议集中在反补贴问题上。该案是地地道道的有关反补贴措施的贸易争端。本章只对专家组报告进行分析,引用时简称"Panel Report(379)"。因为中国在该案上诉中未提出实质性的新观点,故本章对上诉机构报告未作分析。

② Article 19:Imposition and Collection of Countervailing Duties
19.1 If, after reasonable efforts have been made to complete consultations, a Member makes a final determination of the existence and amount of the subsidy and that, through the effects of the subsidy, the subsidized imports are causing injury, it may impose a countervailing duty in accordance with the provisions of this Article unless the subsidy or subsidies are withdrawn.

③ 从逻辑上讲,虽然无"接受者"就无补贴意义可言,但《SCM 协定》第 1 条并未将"接受者"规定在补贴定义中。协定第 2 条作出了关于"接受者"的规定,"接受者"需满足的法律要件就是"专向性"。
Article 2:Specificity
2.1 In order to determine whether a subsidy, as defined in paragraph 1 of Article 1, is specific to an enterprise or industry or group of enterprises or industries (referred to in this Agreement as "certain enterprises") within the jurisdiction of the granting authority, the following principles shall apply:
(a) Where the granting authority, or the legislation pursuant to which the granting authority operates, explicitly limits access to a subsidy to certain enterprises, such subsidy shall be specific.
(b) Where the granting authority, or the legislation pursuant to which the granting authority operates, establishes objective criteria or conditions governing the eligibility for, and the amount of, a subsidy, specificity shall not exist, provided that the eligibility is automatic and that such criteria and conditions are strictly adhered to. The criteria or conditions must be clearly spelled out in law, regulation, or other official document, so as to be capable of verification.
(c) If, notwithstanding any appearance of non-specificity resulting from the application of the principles laid down in subparagraphs (a) and (b), there are reasons to believe that the subsidy may in fact be specific, other factors may be considered. Such factors are: use of a subsidy programme by a limited number of certain enterprises, predominant use by certain enterprises, the granting of dispro-

无论是从法律上还是从逻辑上讲，补贴提供主体（"政府"或任何"公共机构"）是证明补贴存在时需要最先证明的法律要件。在通常情况下，"政府"是当然的补贴提供主体，对"政府"含义的解释尚未引起争论。但是，《SCM 协定》第 1 条有关补贴定义的规定中，与"政府"并列的还有任何"公共机构"。因为该用语没有法律定义，如果对其不作出解释，将无法证明什么样的实体会构成"公共机构"。

在"美国对中国产品征收反补贴税案"中，向受调查企业提供生产资料和贷款的是中国的国有工业企业和国有商业银行（广义国有企业），这是中国没有否认的事实。

中国主张："'公共机构'是被赋予政府权限并执行政府职能的机构"（a "public body" is an entity that exercises authority vested in it by the government for the purpose of performing functions of a governmental character），即"公共机构政府职能论"。因为"国有企业"不是执行政府职能的实体，依据中国的解释，"公共机构"将不包括"国有企业"，即"国有企业"被排除于补贴提供主体的范围之外。因此，不应该对与"国有企业"产生交易的企业采取反补贴调查措施。

美国主张："公共机构是由政府控制的机构"（entity controlled by a government），并将中国政府掌握半数以上国有企业所有权的事实视为"公共机构"被政府控制的决定性依据（government control established through majority ownership would be sufficient to conclude that an entity is a "public body"），即"公共机构政府控制论"。美国商务部根据该解释，在证明补贴提供主体时，作出了"国有企业"（工业企业和国有商

---

portionately large amounts of subsidy to certain enterprises, and the manner in which discretion has been exercised by the granting authority in the decision to grant a subsidy. In applying this subparagraph, account shall be taken of the extent of diversification of economic activities within the jurisdiction of the granting authority, as well as of the length of time during which the subsidy programme has been in operation.

2.2 A subsidy which is limited to certain enterprises located within a designated geographical region within the jurisdiction of the granting authority shall be specific. It is understood that the setting or change of generally applicable tax rates by all levels of government entitled to do so shall not be deemed to be a specific subsidy for the purposes of this Agreement.

业银行)构成"公共机构"的认定。本章不考察"公共机构政府控制论",主要分析"公共机构政府职能论"能否经得起推敲并提出结论。①

第二节 "美国对中国产品征收反补贴税案"概要

2008年9月19日,中国依据《关于争端解决规则与程序的谅解》(DSU)第4条②,就美国商务部展开的对华反补贴措施向美国提出了磋商请求。11月4日,中美进行了磋商,但未能解决争端。12月9日,中国向WTO争端解决机构(DSB)提交了成立专家组审理争端的请求。③ 2009年1月20日,DSB成立了专家组。2010年10月22日,专家组报告公布。12月1日,中国提起上诉。2011年3月11日,上诉机构报告公布。

在"美国对中国产品征收反补贴税案"中,中国指控了美国商务部的四项对华反补贴措施:圆形焊接碳素钢管反补贴终裁(Circular Welded Carbon Quality Steel Pipe)④;薄壁矩形钢管反补贴终裁(Light-

---

① 毋庸置疑,准确解释"公共机构"的含义关系到《SCM协定》的正确适用。
② DSU Article 4:Consultations
2. Each Member undertakes to accord sympathetic consideration to and afford adequate opportunity for consultation regarding any representations made by another Member concerning measures affecting the operation of any covered agreement taken within the territory of the former.
③ DSU Article 6:Establishment of Panels
1. If the complaining party so requests, a panel shall be established at the latest at the DSB meeting following that at which the request first appears as an item on the DSB's agenda, unless at that meeting the DSB decides by consensus not to establish a panel.
④ 反补贴调查通知:Notice of Initiation of Countervailing Duty Investigation;Circular Welded Carbon Quality Steel Pipe from the People's Republic of China, p.42546. 反补贴调查初裁:Circular Welded Carbon Quality Steel Pipe from the People's Republic of China:Preliminary Affirmative Countervailing Duty Determination;Preliminary Affirmative Determination of Critical Circumstances;and Alignment of Final Countervailing Duty Determination with Final Antidumping Duty Determination, p.63876. 反补贴调查终裁:Circular Welded Carbon Quality Steel Pipe from the People's Republic of China:Final Affirmative Countervailing Duty Determination and Final Affirmative Determination of Critical Circumstances, p.42547.

Walled Rectangular Pipe and Tube)①;编织袋反补贴终裁(Laminated Woven Sacks)②;非公路用轮胎反补贴终裁(Certain New Pneumatic Off-the-Road Tires)③。每个案件中与"公共机构"的解释有关的受指控措施如下:

第一,圆形焊接碳素钢管反补贴终裁。美国商务部认定:中国政府通过"国有企业"给受反补贴调查的企业(Tianjin Shuangjie Steel Pipe Group Co.,Ltd.,Weifang East Steel Pipe Co.,Ltd.,Zhejiang Kingland Pipeline and Technologies Co.,Ltd.)提供的热轧钢(hot-rolled steel)构成"财政资助";中国政府通过国有商业银行向受调查企业提供的贷款构成"财政资助"。

第二,薄壁矩形钢管反补贴终裁。美国商务部认定:中国政府通过"国有企业"给受调查企业(Qingdao Xiangxing Steel Pipe Co.,Ltd.,Zhangjiagang Zhongyuan Pipe-Making Co.,Ltd.)提供的热轧钢构成"财政资助"。

---

① 反补贴调查通知:Notice of Initiation of Countervailing Duty Investigation:Light-Walled Rectangular Pipe and Tube from the People's Republic of China,pp,40281、40283. 反补贴调查初裁:Light-Walled Rectangular Pipe and Tube from the People's Republic of China:Preliminary Affirmative Countervailing Duty Determination and Alignment of Final Countervailing Duty Determination with Final Antidumping Duty Determination,p.67603. 反补贴调查终裁:Light-Walled Rectangular Pipe and Tube from the People's Republic of China:Final Affirmative Countervailing Duty Investigation Determination,p.35643.

② 反补贴调查通知:Laminated Woven Sacks from the People's Republic of China:Initiation of Countervailing Duty Investigation,pp. 40839-40840. 反补贴调查初裁:Laminated Woven Sacks from the People's Republic of China:Preliminary Affirmative Countervailing Duty Determination;Preliminary Affirmative Determination of Critical Circumstances,in Part;and Alignment of Final Countervailing Duty Determination with Final Antidumping Duty Determination,pp. 67893-67894. 反补贴调查终裁:Laminated Woven Sacks from the People's Republic of China:Final Affirmative Countervailing Duty Determination and Final Affirmative Determination,in Part,of Critical Circumstances,pp. 35639-35640.

③ 反补贴调查通知:Certain New Pneumatic Off-the-Road Tires from the People's Republic of China:Initiation of Countervailing Duty Investigation,pp. 44122、44124. 反补贴调查初裁:Certain New Pneumatic Off-the-Road Tires from the People's Republic of China:Preliminary Affirmative Countervailing Duty Determination,p. 71361. 反补贴调查终裁:Certain New Pneumatic Off-the-Road Tires from the People's Republic of China:Final Affirmative Countervailing Duty Determination and Final Negative Determination of Critical Circumstances,p. 40481.

第三,编织袋反补贴终裁。美国商务部认定:"国有企业"给受调查企(Han Shing Chemical Co., Ltd., Ningbo Yong Feng Packaging Co., Ltd., Shangdong Qilu Plastic Fabric Group, Ltd., Shangdong Shouguang Jianyuan Chun Co., Ltd., Zibo Aifudi Plastic Packaging Co., Ltd.)提供的"biaxial-oriented polypropylene"构成"财政资助";中国政策银行和国有商业银行给受调查企业提供的贷款构成"财政资助";中国政府给受调查企业提供的土地使用权构成"财政资助"。

第四,非公路用轮胎反补贴终裁。美国商务部认定:中国政策银行和国有商业银行给受调查企业(Guizhou Tire Co., Ltd., Hebei Starbright Tire Co., Ltd., Tianjin United Tire & Rubber International Co., Ltd.)提供的贷款构成"财政资助";中国政府给受调查企业提供的土地使用权构成"财政资助"。

如上所述,美国商务部的四项反补贴初裁和终裁中,被认定为构成"财政资助"的钢材、银行贷款不是中国政府直接提供给受调查企业的,而是由"国有企业"或"国有商业银行"所为。如果中国能够证明"国有企业"不构成"公共机构"(补贴提供者),那么美国商务部将"国有企业"提供的资源(生产资料和贷款)认定为"财政资助"的做法就违背了《SCM协定》第1条。因此,对试图避免美国反补贴税的中国来讲,证明"国有企业"不构成"公共机构"是取得胜诉的关键。美国商务部认定的"公共机构"涉及中国的两种不同行业实体,即一般"国有企业"(除从事银行金融业以外的工业企业)和国有商业银行。该案中也涉及"土地使用权"的提供,但这是政府直接给受调查企业提供的"财政资助",不存在国有企业的问题。

第三节 中国的法律依据与补贴的定义

中国指控美国商务部违法时,分别依据"财政资助"的具体情形提出了如下主张:

第一,美国商务部认定"国有企业"构成"公共机构"的做法违背

《SCM 协定》第 1 条 1.1(a)(1)的规定。因此，美国商务部关于政府给受调查企业提供的货物构成财政资助的认定违反《SCM 协定》第 1 条 1.1。①

中国针对美国商务部认定"国有企业"构成"公共机构"的做法违反《SCM 协定》的指控，只是表示其立场而已。如下所述，"公共机构"的解释与"财政资助"的解释是两码事，前者不依赖于后者而单独成立。因此，美国商务部对"财政资助"的认定是解释"公共机构"（"公共机构政府控制论"以及国有企业构成公共机构）的结果，中国无须指控美国商务部对"财政资助"的认定违法。事实上，关于如何解释"财政资助"，中美之间并未产生争执。所以，对中国来讲，完全可以不谈"财政资助"，集中精力论证好"公共机构政府职能论"，即"公共机构"的解释。

第二，美国商务部认定国有商业银行构成"公共机构"的做法违背《SCM 协定》第 1 条 1.1(a)(1)的规定。因此，认定政府给受调查企业提供的政策性贷款构成财政资助的做法违反《SCM 协定》第 1 条 1.1。② 对该指控的评论与上文相同。

中国在指控美国商务部对"公共机构"的解释违背《SCM 协定》时，始终将其与"财政资助"捆在一起，这样做确实没有实际意义。例如，中国请求专家组审理的第一个问题就是："The USDOC's findings that the government of China provided a financial contribution in the form of goods in the four countervailing duty determinations were inconsistent with Article 1.1 of the SCM Agreement."③

---

① 原文："China claims, in respect of the provision of goods (inputs), that the USDOC's determinations that certain SOEs were 'public bodies' were inconsistent with Article 1.1(a)(1) of the SCM Agreement. Thus, China argues, the USDOC's findings in the four countervailing duty investigations of financial contributions by a government in the form of provision of goods to respondent producers were inconsistent with Article 1.1 of the SCM Agreement." Panel Report(379), para. 8.2.

② 原文："China claims, in respect of the provision of loans, that the USDOC's determinations that certain SOCBs were 'public bodies' were inconsistent with Article 1.1(a)(1) of the SCM Agreement. Thus, China argues, the USDOC's finding in the OTR countervailing duty investigation of financial contribution by a government in the form of alleged 'policy lending' was inconsistent with Article 1.1 of the SCM Agreement." Ibid.

③ Ibid., para. 3.1.

依据《SCM 协定》第 1 条,补贴定义可归纳如下:补贴是"政府"和任何"公共机构"提供的"财政资助"所授予的"利益"。可见,认定补贴的存在须证明三个法律要件:"政府"或任何"公共机构"(提供主体);"财政资助"(提供手段或方法);"利益"(提供手段带来的结果)。

上述三者的法律作用分别如下:补贴提供主体确定后,非"政府"或任何"公共机构"提供的"资源"不属于"财政资助"的证明范围;判断"财政资助"的依据确定后,政府提供的资源中不构成"财政资助"的被排除于证明范围之外;市场条件是判断"财政资助"是否授予"利益"的标准,低于市场条件的提供和高于市场条件的购买与市场条件之间的差异是"利益",以不违背市场条件的方式提供的"财政资助"不产生"利益"。

按照法律规定,不应打乱上述三者的证明顺序,即提供主体是首要的,其次是提供手段或方法,最后是提供结果,三者合在一起构成补贴。若提供主体的解释和证明不能成立,剩下的要件无须证明,依此类推。

如上所述,在"政府"或任何"公共机构"中,一般来讲,前者的解释不会成为问题,本案也未争论如何解释"政府",关键是"公共机构"的解释。在"(a)(1) there is a financial contribution by a government or any public body within the territory of a Member(referred to in this Agreement as 'government'), i. e. where:"这段规定中,除"government"和"any public body"以外,也出现了"financial contribution"。但是,该规定不是解释"财政资助"的依据。① 该条款是解释"政府"和"公共机构"的核心条款或最直接的上下文。因为"政府"的解释无争议可言,该规定在争端解决过程中的作用将倾斜于"公共机构"的解释。

《SCM 协定》第 1 条 1.1(a)(1)(i)、(ii)、(iii)、(iv)规定的是判断"财政资助"是否存在的法律依据,这些规定也有可能构成解释"公共机构"的上下文,但其地位是次要的,具有决定意义的上下文毕竟是

---

① 《SCM 协定》第 1 条(a)(1)(i)、(ii)、(iii)、(iv)分别规定了"财政资助"的判断依据。事实上,该案并未争论关于热轧钢、贷款以及土地的提供是否构成"财政资助"的问题。

直接规定"公共机构"的"there is a financial contribution by a government or any public body within the territory of a Member (referred to in this Agreement as 'government'), i. e. where:"。为解释"公共机构"而援引上下文时,须谨慎考虑有关"财政资助"的规定所发挥的上下文的作用。

中国在指控中提出的"in respect of the provision of goods (inputs), that the USDOC's determinations that certain SOEs were 'public bodies' were inconsistent with Article 1. 1 (a) (1) of the SCM Agreement"和"in respect of the provision of loans, that the USDOC's determinations that certain SOCBs were 'public bodies' were inconsistent with Article 1. 1 (a) (1) of the SCM Agreement",是适用"公共机构政府控制论"所得出的结论。本章考察的是如何解释"公共机构"会得出如此结论,这样解释是否经得起推敲。

第四节 "公共机构政府职能论"评析

一、论证逻辑

中国的论证由以下三个步骤构成:

第一,如果反补贴调查部门不能提供关于这些国有企业(指国有工业企业和国有商业银行)在执行政府职能的证据,应该将其行为视为"私营机构"的行为,而不是"公共机构"的行为[①];

---

① 原文:"China challenges as invalid the USDOC's findings in the investigations at issue that SOEs producing inputs, and SOCBs providing loans, were 'public bodies' within the meaning of Article 1. 1 (a) (1) of the SCM Agreement. Therefore, China considers inconsistent with that Article the USDOC's determinations that the provision of inputs and of loans by these entities constituted financial contributions by public bodies. China argues that in the absence of evidence that these entities were vested with and exercised governmental authority, as a matter of law their actions needed to be deemed those of private, not public bodies."Panel Report (379), para. 8. 3.

第二,只有证明这些国有企业是在受到政府的"委托"和"指示"(规定于《SCM 协定》第 1 条 1.1(a)(1)(iv))后提供了原材料和贷款,美国商务部才能够合法地证明中国政府提供了财政资助①;

第三,因为美国商务部未能证明是否存在"委托"和"指示",其认定中国政府提供了财政资助的做法违反了《SCM 协定》第 1 条 1.1②。③

这三个步骤紧密相连,依次形成条件关系。考察第一步可知,不能提供有关"国有企业执行政府职能"的证据,是将"国有企业"的行为视为"私营机构"行为的前提条件。④ 如果这一点得不到证明,剩下的第二步和第三步就无须证明了。问题是,中国为什么以"国有企业执行政府职能"为前提展开指控? 其依据是什么? 更重要的问题是,"公共机构政府职能论"能否成立? 严格来讲,中国应该先解释清楚"公共机构",因为是否有必要提出"国有企业执行政府职能"的证据取决于"公共机构"的解释。可见,中国论证的第一步就偏离了解释"公共机构"的主题。

---

① 原文:"Given this, only if the USDOC had found that these entities were 'entrusted or directed' in the sense of Article 1.1(a)(1)(iv) of the SCM Agreement to provide the inputs or the loans could it have lawfully concluded that that the financial contributions were made by the Government of China." Panel Report(379), para. 8.3.

② 原文:"China maintains that because the USDOC did not examine whether there had been such entrustment or direction, its determinations of financial contributions by the Government of China were inconsistent with Article 1.1 of the SCM Agreement." Ibid.

③ 类似主张:"China asserts that it is not arguing that government-owned entities can never be public bodies within the meaning of Article 1.1(a)(1), but rather that their conduct should be deemed presumptively private, and consistent with that presumption, their conduct ordinarily should be examined under the entrustment or direction standard of Article 1.1(a)(1)(iv) of the SCM Agreement. If the evidence in a particular case established that a government-owned entity was exercising delegated authority to perform functions of a governmental character, then it would be appropriate to conclude that it was a public body and that subparagraph(iv) was inapplicable. But absent such evidence, China argues, subparagraph(iv) should apply and there is no legitimate justification in the text, context or object and purpose of the SCM Agreement for the arbitrary test the United States has advanced that would make such entities public bodies in all cases merely by virtue of their government ownership." Ibid., para. 8.6.

④ 中国确信国有企业不执行政府职能,这是对其有利的事实证据。事实上,世界各国的国有企业中执行政府职能的应该微乎其微,因为国有企业本来就不是为执行政府职能而设立的实体。

无论如何,"公共机构"的解释在前,"国有企业"是否构成"公共机构"的认定在后,"国有企业"的行为是否被视为"私营机构"与"公共机构"的解释无关。① 因此,在考察中国的论证时,分析其是如何回答"公共机构政府职能论"的理由最为重要。在"公共机构政府职能论"得到确立之前,中国要求美国应该如何处理"国有企业"的行为云云是无的放矢。中国只有把"公共机构政府职能论"牢固地竖立起来,剩下的步骤才具有意义,并最终达到将"国有企业"从补贴提供主体范围中予以排除的目的。

二、"美国对韩国半导体反补贴调查案"

中国为确立"公共机构政府职能论",援引了"美国对韩国半导体反补贴调查案"上诉机构报告。② 中国主张:"该案上诉机构确认,依据已经确立的国际习惯法原则,国有企业的行为首先(prima facie)属于私人(private)行为。同时,依据《SCM协定》第1条的规定,这样的行为应被推定为不归结于WTO成员。"③

从中国援引的上诉机构报告中,能否确认上诉机构承认的这段内容("有关国有企业实体的行为首先属于私人行为的国际习惯法原

---

① 依据上述中国的解释(以能够成立为条件),因为"国有企业"被排除于"公共机构"(通常是不执行政府职能的)的范围之外,若试图将"国有企业"纳入补贴提供主体的范围,可选择的办法就是:按照《SCM协定》第1条1.1(a)(1)(iv)的规定,证明"国有企业"也与"私营企业"一样,是受到了来自政府的"指示"或"委托"后提供了原材料和贷款,不然无法认定政府提供了"财政资助"。

② See WT/DS296/AB/R:United States-Countervailing Duty Investigation on Dynamic Random Access Memory Semiconductors(DRAMS) from Korea(27 June 2005, Report of the Appellate Body).

③ 原文:"China argues that the Appellate Body recognized in US-Countervailing Duty Investigation on DRAMS that under well-established principles of customary international law, the actions of state-owned corporate entities are prima facie private, and thus presumptively not attributable to a Member under Article 1.1 of the SCM Agreement."Panel Report(379),para.8.4. 关于如何解释《SCM协定》第1条规定的"公共机构",中国援引了"美国对韩国半导体反补贴调查案"上诉机构报告中对国际习惯法的确认。因为争论的是《SCM协定》规定的用语("公共机构"),在论证法律依据时,按道理不应该被争论的协定。至于"...and thus presumptively not attributable to a Member under Article 1.1 of the SCM Agreement"中的"under Article 1.1 of the SCM Agreement"的意思什么,需要中国作出说明。

则")？被援引的上诉机构报告第 112 段如下：

> Paragraph(iv) of Article 1.1(a)(1) further states that the private body must have been entrusted or directed to carry out one of the type of functions in paragraphs (i) through (iii). As the panel in US-Export Restraints explained, this means that "the scope of the actions... covered by subparagraph(iv) must be the same as those covered by subparagraphs(i)—(iii)". A situation where the government entrusts or directs a private body to carry out a function that is outside the scope of paragraphs (i) through (iii) would consequently fall outside the scope of paragraph(iv). Thus, we agree with the US-Export Restraints panel that "the difference between subparagraphs (i)—(iii) on the one hand, and subparagraph(iv) on the other, has to do with the identity of theactor, and not with the nature of theaction." In addition, we must not lose sight of the fact that Article 1.1(a)(1)(iv) requires the participation of the government, albeit indirectly. We therefore agree with Korea that there must be a demonstrable link between the government and the conduct of the private body.①

从这段内容可知，这是"美国对韩国半导体反补贴调查案"上诉机构关于《SCM 协定》第 1 条 1.1(a)(1)(iv)规定的"委托"和"指示"所作的解释。从这段内容中找不到类似"依据已经确立的国际习惯法原则，国有企业的行为首先属于私人行为，这样的行为应被推定为不归结于 WTO 成员（政府）"的内容。可以肯定，中国所谓的"上诉机构确认的国际习惯法原则"不是上诉机构报告的原文，是其主观解释。

接着上述解释，中国指出：美国商务部没有证明应该证明的问题，即"国有企业"或"国有商业银行"是否属于"私营机构"，以及这些实

---

① 这是中国引用的"美国对韩国半导体反补贴调查案"上诉机构报告的原文，从中可以看出，该案上诉机构援引了"美国出口限制构成补贴案"上诉机构所作的解释。

体提供原材料和贷款的行为是否受到了政府和公共机构的"指示"或"委托"等问题。相反,美国商务部依赖于有关政府大部分所有权的"当然法则"(per se rule),认定这些实体属于"公共机构"。①

中国主张:美国商务部解释"公共机构"的做法违背条约解释原则的正确适用。② 虽然政府所有权与企业控制有关,但在证明《SCM 协定》第 1 条 1.1(a)(1)(iv)所要求的私营机构是否受到了政府的指示时,所有权在决定某一实体是否属于公共机构的问题上具有很小的影响。③

笔者针对上述中国的主张或解释,质疑如下:

第一,如前所述,在"美国对中国产品征收反补贴税案"中,如何解释"公共机构"的含义是争论的主题,是如何对待"国有企业"的前提。在"公共机构"的含义未得到澄清之前,无法作出关于"国有企业"行为的定位或评价。在未解释"公共机构"的情况下主张"国有企业"应被视为"私营机构",是脱离主题的做法。④

第二,退一步讲,即使承认"国有企业的行为首先(prima facie)属于私人行为"(事实上,这与"公共机构政府职能论"的解释无关)的"国际习惯法原则"成立或存在,它能否适用于 WTO 争端解决程序也是尚需斟酌的问题。除《WTO 协定》之外,作为适用协定,DSU 明确提

---

① 原文:"China argues that instead of focusing as it should have on whether the SOEs and SOCBs were 'private bodies' that had been 'entrusted or directed' by the Government of China or a public body to provide inputs and loans, respectively, the USDOC relied on a per se rule of majority government ownership in determining that these entities were 'public bodies'." Panel Report (379), para. 8.4.

② 原文:"In China's view, this interpretation of the term 'public body' is impermissible under a correct application of the principles of treaty interpretation." Ibid.

③ 原文:"For China, while government ownership is relevant to the question of control, and thus to the inquiry in Article 1.1(a)(1)(iv) as to whether a private body has been directed to perform governmental functions, ownership has little relevance in determining whether an entity is a public body." Ibid.

④ 如上所述,中国承认,只有在不能提出"国有企业"在执行政府职能的证明时,才将其行为视为"私营机构"的行为。这说明,没有前者,后者是无法成立的。事实上,有关"国有企业"执行政府职能的证明是对"公共机构"作出解释之后的事情。

到的国际法①只有《维也纳条约法公约》(简称《条约法公约》),在此需要对中国所援引的国际习惯法原则与《条约法公约》的关系作一些分析。《条约法公约》第 31 条规定如下:

Article 31: General Rule of Interpretation

1. A treaty shall be interpreted in good faith in accordance with the ordinary meaning to be given to the terms of the treaty in their context and in the light of its object and purpose.

2. The context for the purpose of the interpretation of a treaty shall comprise, in addition to the text, including its preamble and annexes:

(a) any agreement relating to the treaty which was made between all the parties in connection with the conclusion of the treaty;

(b) any instrument which was made by one or more parties in connection with the conclusion of the treaty and accepted by the other parties as an instrument related to the treaty.

3. There shall be taken into account, together with the context:

(a) any subsequent agreement between the parties regarding the interpretation of the treaty or the application of its provisions;

(b) any subsequent practice in the application of the treaty

---

① 应详细考察关于国有企业行为的国际习惯法原则的背景和适用条件。DSU 未作出关于适用规则的一般性规定,《WTO 协定》构成争端解决程序的适用规则是当然的事情。DSU 中涉及除《WTO 协定》以外的国际法规则的规定如下:
Article 3: General Provisions
2. The dispute settlement system of the WTO is a central element in providing security and predictability to the multilateral trading system. The Members recognize that it serves to preserve the rights and obligations of Members under the covered agreements, and to clarify the existing provisions of those agreements in accordance with customary rules of interpretation of public international law. Recommendations and rulings of the DSB cannot add to or diminish the rights and obligations provided in the covered agreements.
该规定所指的"关于解释国际法的习惯规则"是指《维也纳条约法公约》第 31 条和第 32 条(国际习惯规则的法典化),这是 WTO 争端解决机制专家组和上诉机构一致承认的法律问题。

which establishes the agreement of the parties regarding its interpretation;

(c) any relevant rules of international law applicable in the relations between the parties.

4. A special meaning shall be given to a term if it is established that the parties so intended.

分析上述规定可知，条约的"text"是指解释条约用语所依据的"context"的核心内容，"国际习惯法原则"不属于"text"；"国际习惯法原则"不属于2(a)的"any agreement"和2(b)的"any instrument"；"国际习惯法原则"不属于3(a)的"any subsequent agreement"和3(b)的"any subsequent practice"，中美之间未签署此类法律文件，如果存在，需中国予以证明。

虽然"国际习惯法原则"可能属于"(c) any relevant rules of international law applicable in the relations between the parties"，但其适用性不是中国单方面所能决定的，中国需要证明："国际习惯法原则"是"relevant rules"，而且"applicable"。

"relevant"和"applicable"表明，不是所有的规则都可以适用于争端当事国的关系，而是要依据当事国的国际关系考察试图予以适用的规则。无视直接规定"公共机构"的条约文本而谈论某种"国际习惯法原则"的适用性时，需要说明其理由。《条约法公约》第32条[①]规定了解释条约的补充资料，其内容与"有关国有企业的行为首先属于私人行为的国际习惯法原则"无关，在此不予讨论。

第三，"政府掌握国有企业的大部分所有权"，是美国商务部论证

---

① Article 32: Supplementary Means of Interpretation
Recourse may be had to supplementary means of interpretation, including the preparatory work of the treaty and the circumstances of its conclusion, in order to confirm the meaning resulting from the application of article 31, or to determine the meaning when the interpretation according to article 31: (a) leaves the meaning ambiguous or obscure; or (b) leads to a result which is manifestly absurd or unreasonable.

"公共机构政府控制论"时所依据的事实,而不是"per se rule",事实与规则不能相混淆。

第四,虽然中国提出了有关条约解释的原则(可能是指《条约法公约》第31条和第32条),但没有作出具体的论证。同时,如果按照条约解释原则解释"公共机构",必须承认《SCM协定》第1条规定的"there is a financial contribution by a government or any public body within the territory of a Member (referred to in this Agreement as 'government')"是应该最先予以考虑的上下文。关于《SCM协定》第1条1.1 (a)(1)(iv)的规定,不否定其构成上下文的可能性,但该条款不可能凌驾于直接规定"公共机构"的上下文之上。

第五,如上所述,关于"私营机构"是否受到政府的"委托"或"指示"的证明,只有在国有企业被视为私营机构的情况下才具有实际意义,这与所有权的证明无关,也与"公共机构"的解释无关。

综上所述,中国虽然援引了"美国对韩国半导体反补贴调查案"上诉机构的报告,但并未找到支撑"公共机构政府职能论"的任何依据。不仅如此,中国的论证严重偏离了解释"公共机构"的主题。

三、"加拿大乳制品进口措施案"

为论证"公共机构政府职能论",中国援引的另一个WTO判例是"加拿大乳制品进口措施案"①。那么,该案上诉机构的解释能否支持"公共机构政府职能论"?

中国主张:某个实体构成"公共机构",必须被国家法律授权以执行政府或公共性职能,并且其行为是对该权限的行使。② 在此意义上,中国对"加拿大乳制品进口措施案"上述机构报告予以说明(paraphra-

---

① WT/DS103/AB/R, WT/DS113/AB/R: Canada-Measures Affecting the Importation of Milk and the Exportation of Dairy Products(13 October 1999, Report of the Appellate Body).

② 原文:"China asserts, to be a 'public body', an entity must be authorized by the law of the state to exercise functions of a governmental or public character, and the acts in question must be performed in the exercise of such authority." Panel Report(379), para. 8. 5.

sing),并主张:"公共机构"应该被定义为"为实现政府性职能的目的而行使权力(或权限)的实体"①。笔者认为,在提出"国有企业"行为应被视为"私营机构"行为之前,直接对"公共机构"进行解释是完全符合法律规定的做法。在此,需要考察中国为解释"公共机构"所引用的该案上诉机构报告第 97 段:

> We start our interpretive task with the text of Article 9.1(a) and the ordinary meaning of the word "government" itself. According to Black's Law Dictionary, "government" means, inter alia, "[t]he regulation, restraint, supervision, or control which is exercised upon the individual members of an organized jural society by those invested with authority". (emphasis added) This is similar to meanings given in other dictionaries. The essence of "government" is, therefore, that it enjoys the effective power to "regulate", "control" or "supervise" individuals, or otherwise "restrain" their conduct, through the exercise of lawful authority. This meaning is derived, in part, from the functions performed by a government and, in part, from the government having the powers and authority to perform those functions. A "government agency" is, in our view, an entity which exercises powers vested in it by a "government" for the purpose of performing functions of a "governmental" character, that is, to "regulate", "restrain", "supervise" or "control" the conduct of private citizens. As with any agency relationship, a "government agency" may enjoy a degree of discretion in the exercise of its functions.

这是"加拿大乳制品进口措施案"上诉机构对《农业协定》(Agree-

---

① 原文:"In this context China, paraphrasing the Appellate Body in Canada-Dairy, argues that a 'public body' should be defined as 'an entity which exercises powers [or authority] vested in it by a government for the purpose of performing functions of a governmental character'." Panel Report(379), para. 8.5.

ment on Agriculture)第 9 条 9.1(a)①规定的"政府"和"政府机构"所作的解释。对"政府"的解释不能取代"公共机构"的解释,该段并没有解释"公共机构"的含义,中国是在混淆"公共机构"和"政府机构"。

《农业协定》中的"政府"可以构成解释《SCM 协定》规定的"政府"的上下文,但是否构成解释"公共机构"的上下文,是需要谨慎考虑的问题。按照中国的逻辑,也只有在解释清楚"公共机构"且"公共机构政府职能论"得以确立的前提下,"政府"和"政府机构"的解释才具有意义,因为这些概念可能被用来说明"公共机构"具有的政府性质。

《农业协定》第 9 条中的"government agency"是政府机关,其执行政府职能和权限是天经地义的事情,不能与"public body"等同化。就此可判明,"public body" should be defined as "an entity which exercises powers [or authority] vested in it by a 'government' for the purpose of performing functions of a 'governmental' character"不是"加拿大乳制品进口措施案"上诉机构的原话,是中国依据报告所作的主观推测。

中国接着指出:"公共机构"行为区别于私营机构行为的决定性因素不是政府所有的程度(政府在两者中均有可能保留所有权),而是实体所具有的权限的来源和性质及对权限的行使。②

---

① Article 9: Export Subsidy Commitments
1. The following export subsidies are subject to reduction commitments under this Agreement:
 (a) the provision by governments or their agencies of direct subsidies, including payments-in-kind, to a firm, to an industry, to producers of an agricultural product, to a cooperative or other association of such producers, or to a marketing board, contingent on export performance.

② 原文:"According to China, what distinguishes the conduct of public bodies from that of private bodies is not the degree of government ownership-the government may have ownership interests in both-but the source and nature of the authority the entities possess and exercise." Panel Report(379), para. 8.5. 笔者反复论证,该案争论的主题是"公共机构"的含义,不是"公共机构"和"私营机构"的区别,更不是如何对待"国有企业"的问题。事实上,在考察"公共机构"和"私营机构"的区别时,国家所有的程度是具有决定性的依据。政府在"公共机构"和"私营机构"两者中均保留所有权这一事实不能成为否定所有权法律功能的根据,正是国家所有权在决定实体的性质。"公共机构"的半数以上所有权一定是掌握在国家手中的。国家可以掌握部分私营机构的所有权,但其所有程度达不到控制实体的程度时,仍然是"私有机构"。换言之,同样是由国家掌握所有权的实体,以国家掌握的所有权是否超过半数为标准,性质上"公"或"私",两者是完全不同的。

在解释清楚"公共机构"之前,讨论其与私营机构的区别无法律意义。"实体所具有的权限的来源和性质及对权限的行使"表明了中国的潜意识,暗含了"权限"与"实体"的不可分割性。

美国提出的政府所有权是论证"国有企业"构成"公共机构"的事实方面的证据,与"公共机构政府控制论"一脉相承。"公共机构"的解释不是对实体权限的探讨,更重要的是对实体性质的确认,只提出实体权限的来源和性质远不能满足对"公共机构政府职能论"的证实,中国提出实体权限和性质只是其潜意识的重复而已。实体的性质更不能与实体职能的性质相混淆。同时,政府所有的程度与实体性质密切相关,政府掌握半数以上所有权的实体不可能是"私营机构"。相反,即使政府掌握了"私营机构"的部分所有权,仍然改变不了实体所具有的"私"的性质。

中国主张:在该案反补贴调查中,缺乏(美国未提供——笔者注)有关国家所有的实体被赋予并执行政府权限的事实证据,作为法律问题,这些实体的行为必须被认定为私营机构的行为。① 如上所述,国家所有的实体(国有企业)是否应该被视为"私营机构"的问题,客观上与"公共机构"的解释无关,这是中国观点的重复而已,无须更多议论。笔者反复指出,应该如何处理"不执行政府职能的实体",不是中美争论的问题。为什么"公共机构"必须是执行政府职能的实体? 如此解释的依据是什么? 这是中国不应该偏离的主题。

综上所述,虽然中国援引了"加拿大乳制品进口措施案"上诉机构报告,但并不能为"公共机构政府职能论"提供任何有力的佐证,其脱离解释主题的做法并没有被纠正。

---

① 原文:"China states therefore that in the investigations at issue in the present dispute, absent actual evidence establishing that the state-owned entities were vested with authority to exercise governmental authority in connection with the provision of the alleged financial contributions at issue, as a matter of law those entities' actions must be deemed to be those of private entities." Panel Report(379),para. 8.5.

四、"公共机构"的词典含义

为确立"公共机构政府职能论",中国援引了"公共机构"的词典含义。中国主张:根据该词汇通常含义(一般来讲,词典表现词汇的通常含义或基本含义,是法律解释的出发点,其本身不是法律规则。——笔者注),"公共机构"在本质上要求该机构的行为是为国家和社会的整体福祉和利益服务的,并依据政府权限或正式代表国家和社会而采取行动。①

对上述中国的主张,即"为国家和社会的整体福祉和利益服务"(中国承认)是"公共机构"的本质要求,笔者对此完全赞同。但是,为实现此公共目的,"公共机构"是否必须"依据政府权限"而行动则需要斟酌。因为"被政府授予政府性权限"不是实现公共目所必需的手段,更不是唯一的手段,在未被授予政府权限的情况下,"公共机构"完全能够达到为社会公共利益服务的目的。中国也承认,除"依据政府权限"以外,"公共机构"还可"正式代表国家和社会而采取行动"。如果"does so under the authority"是指"在政府权限领导下行动而不是执行政府权限",那就更能说明,被赋予权限不是必需的。

中国主张:《SCM 协定》第 1 条 1.1(a)(1)规定的"政府或其他公共机构"(a government or other public body,但法律原文是:a government or any public body)明显是一致的,而且"government"和"public body"在功能上明显是被等同的(functional equivalents)。②

笔者认为,如果"government"和"public body"是一致的并在功能上是等同的,法律没有必要用"or any public body"来表述,在不提

---

① 原文:"China relies on various dictionary definitions of the term 'public' to argue that the ordinary meaning of the term 'public body' requires the essential elements that such an entity acts for the welfare and best interests of a nation or community as a whole, and does so under the authority, or officially on behalf, of the nation or community as a whole." Panel Report(379), para. 8.7.

② 原文:"China argues further that the phrase in Article 1.1(a)(1), 'a government or other public body' explicitly equates, and treats as 'functional equivalents', the terms 'government' and 'public body'." Ibid.

"public body"的情况下,用"government"("including public body"或"involve public body")更能准确表达意思,而且这样处理使"公共机构"的含义也更加清楚。所以,依赖词典含义所得出的"government"和"public body"等同化的结论是经不起推敲的,更不能证实"公共机构"的含义。下文中还要专门讨论"or"和"any"。

中国主张:《SCM 协定》第 1 条 1.1(a)(1)(iv)将此类实体("公共机构")与私营机构予以区别,要求私营机构的行为受到政府的指示或委托(以完成第 1 条 1.1(a)(1)(i)至(iii)所列措施),这是其行为被视为政府提供的财政资助的先决条件。① 这是中国的重复而已,对此笔者在上文中已作评析,不再赘述。

中国主张:对私营机构行为的指示和委托的事实,将这些行为纳入政府提供的财政资助的范围。这说明,在任何情况下,财政资助的必须条件(sine qua non)是行使政府职能的部分内容。②

笔者认为,"公共机构"与《SCM 协定》第 1 条 1.1(a)(1)(iv)中出现的"私营机构"是有差别的,该条款是在规定"私营机构"的行为构成"财政资助"的必要条件,即政府的"指示"或"委托",但并不为解释"公共机构"提供任何依据。同时,这也不构成"财政资助"的先决条件,即行为主体必须具备政府职能或执行政府权限。补贴提供主体和财政资助都是认定补贴存在的重要因素,其中前者决定后者,在有关后者的规定中不存在对补贴提供主体性质的暗示。这是应该得到尊重的有关补贴定义的基本框架和逻辑结构。

综上所述,从中国引用的词典含义中,不仅仍然不能找到解释"公

---

① 原文:"According to China, the Agreement differentiates between this type of entity and 'private bodies' in Article 1.1(a)(1)(iv), the actions of which require' entrustment or direction' from a government to perform one of the functions enumerated in Article 1.1(a)(1)(i)—(iii) in order to be deemed financial contributions by a government." Panel Report(379), para. 8.7.

② 原文:"For China, the fact that entrustment or direction of the actions of private bodies brings those actions within the purview of 'government financial contribution' demonstrates that in all cases, the *sine qua non* of a 'financial contribution' is the exercise of some element of governmental authority in connection with performing functions of a governmental character." Ibid.

共机构"的有力依据,反而提出了对自己不利的内容,如"为国家和社会的整体福祉和利益服务"就不需要非执行政府职能不可。"公共机构"中的"公共"正是体现"为国家和社会的整体福祉和利益服务"的法律用语。这句话有利于对"公共机构政府职能论"的解释,因为政府不可能不"为国家和社会的整体福祉和利益服务"。

五、法语和西班牙语中的"公共机构"

《WTO协定》有英语、法语和西班牙三种正式版本。三者具有相同的法律效力,其中后两者是对英语的翻译。在起草《WTO协定》文本时,绝无同时用三种文字进行的必要,而是先用英语起草好,然后再翻译成后两种文字。

中国主张:《SCM协定》第1条1.1中,表述"公共机构"的法语"organisme public"和西班牙语"organismo público"的定义能够证实对英语"public body"的解释。[1]

中国主张:根据《条约法公约》第33条第3款的规定,三种语言所表述的"公共机构"概念的含义应该被推定为是相同的,而且专家组必须分析其含义。[2]

中国主张:法语"public"和西班牙语"público"表示"governmental",这与英语词典的"public"相一致。在OECD的经济学词汇手册(*Economics Glossary*)中,法语"organisme public"和英语"government agency"也是相一致的。[3]

中国主张:在《农业协定》西班牙语文本中,"organismo público"与

---

[1] 原文:"China also considers that the definitions of the corresponding French and Spanish terms 'organisme public' and 'organismo público' in Article 1.1 of the SCM Agreement support its argument concerning the ordinary meaning of the term 'public body'." Panel Report(379),para.8.8.

[2] 原文:"China argues that all three terms are presumed to have the same meaning under Article 33(3) of the Vienna Convention, and that the Panel must examine this meaning." Ibid.

[3] 原文:"According to China, the French term 'public' and the Spanish term 'público' connote 'governmental', which is consistent with several dictionary definitions of the English term 'public'. China also points to the OECD Economics Glossary which it argues equates 'organisme public' with the English term 'government agency'." Ibid.

英语"government agency"明显是相同的。同时,"加拿大乳制品进口措施案"上诉机构明确指出,《SCM 协定》第 1 条的法语和西班牙语词汇与英语"government agency"具有相同含义。①

中国主张:《条约法公约》第 33 条要求专家组解释英语"public body"与法语和西班牙语"government agency"的含义相一致,符合该要求的唯一做法,就是将英语"public body"和"government agency"解释成具有相同功能,就像这些词汇在法语和西班牙语中所具有的含义。②

综上所述,中国的主张就是:英语"public body"和"government agency"的含义相同,其结论是"public body"非执行政府职能不可。笔者对此分析如下:

第一,《条约法公约》第 33 条第 3 款规定:"条约用语推定在各作准约文(authentic text)内意义相同。"据此可知,不同文本中的用语的相同性是推定的,不是绝对的。同时,该公约第 33 条 4 款也承认不同文本的词汇存在含义差异的可能性。③ 即使法语"public"和西班牙语"público"表示"governmental",并与英语的"government agency"具有相同含义,但是也不能被绝对化。依据翻译解释用原始语言(英语)表述的"public body"的含义,将会破坏该公约第 31 条规定的尊重条约用语上下文的宗旨。

---

① 原文:"China further argues that in the Agreement on Agriculture the Spanish term 'organismo público' is expressly equated to the English term 'government agency', and that the Appellate Body in Canada—Dairy established unequivocally that the same Spanish and French terms at issue in Article 1.1 of the SCM Agreement have the same meaning as the English term 'government agency'."Panel Report(379), para. 8.8.

② 原文:"According to China, Article 33 of the Vienna Convention requires the Panel to interpret the English term 'public body' consistently with the fact that the French and Spanish versions of that term mean 'government agency', and the only coherent way to do so is to interpret the English terms 'public body' and 'government agency' as functional equivalents, just as they are treated in the French and Spanish languages." Ibid.

③ Article 33: Interpretation of Treaties Authenticted in Two or More Languages:
...
4. Except where a particular text prevails in accordance with paragraph 1, when a comparison of the ahthentic text discloses a difference of meaning which the application of articles 31 and 32 dose not remove, the meaning which best reconciles the texts, having regard to the object and purpose of the treaty, shall be adapted.

第二,《条约法公约》对 WTO 专家组的法律适用未作任何要求,中国的主张不符合 DSU 的基本常识。

第三,从中国引用的"加拿大乳制品进口措施案"上诉机构报告的第 97 段中,尚未找到有关《农业协定》和"government agency"的任何表述。《农业协定》中的用语构成解释《SCM 协定》用语的上下文是可能的,但这并不意味着所有概念可以一律相互套用。

综上所述,用法语和西班牙语表述的"公共机构"的含义不能为"公共机构政府职能论"提供可靠依据。

六、英语"or"和"any"的含义

在解释"公共机构"时,美国指出了用于"government"和"public body"之间的连词"or"的含义,以说明两者是不同的概念。[①]

中国主张:"or"一词并不表明"government"和"public body"完全不同或互不关联,而只是表明两者并不完全相同。[②]

中国主张:"or"一词经常将相似或功能相同的词汇联结在一起,并援引了"美国认定出口限制构成补贴案"[③]专家组对"or"的解释。

中国主张:专家组指出,《SCM 协定》在第 1 条 1.1(a)(1)(iv)中,"a government makes payments to a funding mechanism"和"entrusts or directs a private body"之间的"or"表明两者的功能是相同的政府

---

① 原文:"China disagrees with the United States concerning the meaning of the conjunction 'or' in Article 1.1(a)(1) between the terms 'government' and 'public body'." Panel Report (379), para. 8.9.

② 原文:"In China's view, this word does not suggest that the two terms must have wholly dissimilar and unrelated meanings, but only that the terms are not identical." Ibid. 毕竟中国承认"公共机构"和"政府"之间存在区别。

③ WT/DS194/R: United States-Measures Treating Exports Restraints as Subsidies (29 June 2001, Report of the Panel), para. 8.32.

措施。①

笔者认为,这里用于"or"两边的"a government makes payments to a funding mechanism"和"entrusts or directs a private body",是在表明两者都是政府措施或"财政资助"(两者的共性)。但是,"or"绝非将重点放在两者的共性上,其实质意义在于区别两者,即前者是指政府自身完成的"财政资助",后者是指在政府"委托"和"指示""私营机构"的情况下发生的"财政资助",而不是政府直接采取的措施。

那么,"美国认定出口限制构成补贴案"专家组是在什么样的情况下作出该解释的?这需要分析。

> The phrase "entrusts or directs" in Article 1.1(a)(1)(iv) is immediately preceded by the phrase "a government makes payments to a funding mechanism or". We consider that these two phrases are aimed at capturing equivalent government actions. Both are government actions that substitute an intermediary (whether a funding mechanism or a private body) to make a financial contribution that otherwise would be made directly by the government. In other words, the action of a government making payments to a funding mechanism and that of it entrusting or directing a private body to carry out the functions listed in subparagraphs (i)—(iii) are equivalent government actions. This is further contextual support for our view that entrustment or direction constitutes an explicit and affirmative action, comparable to the making of payments to a funding mechanism.②

---

① 原文:"China argues that 'or' frequently connects words or phrases that are similar or functional equivalents, and cites the report of the US-Export Restraints panel's reference to the word 'or' between the phrases 'a government makes payments to a funding mechanism' and 'entrusts or directs a private body' in subparagraph (iv) of Article 1.1(a)(1) as meaning that the two phrases captured equivalent government actions."Panel Report(379),para. 8.9.

② WT/DS194/R:United States-Measures Treating Exports Restraints as Subsidies(29 June 2001, Report of Panel).

上述内容是该案专家组在解释"财政资助"时所陈述的意见。因为"财政资助"是这两个具体措施的共性所在(政府措施),专家组指出"or"两边的措施完全相同,这符合《SCM 协定》规定的补贴定义。但是,把这里的"or"机械地搬到"政府"和"公共机构"之间并用于解释两者的关系,那就不是轻微的错误了。

中国也承认,"or"具有"表明两者并不完全相同"的含义。笔者认为,用于"政府"和任何"公共机构"之间的"or"的实质意义在于表述两者的区别之处。"政府"和"公共机构"之间具有共性。例如,两者均表明,自己是为国家和全社会的公共利益服务的。这与"a government makes payments to a funding mechanism"和"entrusts or directs a private body"之间存在的共性(中国承认)是一样的。如果使用"or"不是看重"政府"和"公共机构"之间的差异,"or"作为法律用语将失去意义。对完全相同的东西没有必要选择,选择的意义在于被选择对象具有差异,而表示"选择"的"or"并不否定被选择的事物中存在一定的共性。虽然中国看到了共性,但是忽略了差异,用前者来否定后者是不符合"or"的通常意义的,对于完全相同的事物绝无选择的必要。

中国反对美国对修饰"public body"的形容词"any"的意义所作的解释。① 中国主张:"any"一词表示,属于《SCM 协定》第 1 条 1.1 范围内具有公共机构资格的所有实体。该用语不表明关于"public body"性质的任何含义,也不支持美国有关政府大多数所有权标准的当然(per se)法则。② 可见,中国也承认:"该用语不表明关于'public body'性质的任何含义。"

笔者对"any"通常含义的认识如下:"any"不是"public body"的定

---

① 原文:"China also disagrees with the United States concerning the significance of the adjective 'any' to modify 'public body' in Article 1.1(a)(1) of the Agreement." Panel Report(379), para. 8.10.

② 原文:"According to China, the 'any' only indicates that all entities that qualify as public bodies-however that term is defined-are captured within the scope of Article 1.1, but says nothing about the characteristics that define a public body, and offers no support for the United States' per se majority government ownership test." Ibid.

义,这是事实,不必争论。但是,该词汇明确表明,不对"public body"作限制,给"public body"留下选择的空间。与此相反,"公共机构政府职能论"在限制"公共机构"的性质,这不符合"any"的通常含义,也与其自己的解释相矛盾;"公共机构政府控制论"强调体现公共性的政府控制,政府是为公共利益而存在的,控制(大多数所有权)是保证公共性的必要手段,不加限制地理解"any"符合其原意。综上所述,"any"不利于"公共机构政府职能论",而有利于"公共机构政府控制论",后者涵盖前者,前者只是后者的一部分(受到"职能"的限制)。

七、《服务贸易总协定》

中国主张:为证实"公共机构政府职能论",可从《服务贸易总协定》中找到上下文的依据。《服务贸易总协定》"关于金融服务的附件"5(c)(i)将"公共实体"(public entity)定义为:"由一成员所有或控制的,主要执行政府职能或实施为实现政府目的的活动的实体。"[①]

中国主张:该定义体现了与《SCM 协定》第 1 条 1.1 相同的观点,即将"政府"和"公共机构"视为在功能上相同的主体。[②]

中国主张:该定义提示,在一个实体"单纯被政府所有和控制的情况下",只有"carrying out governmental functions or activities for governmental purposes"时,才被视为具有公共实体的资格;一个实体在被政府所有或控制的情况下,有可能发挥政府性的或商业性的功能,只有

---

① 原文:"China argues that its interpretation of the term 'public body' also is supported contextually by the General Agreement on Trade in Services (the 'GATS'). According to China, paragraph 5(c)(i) of the Annex on Financial Services to the GATS (the 'GATS Financial Services Annex') defines the term 'public entity' as an 'entity owned or controlled by a Member, that is principally engaged in carrying out governmental functions or activities for governmental purposes....'." Panel Report(379), para. 8.11.

② 原文:"For China, this definition reflects a similar view of the functional equivalence between 'government' and 'public body' that, in China's view, exists in Article 1.1 of the SCM Agreement." Ibid.

在主要执行前者(政府性职能)的情况下,其活动才被视为"公共"的。①

中国主张:《服务贸易总协定》第 1 条 3(a)也提供了上下文的依据。该条规定:"成员的措施是指:中央、地区或地方政府和主管机关所采取的措施;及由中央、地区或地方政府或主管机关授权行使权力的非政府机构所采取的措施。"②

中国主张:按照《服务贸易总协定》的目的,只有在非政府实体执行政府授予的权力时,才能将其行为归结于成员政府;根据《SCM 协定》第 1 条 1.1 的规定,很难想象有任何合理的理由,适用更加放宽的标准,将"公共机构"的行为归结于成员。③

作为解释"公共机构"的上下文,中国所引用的《服务贸易总协定》"关于金融服务的附件"中的"public entity"和第 1 条 3(a)中的"non-governmental bodies"明确表明,不执行"政府职能",这些实体(包括"公共机构")将失去意义。笔者对此无任何异议。

那么,以这些实体的定义为上下文的依据,能否主张《SCM 协定》第 1 条中的"public body"也必须是执行政府职能的实体?或者说,被中国引用的法律条款能否成为解释"公共机构"的上下文?这是需要慎重考虑的问题。

---

① 原文:"In addition, China argues, the GATS definition indicates that when an entity is merely 'owned or controlled by a Member', it will qualify as a public entity only if it is 'carrying out governmental functions or activities for governmental purposes', that entities owned or controlled by governments may carry out both governmental and commercial functions, and that they are deemed to be 'public' only when principally engaged in the former." Panel Report(379), para. 8. 11.

② 原文:"According to China, Article I:3(a) of the GATS also provides relevant context by defining 'measures by Members' to include measures by governmental actors ('central, regional or local governments or authorities') and non-governmental bodies 'in the exercise of powers delegated by central, regional or local governments or authorities'." Ibid.

③ 原文:"China argues that if the actions of non-governmental bodies may be attributed to a Member for purposes of the GATS only when they are exercising authority delegated to them by the government, it is difficult to envision any rational justification for applying any less demanding a standard for attributing the actions of a 'public body' to a Member under Article 1. 1 of the Agreement." Ibid.

《服务贸易总协定》是为推动服务贸易"自由化"而签订的国际法规则,这一点可从该协定前言中得到证实。① 贸易"自由化",是指给企业贸易活动创造自由环境,保证企业不受国家权力的限制(国境措施②和国内管理措施③),而按照市场机制展开经营活动。约束企业贸易自由的最大障碍就是国家的管理措施(权力),而实现自由化的途径无非是对国家管理进出口贸易的措施进行约束和规范,这些规范集中体现在《WTO协定》中,为此提供实施和运用的框架是作为国际组织的WTO的核心任务。④ 这是解释包括"public entity"在内的《服务贸易总协定》的任何法律用语的基础。

《SCM协定》是《WTO协定》的组成部分,但是与规范国境措施(实现贸易自由化)的规则相比,该协定所具有的特殊性需要引起注

---

① 《服务贸易总协定》前言规定:"希望建立一个服务贸易原则和规则的多边框架,以期在透明和逐步自由化的条件下扩大此类贸易,并以此为手段促进所有贸易伙伴的经济增长和发展中国家的发展;期望在给予国家政策目标应有尊重的同时,通过连续回合的多边谈判,在互利基础上促进所有参加方的利益,并保证权利和义务的总体平衡,以便早日实现服务贸易自由化的逐步提高……"

② 拆除或减少阻挡商品流通的国境措施(贸易壁垒)是贸易自由化的首要工作。《WTO协定》规范的国境措施主要是指关税、数量限制、卫生检疫、产品的技术规格、海关估价、原产地规则等。

③ 目前,《WTO协定》尚未作出有关减少或减轻国内管理措施以解放国内市场商品流通的法律规定,WTO成员只要不实施歧视进口产品的国内管理措施即可,即国民待遇原则的遵守。所以,《WTO协定》的绝大部分内容是规范国境措施的。

④ Agreement Establishing the World Trade Organization Article III: Functions of the WTO

1. The WTO shall facilitate the implementation, administration and operation, and further the objectives, of this Agreement and of the Multilateral Trade Agreements, and shall also provide the framework for the implementation, administration and operation of the Plurilateral Trade Agreements.

...

3. The WTO shall administer the Understanding on Rules and Procedures Governing the Settlement of Disputes (hereinafter referred to as the "Dispute Settlement Understanding" or "DSU") in Annex 2 to this Agreement.

4. The WTO shall administer the Trade Policy Review Mechanism (hereinafter referred to as the "TPRM") provided for in Annex 3 to this Agreement.

这里的"Agreement Establishing the World Trade Organization"是指狭义《WTO协定》,其内容限于正文的16条,不包括附件在内;"The Multilateral Trade Agreements"是指附件1、2、3;"The Plurilateral Trade Agreements"是指附件4。这些协定的共性可概括为"为实现贸易自由化对政府贸易管理措施的约束和规范"。

意。《SCM协定》认可的反补贴措施、《反倾销协定》认可的反倾销措施以及《关于紧急进口限制措施的协定》认可的紧急进口限制措施,是为缓冲贸易自由化带来的冲击(给与进口产品相竞争的企业或产业造成实质损害或严重损害及其威胁)而准备的灵活性制度。反补贴措施、反倾销措施以及紧急进口限制措施被总称为"贸易救济措施"。

贸易救济措施在实质上是与自由贸易体制"倒行逆施"的制度安排。例如,依据这些协定,进口国除《关税减让表》以外额外征收的税负或数量限制措施,均发挥提高进口产品成本并阻止商品流通的作用。因此,在"政府""公共机构"以及"公共实体"等出现在不同协定中时,应该分清不同协定所发挥的不同作用,不能看到类似概念("公共机构"和"公共实体")就不加分析地互相套用。

虽然《SCM协定》在容忍反补贴税的征收,但不是无条件的。该协定承认的是不能超过出口国政府提供的补贴金额的税收。所以,为认定补贴提供法律依据的补贴的定义非常重要。《SCM协定》除对出口补贴和国内产品优先使用补贴①予以禁止以外,不对补贴加以任何规范,其核心目的是为救济补贴的不利影响提供法律要件。《SCM协定》第1条规定补贴定义,是试图扩大政府运用补贴的自由度(广大发展中国家和欧洲各国)和反对政府运用补贴(美国等国家)的对立观点所达到的平衡点。

换言之,《SCM协定》规定的补贴定义反映了成员针对国际贸易中能够成为救济(直接救济和间接救济)对象的补贴所达成的一致意见,明确了成员试图采取救济措施的补贴的范围。这与限制国家的贸易管理措施,保证市场开放的规则相比,本质上是完全不同的。

---

① Part II: Prohibited Subsidies
Article 3: Prohibition
3.1 Except as provided in the Agreement on Agriculture, the following subsidies, within the meaning of Article 1, shall be prohibited:
(a) subsidies contingent, in law or in fact, whether solely or as one of several other conditions, upon export performance, including those illustrated in Annex I;
(b) subsidies contingent, whether solely or as one of several other conditions, upon the use of domestic over imported goods.

如上所述,《服务贸易总协定》在本质上是实现服务贸易的自由化,受该协定约束和规范的是政府实施的服务贸易管理措施。例如,是否允许外国服务的市场准入以及对服务的管理要求等。①《SCM协定》中出现的"政府"和"公共机构"的措施则是补贴的提供。与削减货物和服务贸易壁垒相比,补贴的作用正好相反,其意义在于减轻本国企业的成本,加大其国际市场竞争能力。②

作为认定补贴存在的要件之一的"公共机构"的意义应该依据《SCM协定》的法律意义加以理解。因此,作为解释条约用语上下文的依据,将《服务贸易总协定》的"公共实体"的定义机械地搬到《SCM协定》的"公共机构"头上的做法是缺乏缜密考虑的,是经不起推敲的。总之,作为上下文,中国引用《服务贸易总协定》规定的"public entity"的定义解释"公共机构"的做法是缺乏说服力的。

八、联合国《国家责任法草案》

为强化对"公共机构"的解释,除《农业协定》和《服务贸易总协定》以外,作为上下文的依据,中国援引了联合国国际法委员会制定的《国家责任法草案》(以下简称"草案")的部分内容。③

---

① Article XVI: Market Access

...

2. In sectors where market-access commitments are undertaken, the measures which a Member shall not maintain or adopt either on the basis of a regional subdivision or on the basis of its entire territory, unless otherwise specified in its Schedule, are defined as:

(a) limitations on the number of service suppliers whether in the form of numerical quotas, monopolies, exclusive service suppliers or the requirements of an economic needs test;

(b) limitations on the total value of service transactions or assets in the form of numerical quotas or the requirement of an economic needs test;

(c) limitations on the total number of service operations or on the total quantity of service output expressed in terms of designated numerical units in the form of quotas or the requirement of an economic needs test.

② 如前所述,补贴定义以及反补贴税是以贸易自由化为前提的法律问题,如果没有贸易自由化,无论政府给本国企业提供多大的补贴并增强其竞争力,至少在国际层面上是不会成为问题的。

③ 原文:"China refers to the International Law Commission's Draft Articles on Responsibility of States for Internationally Wrongful Acts (the 'Draft Articles') as compelling its interpretation of the term 'public body' in Article 1.1 of the SCM Agreement."Panel Report(379), para. 8.12.

中国主张：作为法律问题，在解释适用协定时，专家组和上诉机构应该考察"草案"构成《条约法公约》第 31 条第 3 款（c）项规定的"适用于当事国间关系的相关国际法规则"。①

中国主张：在解释《SCM 协定》第 1 条 1.1（a）（1）（iv）规定的"委托"或"指示"的含义时，"美国对韩国半导体反补贴调查案"上诉机构引用了"草案"，尤其在上诉机构报告脚注中谈到了"草案"第 8 条的解说。②

中国主张：该段解说明确表明，国家所有权不是将国有企业实体行为归结于国家（扩张解释包括适用《SCM 协定》第 1 条的成员）的充分理由，该解释支持中国对"公共机构"的解释。③

中国主张：上诉机构援引"草案"的这段解说表明，"草案"构成解释《WTO 协定》的"国际法的相关规则"。因此，在该争端中判断美国商务部的认定（"国有企业"和"国有商业银行"构成"公共机构"）是否符合《SCM 协定》时，"草案"是可信赖的。④

笔者对中国的主张评析如下：

---

① 原文："According to China, as a general matter prior panels and the Appellate Body have considered the Draft Articles' relevant rules of international law applicable in the relations between the parties', in the sense of Article 31(3)(c) of the Vienna Convention, for purposes of interpreting the covered agreements." Panel Report(379), para. 8.12.

② 原文："In this regard, concerning the interpretation of Article 1.1 of the SCM Agreement, China recalls that in US-Countervailing Duty Investigation on DRAMS the Appellate Body referred to the Draft Articles in the section of its report entitled the meaning of the terms 'entrusts' and 'directs' in Article 1.1(a)(1)(iv). In particular, China notes the Commentary to Article 8 of the Draft Articles, to which the Appellate Body referred in a footnote in the US-Countervailing Duty Investigation on DRAMS report." Ibid., para. 8.13.

③ 原文："According to China, this passage of the Commentary makes clear that state ownership is not sufficient to attribute the conduct of a state-owned corporate entity to a state, and by extension to a Member for purposes of Article 1.1 of the SCM Agreement, and that instead it supports China's view of the term 'public body'." Ibid.

④ 原文："Furthermore, in China's view, the Appellate Body's citation of this passage demonstrates that the Draft Articles are 'relevant rules of international law' for purposes of interpreting the WTO Agreement, and thus must be relied upon in the present dispute in determining whether the USDOC's determination that the SOEs and SOCBs were public bodies was consistent with the SCM Agreement." Ibid.

第一,"草案"毕竟是个草案,尚未成为正式有效的国际法文件。"草案"无普遍适用性可言,而且其内容是否与"公共机构"的解释有关还需要中国予以说明。即使考虑"草案"具有适用性,在解释"公共机构"时,在法律上未生效的"草案"也不可能优越于规定"公共机构"的上下文的约文。

第二,"美国对韩国半导体反补贴调查案"上诉机构在解释《SCM协定》第1条1.1(a)(1)(iv)规定的"委托"或"指示"时,引用了"草案"相关条款。"委托"或"指示"的解释与"公共机构"的解释无关,在解释"委托"和"指示"时被引用的"草案"内容对"公共机构"的解释来讲无适用性。

第三,确认"美国对韩国半导体反补贴调查案"上诉机构报告脚注179如下:

> We note that the conduct of private bodies is presumptively not attributable to the State. The Commentaries to the ILC Draft Articles explain that " since corporate entities, although owned by and in that sense subject to the control of the State, are considered to be separate, prima facie their conduct in carrying out their activities is not attributable to the State unless they are exercising elements of governmental authority".

该段内容是对"私人行为"与"国家责任"之间关系的说明。尽管中国谈到了上诉机构报告脚注179,但并未说明"除非私人行为执行政府权限,不然其行为不能归咎于政府"与"公共机构"的解释之间到底具有什么样的关系。有关反补贴税的法律规定中,不存在将私人行为的后果归咎于政府的任何意图和要求。反补贴税原本是对政府行为(提供补贴,并不存在非法还是合法的问题)的抵消,征税无非是针对私人出口行为实施而已。总之,中国援引"草案"的相关规定无助于对"公共机构"的解释。

对"公共机构政府职能论"来讲,也存在否定性的WTO判例。对此,中国不得不说明不赞成的理由。"韩国影响商用船舶贸易案"①专家组报告承认了只依据国家所有权和控制权就可以认定"公共机构"的解释,这与中国引用的"美国对韩国半导体反补贴调查案"正好相反。中国主张:该解释缺乏说服力,不能依据该解释处理问题。②

那么,中国反驳"韩国影响商用船舶贸易案"专家组报告的依据是什么?中国主张:该案专家组不应忽略遵守《条约法公约》第31条第3款(c)项规定的国际法习惯原则的强制性(the mandatory nature of recourse to customary principles of international law),其无视国际习惯法的做法违背了"美国对韩国半导体反补贴调查案"上诉机构明确依据"草案"解释《SCM 协定》第 1 条 1.1(a)(1)(iv)的做法。③

中国主张:只根据国家所有权或控制权确定"公共机构"的做法,与"美国对韩国半导体反补贴调查案"上诉机构的解释(符合国际习惯法)相违背。为确立"公共机构政府职能论",该主张实质上无法律意义。这一问题已经讨论过,不再赘述。

中国主张:该案上诉机构解释道,国有企业实体的行为应被推定为不归结于政府,除非该实体依据"草案"第 5 条执行政府权限,或依

---

① 该案未进入上诉级阶段就解决了争端。"韩国影响商用船舶贸易案"专家组报告:WT/DS273/R:Korea-Measures Affecting Trade in Commercial Vessels(7 March 2005, Report of the Panel).

② 原文:"China further argues that to the extent that the panel in Korea-Commercial Vessels can be read as endorsing a test for determining whether an entity is a public body solely by reference to government ownership or control, its reasoning is not persuasive and should not be followed."Panel Report(379), para. 8.14.

③ 原文:"China argues in this regard that among other errors, that panel failed to acknowledge the mandatory nature of recourse to customary principles of international law under Article 31 (3)(c)of the Vienna Convention, an oversight that in China's view cannot be reconciled with what it considers the Appellate Body's express reliance on the Draft Articles in interpreting Article 1.1 (a)(1)(iv)of the SCM Agreement."Ibid.

据"草案"第 8 条在国家的指示或控制下行动。① 针对中国的这一主张,笔者已经作过分析,不再赘述。总之,在解释"公共机构"时,搬出"草案"是牛头不对马嘴的做法。

九、《SCM 协定》的目的和宗旨

在有关补贴与反补贴措施的国际贸易争端中,《SCM 协定》的目的和宗旨曾被多次引用,尽管该协定没有对目的和宗旨的明文规定。在"美国对中国产品征收反补贴税案"中,为论证"公共机构政府职能论",中国也援引了该协定的目的和宗旨。中国在引用该协定的目的和宗旨时,未能提出自己独到的见解,而只是对美国的解释予以反驳。因此,在考察中国的反驳之前,我们先看看美国是作何解释的。

关于协定的目的和宗旨,美国商务部主张:"为防止成员规避《SCM 协定》,半数以上所有权标准(a majority ownership rule)是必须的……这样做使提供补贴的政府无法隐藏于企业的背后以逃避《SCM 协定》的规范。"②

对此,中国反驳道:如果接受美国的解释,将会给《SCM 协定》的正确适用带来相当大的麻烦。③ 中国主张:美国的解释是缺乏根据的。其理由是,《SCM 协定》第 1 条 1.1(a)(1)(iv)是被公认的直接处理规避的条款(an acknowledged anti-circumvention provision that squarely ad-

---

① 原文:"According to China, defining 'public body' solely by reference to government ownership or control cannot be reconciled with the Appellate Body's recognition in US-Countervailing Duty Investigation on DRAMS, consistent with customary international law, that the conduct of a state-owned corporate entity presumptively is not attributable to a government unless that entity is exercising governmental authority within the meaning of Article 5, or determined to be under the direction or control of the State within the meaning of Article 8, of the Draft Articles." Panel Report (379), para. 8.14.

② 原文:"Here, China disagrees with the argument advanced by the United States that a majority ownership rule is necessary to 'prevent circumvention of the SCM Agreement [...] so that subsidizing governments cannot hide behind their ownership interests in enterprises to avoid the reach of the SCM Agreement'." Ibid., para. 8.15.

③ 原文:"Concerning the object and purpose of the SCM Agreement, China considers that the United States' interpretation, if accepted, would have far-reaching and troubling implications for the proper application of the SCM Agreement." Ibid.

dresses circumvention)。①

美国解释:有关"委托"和"指示"的标准过于烦琐,当问题涉及国有企业时,政府将会巧妙规避之。②

与此相反,中国主张:如果接受美国商务部的观点,对政府掌握大多数股份的企业来讲,第(iv)项的规定将会变成一纸空文(dead letter)。因为专家组和WTO成员都承认,第(iv)项的规定适用于对政府掌握大多数股份的企业行为的判断。③

中国主张:美国商务部的解释缺乏实际条约依据,将会导致《SCM协定》的目的和宗旨遭到无视。④

中国主张:《SCM协定》反映了持不同观点的两种WTO成员(试图强化对补贴的规范与试图强化对反补贴措施的规范)之间的敏感平衡,而且"平衡"的两端明确体现在《SCM协定》第1条1.1中,其中包括依据"委托"或"指示"标准的"规范"。⑤ 除此之外,还有一段中国的主张需要仔细斟酌。⑥

---

① 原文:"China considers this to be a baseless concern, because subparagraph(iv) of Article 1.1 is an acknowledged anti-circumvention provision that squarely addresses it." Panel Report (379), para. 8.15

② 原文:"China also disagrees with what it views as the United States' argument that the entrustment or direction standard is too burdensome and might be evaded when government-owned entities are involved." Ibid.

③ 原文:"China is concerned that if the position of the United States is accepted, subparagraph(iv) would become a dead letter for entities with majority government ownership-a category of entities to which, in China's view, subparagraph(iv) was previously considered applicable by both panels and WTO Members alike." Ibid.

④ 原文:"China considers that the interpretation advocated by the United States, which in its view is not based on the actual treaty standards, would flout the object and purpose of the SCM Agreement." Ibid., para. 8.16.

⑤ 原文:"In particular, China argues, the SCM Agreement 'reflects a delicate balance between the Members that sought to impose more disciplines on the use of subsidies and those that sought to impose more disciplines on the application of countervailing measures'. Both aspects of this 'balance' are evident in Article 1.1, including the 'discipline' imposed by the entrustment or direction standard." Ibid.

⑥ 原文:"For China, the possibility that it may not be easy, as a practical matter, to meet the standards of a covered agreement has never dissuaded the Appellate Body from strictly enforcing those standards, and it urges the Panel to be guided by the same approach here." Ibid.

笔者认为,在援用《SCM协定》的目的和宗旨为自己的解释找到依据时,应首先澄清协定的目的和宗旨到底是什么。条约的目的和宗旨的法律功能在于,给条约文本的解释提供方向和原则。那么,《SCM协定》的目的和宗旨是什么? 如上所述,协定本身对此没有作出规定,这是导致解释混乱的原因。

笔者认为,《SCM协定》的宗旨和目的有两个方面:第一,确定补贴定义,划定成为救济(直接救济和反补贴税的征收)对象的政府措施的范围;第二,确定救济措施的法律要件,以规范救济措施,例如除补贴定义之外的补贴产品的不利影响以及因果关系的证明。

补贴定义是采取救济措施时须证明的首要要件,自然反映关于补贴和反补贴问题的不同立场。如果在解释"公共机构"这样的重要概念时,时时考虑"试图强化对补贴的规范与试图强化对反补贴措施的规范"之间的敏感平衡,那么在国际贸易争端中永远也解释不清补贴是什么。不能把条约交涉过程中的意见分歧无条件地带入争端解决的法律适用过程并予以绝对化。正是因为敏感因素的存在,更应该尊重法律条款,现有的法律条款是起草者克服敏感问题而达成的一致意见。

总之,中国没有解释清楚《SCM协定》的目的和宗旨,虽然谈到了"敏感的平衡",但对解释"公共机构"来讲无任何帮助。中国主张:"... this to be a baseless concern, because subparagraph (iv) of Article 1.1 is an acknowledged anti-circumvention provision that squarely addresses it."这是明显错误的,因为第(iv)项是防止政府利用私人提供补贴以规避法律的条款,并未包揽所有规避问题。该条款对"公共机构"的解释来讲无任何意义,它是专门为所涉实体是"私营机构"时而规定的制度。总之,中国为解释"公共机构"援引《SCM协定》的目的和宗旨的做法无任何意义可言。

十、美国商务部的"五项事实标准"

为论证"公共机构政府职能论",中国批评美国在对华反补贴调查中未适用曾适用过的"五项事实标准"(five-factor test)。① 这里所说的"五项事实标准",是指判断某实体性质的五项指标:政府对实体所有权的掌握;政府在实体的管理层中的地位;政府对实体活动的控制;实体遵守政府政策和利益的情况;实体是否依据法律而设立。②

中国主张:美国商务部在以往适用"五项事实标准"的案件中曾认定过,根据美国的法律,即使政府掌握100%所有权的实体也不构成公共机构。因此,此类实体不可能提供财政资助,除非受到了政府的"指示"或"委托"。③ 该表述确实有利于中国的观点。

那么,美国商务部是在什么样的情况下作出"即使政府掌握100%所有权的实体也不构成公共机构"这样的认定的?这是需要仔细考察的问题。"五项事实标准"不是法律规定,是在某实体被政府和私人各握有50%所有权(即无法判断谁是实体的主人)的特殊情况下导入的行政做法。④ 美国商务部是在对韩国半导体产品进行反补贴调查时作出上述陈述的。

根据美国的证实,这是美国商务部针对韩国在金融危机情况下政

---

① 原文:"China criticizes the USDOC for not applying the five-factor test that it had applied in certain prior cases."Panel Report(379),para. 8. 18.

② 原文:"(ⅰ)government ownership;(ⅱ)the government's presence on the entity's board of directors;(ⅲ)the government's control over the entity's activities;(ⅳ)the entity's pursuit of governmental policies or interests;and(ⅴ)whether the entity is created by statute."Ibid.

③ 原文:"China argues that in some prior cases where this test was applied,the USDOC had found that even 100 per cent government-owned entities were not public bodies under U. S. law,and thus could not convey financial contributions unless they were'entrusted or directed'to do so." Ibid.

④ 原文:"According to the United States,these past cases indicate that the USDOC approaches public body issues on a case-by-case basis,with the five-factor test usually arising where there is not clear evidence of government ownership or control. For the United States,this makes sense as most of the five factors relate to ownership or control of an entity."Ibid. ,para. 8. 38.

府临时掌握银行100%所有权所作的认定。① 这说明,在相当特殊的临时情况(政府为摆脱金融危机,暂时掌握银行100%所有权)下,美国商务部利用"五项事实标准"考察了银行和政府的关系。这说明,美国商务部在认定政府和企业的关系时并未将100%所有权予以绝对化。在只依据所有权的多数能够证明政府和实体之间的关系时,即使是在政府掌握100%以下所有权的情况下,美国商务部也作出了该实体构成"公共机构"的认定。② 可以肯定,美国商务部有关100%所有权的认定不是自我矛盾的,而是实事求是的态度的体现。

中国承认未指控"五项事实标准"是否符合《SCM 协定》的问题,但对美国商务部在本案所涉的三项反补贴调查中所作的认定提出了异议。美国商务部认定:本调查缺乏有关适用"五项事实标准"的证据,除了政府掌握的有些企业的所有权程度以外,中国政府未提供适用"五项事实标准"所必需的信息。③

按道理来讲,美国商务部若不掌握实体的所有权情况,是无法适

---

① 原文:"The United States thus considers that these past decisions do not indicate a US-DOC interpretation of the 'public body' language in the SCM Agreement. Concerning the DRAMS from Korea investigation, the United States recalls that the USDOC analyzed five factors and, as China notes, concluded that certain 100 per cent government-owned banks in that case were not public bodies. The United States submits that the critical factor public bodies was that, as the USDOC stated in that investigation, 'temporary [government] explaining this determination that 100 per cent government-owned banks were not necessarily ownership of the banks due to the financial crisis is not, by itself, indicative that these banks are [government] authorities'. Then, in the DRAMS from Korea investigation, an analysis of more than ownership, and even of entrustment or direction for some banks, was necessary due to the fact that the Korean government had assumed many temporary ownership stakes as a result of the Korean financial crisis."Panel Report(379), para. 8.39.

② 原文:"The United States further notes that in a subsequent countervailing duty administrative review of Hot-Rolled Carbon Steel Flat Products from India, the USDOC found that a 98 per cent government-owned mining company governed by the Ministry of Steel was a public body, without reference to any more factors."Ibid.

③ 原文:"While China asserts that it is not raising before the Panel the consistency with Article 1.1 of the SCM Agreement of the five-factor test, China also takes issue with the USDOC's statements in three of the investigations in the present dispute that there was insufficient record evidence to apply the five-factor test as, beyond the levels of government ownership for some companies, the Government of China had not provided the information needed to apply the test."Ibid., para. 8.18.

用"五项事实标准"的。有关实体所有权具体情况的信息是由被调查方提供的。在受调查方不提供足够信息的情况下,如何对实体性质予以认定这一问题,事实上是与"公共机构"的解释无关的。在美国对华反补贴调查案中,受指控的美国商务部的认定是基于"facts available"作出的,中国若试图争论有关事实和证据的问题,须先追究美国商务部适用"facts available"的合法性。但是,中国却未正面提出该问题。这样,中国的以下主张基本上就失去意义了。

中国主张:美国商务部的该陈述提示,除非有证据证明国有企业不是"公共机构",不然美国商务部不能认定国有企业提供的货物构成财政资助。①

中国主张:"五项事实标准"与本争端对如下问题的确认是有关的,即在调查之前,美国商务部承认了即使依据美国法的规定,有关国家所有实体是否具有公共实体资格的认定也是多数因素和核心事实所要求的。②

中国主张:美国商务部将证明责任推给中国,以对所有国有企业是公共机构的推定作出反证,这一做法无视了调查机关的责任。③ 在此意义上,中国援引了"美国对石油管材产品反倾销措施案"上诉机构报告第 201 段:调查机关有义务找到有关事实的证据,并评估其证据价值,以保证其调查是基于足够的事实,而不是推定。④

---

① 原文:"China argues that this statement indicates that for the USDOC any provision of goods by a state-owned entity may be presumed to be a financial contribution unless there is evidence establishing that the entity is not a public body." Panel Report(379),para. 8. 18.

② 原文:"China states that the five-factor test is relevant for this dispute to establish that prior to the investigations at issue, the USDOC had recognized that determining whether a state-owned entity qualified as a public entity was a multi-factor, fact-intensive inquiry even under U. S. law." Ibid.

③ 原文:"China considers that the USDOC improperly shifted the burden to the Government of China to disprove the presumption that all SOEs are public bodies, thereby abrogating its responsibilities as an investigating authority." Ibid.

④ 原文:"In this context, China cites a statement by the Appellate Body that 'the investigating authority has a duty to seek out information on relevant factors and evaluate their probative value in order to ensure that its determination is based not on presumptions, but on a sufficient factual basis'." Ibid.

在中国自己未向美国商务部提供必要的信息的情况下,上述主张还有什么意义可言呢?总而言之,对"公共机构政府职能论"来讲,美国商务部的"五项事实标准"没有任何支持,反而使中国拒绝提供信息的做法浮出了水面。

第五节 结 论

综上所述,通过考察中国在"美国对中国产品征收反补贴案"中为解释"公共机构"所提出的十项依据,可以得出如下结论:中国所坚持的"公共机构政府职能论"严重偏离了解释"公共机构"的主题。甚至可以断言,中国未能直接解释"公共机构"的含义,其论证自始至终未能走出无的放矢的阴影。得出该结论的分析过程如下:

第一,论证逻辑。本案争论的是对"公共机构"含义的解释,不是"国有企业"的含义。如果不先解释清楚"公共机构"的含义,谈论"国有企业"及其行为的性质是无法律意义的。中国主张,在不存在关于"国有企业"执行政府职能的证据的情况下,应该将"国有企业"行为视为"私营机构"行为。该主张提示,要以"公共机构政府职能论"能够得到确立为前提讨论"国有企业"问题。但是,展开论证时,中国的论证却偏向了对"国有企业"没有受到政府"委托"和"指示"的论证上,以致造成处处依赖于对《SCM 协定》第 1 条 1.1(a)(1)(iv)的解释。事实上,将"国有企业"行为视为"私营机构"行为的问题无须由中国提出。中国只有把"公共机构"解释清楚,才能解释"国有企业"不构成"公共机构"的问题。《SCM 协定》第 1 条 1.1(a)(1)(iv)就像魔咒般贯穿于中国的整个论证过程。然而,这一做法并没给中国带来任何好处。

第二,"美国对韩国半导体反补贴调查案"的论证。该上诉机构对《SCM 协定》第 1 条 1.1(a)(1)(iv)规定的"私营机构"受到政府的"委托"或"指示"的解释与"公共机构"的解释无关。该案并不为"公共机构政府职能论"提供依据。

第三,"加拿大乳制品进口措施案"的论证。《农业协定》第 9 条中的"government agency"是政府机关,其执行政府职能和权限是当然的事情,不能与"public body"等同化。就此可判明,"'public body' should be defined as an entity which exercises powers [or authority] vested in it by a 'government' for the purpose of performing functions of a 'governmental' character"不是"加拿大乳制品进口措施案"上诉机构的原话,是中国依据报告所作的主观推测。

第四,"公共机构"的词典含义。词典中的"公共"的通常含义有利于"公共机构政府控制论",而不利于"公共机构政府职能论"。因为实体执行政府职能不是实现公共利益的唯一条件,政府控制是实现公共利益的可靠保证,而且后者包括前者。

第五,"公共机构"的法语和西班牙语含义。《维也纳条约法公约》第 33 条关于法语和西班牙语等不同语言所表述的同一概念具有相同含义的规定不是绝对的。《WTO 协定》的英语文本后来被翻译成了法语和西班牙语,用后者来决定前者的做法是不可取的。

第六,英语的"or"和"any"的含义。"or"的通常含义在于表述可选择性,"any"的通常含义在于表述不限制其后面的词汇所表述的事物,这些用语的含义明显不利于"公共机构政府职能论"。

第七,《服务贸易总协定》的规定。该协定中的"政府"和"政府机构"及其行为的性质,与《SCM 协定》第 1 条规定的政府和公共机构及其行为的性质相差甚远。前者是对服务的管理,后者是政府对市场资源分配机制的介入,两者的概念不能相互套用,不能从《WTO 协定》中机械地寻找解释条约用语的上下文。

第八,联合国《国家责任法草案》的规定。该草案有关"私营机构"行为归咎于国家的条件(受到政府的"指示")与《SCM 协定》第 1 条规定的"公共机构"的解释实质上没有关系。

第九,《SCM 协定》的目的和宗旨。中国未解释清楚《SCM 协定》的目的和宗旨,也没有找到解释"公共机构"的依据。中国提出"敏感的平衡",与"公共机构"的解释无关。中国提出《SCM 协定》第 1 条

1.1(1)(a)(iv)是防止规避的规定,也与"公共机构"的解释无关。

　　第十,美国商务部的"五项事实指标"。在针对中国出口产品的反补贴调查中,美国商务部未适用"五项事实指标"是因为中国未提供有关国有企业所有权实际情况的信息。美国商务部依据"facts available",作出了"国有企业受政府控制"的认定。中国应该反驳该做法,但却未正面提出这一问题。关于"即使政府掌握100%所有权的实体也不构成公共机构"的言论,是美国商务部在韩国金融危机的特殊情况下对国家掌握银行所有权的情况所作的认定。这并不表明美国商务部对"公共机构政府控制论"的否定,对中国的"公共机构政府职能论"来讲是无任何帮助的。

　　中国关于"公共机构"的解释是在WTO争端解决案件中受到上诉机构肯定的少数几个问题之一。尽管如此,这不是令中国学界感到高兴和自我满足的事情。中国WTO法学界应该独立、客观、缜密、冷静、认真地分析与中国有关的国际贸易争端,并从中提炼出富有建设性和可信赖的知识。这样做的研究不仅能为政府和企业提供正确的指引,更重要的是能给攻读硕博士课程的学生和广大青年教师提供一个好的研究态度和方法,以帮助他们增长知识并开发智慧,为尽早使中国摆脱严重缺乏WTO专门人才的尴尬局面做出点滴贡献。

第四章 人民币汇率与补贴的认定

——因人民币汇率转移至出口企业的资金是否构成"财政资助"

依据《SCM 协定》判断人民币汇率是否构成"补贴"时,须分析四个法律要件:一,人民币汇率是不是政府决定的;二,因人民币汇率转移至出口企业的资金是否构成"财政资助";三,如果因人民币汇率转移至出口企业的资金构成"财政资助",那么它是否给"接受者"("出口企业")提供了"利益";四,如果"出口企业"因人民币汇率得到了"利益",那么是否满足"专向性"要件。本章分析了第一个和第二个问题并得出如下结论:人民币汇率是政府决定的产物(固定汇率);人民币汇率构成"财政资助"。客观分析人民币汇率与补贴的关系,并不损害中国的整体经济利益,更不会构成对中国汇率制度的挑战,需要客观分析或评价的是由于人民币汇率所引起的反补贴税在中外国际贸易关系的发展过程中所发挥的客观作用甚至积极作用。

第一节 问题与基本概念

一、汇率与保护主义

不同国家货币之间的兑换比率(以下简称"汇率"①)必然影响国

---

① 汇率是指用外国(单位)货币表示的本国(单位)货币的价格,或用本国货币表示的外国货币的价格。本国货币兑换外币的数量越多,汇率(价值)越高;反之,则汇率越低。本章讨论利用外国货币(美元)表示的人民币价格,即人民币汇率。

际贸易①以及资源配置的方向和效果。② 人民币与外国货币之间的兑换比率(以下简称"人民币汇率")也在影响中国的进出口贸易。随着近几年中国出口的海量增长③,中国出口商品像潮水般涌入时,给包括美国在内的外国相关产业带来巨大冲击的情况是很正常的。当然,是否存在冲击也需要按照法律规定进行分析和确定。试图避免或减轻竞争压力的进口国产业及其政府为达到阻止进口的目的,寻求或使用各种可能的法律手段也是极为自然的事情。例如,美国的

---

① 与国内商业活动(从生产到消费的全过程在一国领域内完成)相比,国际贸易存在两个特点:第一,国际货物贸易的标的跨越国境(出口与进口),国际服务贸易的提供方或消费者不在同一个国家,其流通必须服从主权国家(包括出口国和进口国,但出口国很少对出口商品采取限制措施,更多的贸易争端是由进口国采取的限制措施所造成的)的管理。不然,商品是无法被销售到外国消费者手中的。第二,国际贸易的支付和结算必须经过本国货币和外国货币的兑换完成,汇率是必需的。

② 货币汇率高,促进进口并抑制出口;汇率低,则阻碍进口并促进出口。出口增加,必然给与其竞争的产品(进口国内生产的同类产品或具有竞争关系的产品)带来压力(实际上是产品生产商和销售商之间的竞争),从而导致进口国的保护主义。在此情况下,固定汇率很容易成为被攻击的目标,被指责为汇率操纵或低估。当然,根据国际法(例如《IMF协定》)规定的固定汇率就不存在操纵的问题,因为大家的汇率都是固定的,而且是统一的。即使浮动汇率极大地促进了出口销售,那也是由市场供求决定的,不存在低估和操纵。例如,自从20世纪70年代初固定汇率制的解除和部分国家选择浮动汇率制以来,还没有人指责过美国、德国、英国等国在操纵汇率。当然,浮动汇率制下,国家干预汇率是可能的。总之,一个国家单独用权力决定的固定汇率是容易受到指责的。在浮动汇率制下,国家实现出口拉动型经济增长是不可能的。人民币的固定汇率制(尽管有微量浮动)为出口拉动型经济增长增添了巨大的动力,这是中国政府和所有国内外经济学家都承认的事实。

③ 中国加入WTO(2001年12月)前后的贸易增长速度明显不同,加入WTO后的平均出口增长率比原来的不到20%增加到了30%甚至40%。这说明,WTO其他成员如实履行了依据《WTO协定》所承担的减少贸易限制的国际法义务。例如,《关税减让表》的执行、数量限制的取消、非关税贸易限制的规范等。出口增加是中国加入WTO所获得的实际利益。2010年1月21日,中国统计局发布的数据显示,2009年全年进出口总额达到22073亿美元,其中出口12017亿美元,进口10056亿美元,贸易顺差1961亿美元。依据出口额可知,中国加入自由贸易体制后赢得了更大的市场。金融危机发生前后,中国近10%的高增长为世界经济做出了巨大贡献。同时,中国出口贸易的持续增长也是世界经济所做贡献的结果。全球化或国际相互依存时代的经济增长和牵引作用是相互的,片面强调中国的经济增长对世界经济所做的贡献是不符合实际的。同时,永久性的高度增长是不可能的。十八大政府工作报告首次放弃"保8",并将经济增长率调低到了7.5%,看来中国政府追求高增长的路线已开始转变。

相关企业或产业给国会施压以寻求保护。① 保护主义②是政治活动，而不是经济现象。

但是，任何一个国家存在保护主义是不足为奇的，尤其是在民主法治国家更是如此。因为国会和政府是为保护国民利益（整体利益或局部利益）而存在的，而不是为了满足个别政党或政客的特殊利益。国会议员的法律地位和政治利益决定了其不得不倾听来自选民（利益团体）的诉求。③ 尽管如此，在像美国这样一个法治健全的国家，国会和行政部门也不至于完全被利益集团左右并成为少数人的"俘虏"，即国会不是纯粹为私人利益服务的政治机构。保护主义是不可忽视的国内政治现象，但也没有必要把它看得过于严重。即使保护主义再严重、猖獗，其本身也不能被援引为指控一项进口限制措施违反法律的依据。进口限制措施是否违法（包括国内法和国际法），还要具体问题具体分析，法律问题须法律解决。

二、保护主义与自由贸易体制

人类社会不是纯粹的经济学世界，当然也不是纯粹的政治学世界，对自由贸易体制来讲，完全无视现实政治利益④或完全拥护整体经

---

① 国会受到来自选民的压力后再向政府行政部门施压，要求其采取贸易限制措施，在此过程中，倾向于国内利益团体的有些议员会发挥重要作用。同样，受惠于进口和出口的产业也可能形成对抗保护主义的压力，但是因为受益者的分散，实际上很少形成有组织的政治力量。

② "保护主义"也叫作"贸易保护主义"，是指进口国政府为避免本国企业和产业受到竞争压力而限制进口或者封闭市场的行为，其通常手段是提高关税和采取数量限制。为寻求保护的企业或产业的活动可以被包括在保护主义之内。

③ 国会议员首先考虑当选议员等眼前的政治利益，尽管如此，其政治利益与国民的整体利益不是完全对立的。在民主国家，政治家利用政治权力谋取私人利益的情况是存在的，但国家权力的运作在整体上绝对不是为少数政治家服务的。与此相反，独裁专制的国家就很难避免此种现象。

④ 自由贸易给消费者带来分散的利益，但却能给对政治权力产生重大影响的某些产业带来集中性或毁灭性打击。与消费者相比较，产业或企业的组织性是非常高的，所以政治家倾向于来自产业的政治压力。这是常识。

济利益是做不到的。换言之,贸易自由化①或自由贸易体制②存在于政治经济混杂在一起的现实社会。例如,就算人民币汇率被低估了,那也是有利于美国的进口企业和广大消费者利益的事情。尽管如此,在中美贸易关系中,美国国会议员和某些产业对人民币汇率却加以责难。原因很简单,前者是分散的整体利益的增加,而后者则是集中的个别利益的减损。比起前者,后者更容易通过政治活动追逐局部利益,因为产业和企业是有组织的,而且是很容易采取行动的。

因此,《WTO协定》(虽然其根本任务是限制国家对贸易的管制以推动自由贸易)也没有一律禁止贸易限制措施。例如,《WTO协定》允许成员采取紧急进口限制措施③(所谓的"保障措施",笔者不赞同在贸易领域里使用这个含糊不清的用语)、反倾销措施④以及反补贴措施⑤等所谓的"贸易救济措施"。⑥ 当然,采取这些措施需要严格遵守

---

① "贸易自由化",是指对限制企业贸易活动的种种政府管理措施的取消和规范。例如,削减关税、禁止数量限制以及约束和规范非关税措施等来国家权力的贸易限制。贸易自由化的根本任务是,减少或解除国家权力对贸易活动的管控,赋予企业按照市场机制活动的自由。因为束缚企业贸易活动的是国家权力,所以取消、约束、限制以及规范国家权力是实现"贸易自由化"的根本途径。《WTO协定》就是这一根本途径之一。

② "自由贸易体制",是指为实现企业的贸易自由,约束和规范国家贸易管理措施的国际法规则和规则实施机制的总和。它具体是指《关税与贸易总协定》和GATT(未成立正式国际组织,但有类似功能)加《WTO协定》和WTO的总和。1995年1月1日,在GATT基础上诞生了WTO,这是人类自由贸易史上的里程碑。现行自由贸易体制也可以叫作"WTO体制"。

③ 《紧急进口限制措施协定》是《WTO协定》附件1A的法律文件,英文名称:Agreement on Safeguards。

④ 《关于实施1994年关税与贸易总协定第6条的协定》,简称《反倾销措施协定》,是《WTO协定》附件1A的法律文件,英文名称:Agreement on Implementation of Article VI of the General Agreement on Tariffs and Trade 1994。

⑤ 规范反补贴措施的国际法是《补贴与反补贴措施协定》(Agreement on Subsidies and Countervailing Measures),简称《SCM协定》,是《WTO协定》附件1A的法律文件。

⑥ "贸易救济措施",是指进口国为保护在竞争中蒙受损害("实质"和"严重")的产业或企业而临时采取的提高关税和数量限制的措施。该措施与贸易自由化"倒行逆施",但不一定违反法律义务。该措施的作用是,阻隔外来竞争给本国企业带来的压力,保护国内产业和企业。此外,就连《GATT1947》第11条规定的普遍取消数量限制义务(这是支撑自由贸易体制的核心条款)都有例外。例如,《GATT1947》第12条规定的为保障国际收支而实施的限制。

法律规定。① 可以说,保护主义是法律允许的对"贸易救济措施"的活用。"贸易救济措施"实际上是保护主义,但是受到严格的规范,并未被一律禁止。

三、汇率与反补贴税

寻求保护的国内产业和提供保护的国会或政府(是指政府的特定部门,在美国主要是指商务部、美国贸易代表以及贸易委员会)必须为可能采取的贸易限制措施找到法律依据。换言之,出口国政府和出口企业所面临的是"法律上的保护主义"。② 针对种种贸易限制措施,无论其法律依据是什么,受到限制的出口国必然反对,这样发生一场法律上的论战是不可避免的。③

美国部分国会议员和产业界主张人民币汇率构成补贴(本章称为"人民币汇率补贴构成论")的目的是很明确的,他们没有掩饰真实意图,也没有设什么陷阱④。他们在寻找针对中国出口产品征收反补贴

---

① 这些措施的结果就是不受成员国所承诺的《关税减让表》的约束而对进口产品征收关税。除提高关税以外,紧急进口限制措施还包括数量限制。因为这些是与自由贸易体制背道而驰的措施,所以要受到严格的法律约束。

② 实际上,无视法律的、纯粹的贸易保护主义是不存在的,就连典型的单边措施《美国贸易法》第301条款也声称是为了维护国际法(指《GATT1947》和《WTO协定》)所赋予的合法利益。

③ 采取贸易限制措施的各国政府主管部门适用的是其国内法。对此,有两种救济途径可供选择:一是根据进口国的国内法和司法审查制度展开一场行政诉讼。例如,在美国国际贸易法院和联邦上诉巡回法院进行的诉讼。二是利用WTO争端解决程序的救济,即指控一项措施违法并要求撤回该措施。用尽该程序耗费近两年半时间,在此过程中被指控的措施是不被撤销的。不能保证行政机关遵守或适用国内法的行为不违反国际法,国内司法审查程序也会偏离法律轨道,国际法上的救济程序可能是最终保障。

④ 国内研究人民币汇率的学者在使用"陷阱"一词。例如,韩龙:《GATT第5条:汇率义务衡量需要提防陷阱——基于人民币汇率问题的探讨》,载《法律科学》2007年第2期;俞国平:《对人民币升值中的"汇率陷阱"问题的认识》,载《价格月刊》2007年第6期;魏青山:《透析人民币升值"陷阱论"及其汇率政策取向》,载《金融理论与实践》2004年第1期。"陷阱"是指"伪装的坑穴",应该属于"阴谋"。但是,"人民币补贴构成论"根本就没有设置"陷阱",是"阳谋"。"陷阱论"实际上就是中国学者的感情论。

税的法律依据,旨在将中国进口产品挡在美国市场之外。① 换言之,如果"人民币汇率补贴构成论"能够证明其他法律要件(国内产业蒙受了实质损害及其威胁以及因果关系)成立,美国针对中国出口商品征收反补贴税就理所应当了。②

四、本章的目的和内容

美国的"人民币汇率补贴构成论"虽然属于保护主义,但为研究中国经济制度与自由贸易体制的关系,提出了敏感而尖锐的问题。本章不研究"人民币汇率补贴构成论"的全部内容,而是试图客观地分析人民币汇率与补贴的关系。

本章分析《SCM 协定》第 1 条规定的补贴定义(认定补贴存在的核心条款)的前两个要件,即判断人民币汇率的决定者是不是"政府"。如果是,那么因该措施(汇率的制定)转移至出口企业的资金是否构成"财政资助"？为回答人民币汇率是否构成补贴的问题,除补贴"提供主体"和"财政资助"以外,还包括"利益"和"专向性",本章不予讨论。

虽然美国产业界在对华反补贴调查申请中多次援引了人民币汇率的依据,但美国商务部尚未接受申请者的要求并调查人民币汇率。尽管如此,研究人民币汇率问题仍然具有前沿意义。笔者希望本章为中国政府应对与人民币汇率有关的国际法问题提供有力的参考。

---

① "人民币汇率补贴构成论"是"保护主义"者的指责,只表明了中国政府官员(或受对方进口限制的出口企业)的愤慨而已。因为"保护主义"不是法律概念,不能成为法律指控的依据。"保护主义"的实质是"法律保护主义",法律问题终究要通过法律手段解决。《WTO 协定》在容忍三大贸易救济措施(某种意义上的"保护主义")。这本身表明,自由贸易体制需要前进中的后退,需要"润滑剂"和"安全阀"。

② 据笔者粗略统计,美国对华反补贴调查已累计 40 件之多,作出终裁的就达到 30 件。美国国内产业在申请以人民币汇率为依据发动对华反补贴调查,但美国商务部尚未接受国内企业的要求。就算美国商务部作出了人民汇率构成补贴的结论,实施反补贴措施的法律要件也不能因此而得到充足,因为还需要专向性、实质损害以及因果关系等一系列法律要件的证明。

第二节 认定补贴存在的国际法根据：
《SCM 协定》第 1 条

一、补贴的定义

针对"人民币汇率补贴构成论",予以反驳的最恰当的国际法依据是《SCM 协定》①第 1 条规定的补贴的定义。② 国内学者也在这样做(简称"人民币汇率非补贴论")。③ 在暂时搁置补贴提供主体的情况下,有关"财政资助"的论证将成为讨论人民币汇率是否构成补贴的首要问题。④ 本章从分析《SCM 协定》第 1 条规定的补贴的定义入手。⑤

---

① 《SCM 协定》是有关补贴和反补贴措施的唯一的多边协定。在 WTO 争端解决机制框架下,中国依据《SCM 协定》对美国对华反补贴调查提出了指控。See WT/DS379/R: United States-Definitive Anti-Dumping and Countervailing Duties on Certain Products from China (22 October 2010, Report of the Panel) 和 WT/DS379/AB/R: United States-Definitive Anti-Dumping and Countervailing Duties on Certain Products from China (11 March 2011, Report of the Appellate Body)。如果美国以人民币汇率为依据发动反补贴调查,当然适用其本国反补贴法规定的补贴的定义以证明补贴的存在。但是,美国的做法不能违反《SCM 协定》。美国反补贴法中规定的补贴的定义和《SCM 协定》第 1 条规定的补贴的定义基本上一致。从法律实践上看,在有关补贴认定的法律问题上,美国具有丰富的实践经验和司法判例。国际法和国内法是相互渗透和影响的,软实力强的国家的国内法更容易被反映在国际法中,反补贴的规定就是如此。美国的反补贴法给《SCM 协定》带来了巨大的影响。尽管如此,美国的反补贴法不能违反《SCM 协定》。

② 此外,还有《SCM 协定》关于出口补贴的列举,这是判断人民币汇率是否构成出口补贴的法律依据。补贴定义的法律功能在于,限制或约束补贴产品受害国的补贴认定行为。因为补贴的定义不规范补贴提供国的行为,所以不存在补贴提供国是否违反《SCM 协定》第 1 条的问题。发起反补贴调查的国家有可能超出补贴定义的范围展开调查,这是违反补贴定义的行为。《SCM 协定》只禁止出口补贴和国内产品优先使用补贴。参见《SCM 协定》第 3 条。

③ 例如,韩龙:《人民币汇率补贴论:基于 WTO 补贴构成条件的审视》,载《中外法学》2009 年第 3 期。

④ 如果得到否定的答案,那么剩下的其他问题("利益"与"专向性"的判定、实质损害及其威胁以及因果关系)就无须论证了。

⑤ 《SCM 协定》英文原文:
    Agreement on Subsidies and Countervailing Measures
       Part I: General Provisions
    Article 1: Definition of a Subsidy

关于补贴存在的法律要件,《SCM 协定》①规定如下:

第一部分　总则

第 1 条　补贴的定义

1.1　就本协定而言,如出现下列情况,应视为存在补贴:

(a)(1) 在一成员领土内,存在由政府或任何公共机构(本协定中称"政府")提供的财政资助,即如果:

(i) 涉及资金的直接转移(如赠款、贷款和投股)、潜在的资金的直接转移或涉及债务(如贷款担保)的政府做法;

(ii) 政府放弃或未征收在其他情况下应征收的税收(如税收抵免之类的财政鼓励)(注 1:依照 GATT 1994 第 16 条(第 16 条的注释)和本协定附件 1 至附件 3 的规定,对一出口产品免征其

1.1　For the purpose of this Agreement, a subsidy shall be deemed to exist if:

(a)(1) there is a financial contribution by a government or any public body within the territory of a Member(referred to in this Agreement as "government"), i. e. where:

(i) a government practice involves a direct transfer of funds(e. g. grants, loans, and equity infusion), potential direct transfers of funds or liabilities(e. g. loan guarantees);

(ii) government revenue that is otherwise due is foregone or not collected(e. g. fiscal incentives such as tax credits)(1);

1. In accordance with the provisions of Article XVI of GATT 1994(Note to Article XVI) and the provisions of Annexes I through III of this Agreement, the exemption of an exported product from duties or taxes borne by the like product when destined for domestic consumption, or the remission of such duties or taxes in amounts not in excess of those which have accrued, shall not be deemed to be a subsidy.

(iii) a government provides goods or services other than general infrastructure, or purchases goods;

(iv) a government makes payments to a funding mechanism, or entrusts or directs a private body to carry out one or more of the type of functions illustrated in(i) to(iii) above which would normally be vested in the government and the practice, in no real sense, differs from practices normally followed by governments;

or

(a)(2) there is any form of income or price support in the sense of Article XVI of GATT 1994;

and

(b) a benefit is thereby conferred.

① 这里引述的《SCM 协定》的中译文参考了对外贸易经济合作部译:《世界贸易组织乌拉圭回合多边贸易谈判法律文本》,法律出版社 2000 年版。该法律文本的翻译有很多错误,在使用时需与英文原文进行对照。本章在引用时已依据英文作了纠正。

同类产品供国内消费时所负担的关税或国内税,或在此类关税和国内税已被征收的情况下不超过已征收数量的退税,不得视为一种补贴。);

(iii) 政府提供除一般基础设施外的货物或服务,或购买货物;

(iv) 政府向一筹资机构付款,或委托或指示一私营机构履行以上(i)至(iii)列举的一种或多种通常应属于政府的职能,而且此种做法与政府通常采用的做法并无实质差别;或

(a)(2) 存在 GATT 1994 第 16 条意义上的任何形式的收入或价格支持;及

(b) 因此而授予一项利益。

二、补贴的构成要件

上述规定是研究整个《SCM 协定》的出发点。第 1 条由 1.1 和 1.2[①]构成,但后者与补贴的定义无关,故不予讨论。《SCM 协定》第 1 条 1.1 规定了补贴定义的三个要件:补贴的授予者或提供主体("政府"或任何"公共机构",即"a government or any public body");补贴的提供手段("财政资助",即"financial contribution")[②];提供手段所带来的结果("利益",即"benefit",实际上是由"财政资助"的提供方法决定的)。《SCM 协定》第 1 条规定的"(a)(1)在一成员领土内,存在由政府或任何公共机构(本协定中称'政府')提供的财政资助"表明,提供"财政资助"的主体是"政府"或"公共机构"。"财政资助"的"接受者"的"专向性"是《SCM 协定》第 2 条规定的要件,因为这与"财政资

---

① 《SCM 协定》第 1 条 1.2 的原文:"A subsidy as defined in paragraph 1 shall be subject to the provisions of Part II or shall be subject to the provisions of Part III or V only if such a subsidy is specific in accordance with the provisions of Article 2."该条款规定,补贴只有具备"专向性"要件才能成为直接救济与间接救济的对象。

② 《SCM 协定》第 1 条规定的补贴的提供手段有两种情况,即"财政资助"和"存在 GATT 1994 第 16 条意义上的任何形式的收入或价格支持"。

助"的认定无关,故不予讨论。

如上所述,需要引起注意的是,《SCM 协定》第 1 条 1.1(a)(1)规定的补贴提供主体的范围,不仅限于"政府",还包括任何"公共机构"。换言之,补贴提供主体不限于通常所说的"政府"①。作为补贴提供主体,《SCM 协定》第 1 条将任何"公共机构"与"政府"并列在一起,这是解释"公共机构"以及《SCM 协定》的目的或宗旨时需要谨慎考虑的问题。② 该规定为指控补贴的存在提供了指引,即除"政府"之外,还可以证明任何"公共机构"的存在。换言之,直接指控或征收反补贴税的一方的证明工作有了更大的回旋余地。当然,除这两者以外的其他实体就不能成为补贴提供主体了,这是法律明文规定的。在《SCM 协定》第 1 条 1.1(a)(1)(iv)规定的判断"财政资助"存在的特殊情况下,出现了"私营机构"③,但不能以此为根据得出"私营机构"也是补贴提供主体的结论。关于这些问题,第二、三章已作了详细的讨论,不再赘述。

关于补贴的提供手段,《SCM 协定》第 1 条规定了两项内容,即"财政资助"和"存在 GATT 1994 第 16 条意义上的任何形式的收入或价格支持"。如上所述,在不考虑后者的情况下,补贴可分解为三个因素:提供主体的"政府"或任何"公共机构";提供手段的"财政

---

① "政府"和"公共机构"的区别在于是否具有行政(执行法律)权限,后者不具有行政权限,是为执行前者意图而设立的机构,对后者的所有权是属于前者的。补贴的本质是公共资源向企业的无偿流动,将"公共机构"作为补贴提供主体处理是有道理的,国有企业当然属于"公共机构"。为"公共利益"服务是"政府"和"公共机构"的共同点。请参阅本书第二章和第三章。

② 通常来讲,补贴的提供主体是"政府",也没有人争议"政府"的含义,而"公共机构"的解释就比较复杂。在美国对华反补贴和反倾销调查案中,关于"公共机构"的解释,中国和美国展开了一场论战,专家组和上诉机构的结论也大相径庭。See WT/DS379/AB/R:United States-Definitive Anti-Dumping and Countervailing Duties on Certain Products from China (11 March 2011, Report of the Appellate Body), paras. 267—298. 请参阅本书第二章。

③ 关于"私营机构"的讨论,请参阅本书第二章。

资助"①；提供手段所带来的结果即"利益"。关于补贴的定义，可归纳如下：补贴是由"政府"或任何"公共机构"通过提供"财政资助"所授予的"利益"。"财政资助"是补贴提供主体所采取的措施，"利益"是"财政资助"所带来的结果。换言之，"财政资助"和"利益"单方面均不能决定补贴的存在。②

　　上述补贴的定义只是根据《SCM 协定》第 1 条的规定得出的结论。在该定义中，缺乏"利益"的"接受者"，这是一个独立的和必需的法律要件，因为没有"接受者"就不可能有补贴的存在。"接受者"的认定仍然需要符合法律条件，即《SCM 协定》第 2 条规定的"接受者"的"专向性"。"专向性"，是指"个别企业或产业"或"接受者"的"个别性"或"非一般性"。③ 将《SCM 协定》第 1 条和有关"接受者"的规定统合起来，将会得出补贴的完整定义：补贴是由"政府"或任何"公共机构"通过给"个别企业"提供"财政资助"授予其的"利益"。

---

①　关于英文"financial contribution"，将其译成"财政资助"并不准确。因为"财政"一词的涵盖范围（逻辑学上的外延）通常比"financial contribution"（笔者建议译成"资金方面的支持"）要狭窄。该词具有特定的含义，指通常的财政收入和支出。表述"财政"的恰当的英文词汇应该是"fiscal"。《SCM 协定》规定的"(ii) government revenue that is otherwise due is foregone or not collected(e. g. fiscal incentives such as tax credits)"表明，"fiscal"是指通常的"财政"。"资金方面的支持"更能准确表述英语"financial contribution"的原意。这样判断的理由是，"financial contribution"构成要素之一的"资金的直接转移"（如贷款、投股、货物和服务的提供等）就不是"财政"所能覆盖的情况。为避免混淆，本章只好使用"财政资助"这一词汇。

②　脱离"财政资助"的"利益"是无从存在的，相反，不授予"利益"的"财政资助"是可能的。

③　《SCM 协定》可以将"专向性"要件糅合到补贴的定义中处理。但是，"接受者"是否具有"专向性"是个很复杂的法律问题，《SCM 协定》另行规定是有道理的。"专向性"的作用在于缩小（与《SCM 协定》第 1 条规定的补贴的定义相比）受救济的补贴的范围，同时也在于增加采取救济措施的 WTO 成员的举证负担，从而限制或缩小针对补贴不利影响所采取的救济活动的范围。因此，带有"专向性"的"补贴"的范围一定比"一般补贴"的范围要小。"直接救济"是指通过 WTO 争端解决程序取消 WTO 成员政府的补贴提供措施。"直接"体现在救济针对措施本身。"间接救济"是指对进口产品征收的反补贴税。"间接"的含义是反补贴税的征收不直接针对出口国内的补贴措施本身，而是提高关税以保护进口国的产业。不应忽略的是针对反补贴税措施本身的直接救济，因为反补贴税是为国内个别产业利益服务的，其滥用的可能性是存在的。通过国内司法审查程序和 WTO 的争端解决机制，如果得出反补贴税是违法的结论，被指控方应撤销反补贴措施并退还已征收的反补贴税。在此情况下，补贴的定义仍将发挥重要作用。

关于"财政资助"与"利益"的关系以及判断"利益"的存在,需要通过将"财政资助"与市场比较完成。因为本章只考察"财政资助",所以就不讨论"利益"的解释了。

上述《SCM 协定》第 1 条规定的补贴的定义是判断中国是否在通过人民币汇率提供补贴的国际法依据,接下来展开更加详细的讨论。

第三节 "财政资助"的解释

一、"财政资助"的穷尽式列举

依据《SCM 协定》第 1 条的规定,在讨论人民币汇率是否构成补贴时,按照补贴构成要件的顺序,应分别讨论人民币汇率与"政府""公共机构"的关系。但是,人民币汇率与"公共机构"无关。"公共机构"或许办理人民币汇率业务,但不是汇率决定者。本章只讨论人民币汇率是不是政府决定的问题,关于"政府"的解释不存在争议。为便于理解,先讨论"财政资助"。

那么,人民币汇率是否构成"财政资助"呢?关于《SCM 协定》第 1 条规定的"财政资助"的原文及关于补贴的定义的归纳,请参阅上文。依据《SCM 协定》第 1 条的规定,"政府"或任何"公共机构"[①]提供的"财政资助"是补贴的来源。如果能够证明人民币汇率与政府无关或不构成"财政资助"(从源头上否定"利益"的存在),关于人民币汇率是否构成"补贴"的其他问题就没有必要讨论了。

那么,如何解释"财政资助"?怎样判断或认定其存在?《SCM 协

---

① 《SCM 协定》在规定"财政资助"的来源或提供主体时,不仅规定了"政府"(这是狭义的政府,即行使行政管理职能的行政机构),同时规定了任何"公共机构"也被包括在"财政资助"提供者之列。"政府"和"公共机构"是不同的事物,但有着深刻的联系。《SCM 协定》的处理方法,相比狭义政府的范围,扩展了"财政资助"的来源。在美国对华反补贴调查中,"国有企业"能否构成"公共机构"是一个很大的问题。补贴在本质上是国有资源向企业的无偿转移,当然是违反市场机制的转移。因此,授予主体中包括任何"公共机构"是符合补贴本质的规定。"公共机构"没有一个不是国有的或国家设立的,它与私人成立并运作的"公益机构"是有严格区别的。

定》第 1 条 1.1(a)(1)没有对"财政资助"作出定义。该协定采取了列举的做法,即列举了"财政资助"的四项具体内容。因此,在讨论一项政府措施是否构成"财政资助"时,应按照《SCM 协定》第 1 条列举的具体内容衡量一项政府措施是否构成其中之一。换言之,在证明"财政资助"是否存在时,四项内容是首要的依据,跨越四项内容去解释"财政资助"并认定"财政资助"存在的做法是违反法律规定的。

在讨论什么样的措施属于"财政资助"时,应该遵守其被列举范围的"限定性"或"穷尽式"。决定"财政资助""限定性"列举范围的最关键的文字是英文"i.e."①。"财政资助"的具体内容被限定于《SCM 协定》第 1 条 1.1(a)(1)所列举的四项具体内容之内,不属于这一范围的政府措施不应该被视为"财政资助"。扩大或缩小"财政资助"的解释范围,将导致对受直接救济和间接救济的补贴范围的扩张或缩小的结果,这将违背《SCM 协定》规定的补贴定义的原意。②

"财政资助"包括四个方面的内容:第一,涉及资金的直接转移的政府做法(a government practice involves a direct transfer of funds)(如赠款、贷款和投股)、涉及潜在的资金的直接转移的政府做法(a government practice involves potential direct transfers of funds)、涉及债务的政府做法(a government practice involves liabilities)(如贷款担保);第二,政府放弃或未征收在其他情况下应征收的政府税收(government revenue that is otherwise due is foregone or not collected)(如税收抵免之类的财政鼓励);第三,政府提供除一般基础设施之外的货物或服务,或购买货物(a government provides goods or services other than general

---

① "i.e."的汉译为"即"字,等于表示限定性的"就是",与表述非限定性的"等"形成对照。

② 关于补贴范围,历来存在分歧。例如,美国就主张尽量扩大补贴的涵盖范围;而欧洲各国和广大发展中国家则主张尽量将其缩小,更加严格限制和规范反补贴措施。这一争论直接被反映到补贴的定义上,如果深入追究争论的本质,必然会触及如何处理国家与市场的关系这一更深层次的哲学问题。因此,《SCM 协定》规定的补贴的定义是对立双方相互妥协的产物,也证明各国关于补贴的定义达成一致意见的程度。因此,在解释补贴定义时,如果现有规定得不到正确解释,国际法规定的补贴的涵盖范围将会受到破坏。

infrastructure, or purchases goods）；第四，政府向一筹款机构付款（a government makes payments to a funding mechanism）。① "财政资助"穷尽式列举的法律意义是，不允许超越四个项目的范围而去寻找其他"财政资助"。

二、"财政资助"的判断依据

那么，作为判断"财政资助"是否存在的具体依据，上述各项内容分别指的是什么呢？因为《SCM 协定》第 1 条未具体规定，所以对这些具体列举的内容的解释至关重要。《SCM 协定》第 1 条虽然未对"财政资助"及其四项内容作出一般的定义，但是对(i)和(ii)进行了列举。例如，"涉及资金的直接转移的政府做法"就包括"赠款"（grants）、"贷款"（loans）以及"投股"（equity infusion）等内容。② 需要注意的是，这些具体内容的列举是非限定性的，因为英语原文是用"e.g."来表述的。"e.g."表明，除法律规定中列举的内容以外，"涉及资金的直接转移的政府做法"还可以包括其他措施。换言之，被指控的政府措施构成"涉及资金的直接转移的政府做法"等各项具体内容本身就可以，是否被列举则不具有决定意义。

《SCM 协定》第 1 条未对除(i)和(ii)以外的其他两项内容进行了列举。但是，(iii)规定的"政府提供除一般基础设施之外的货物或服

---

① 《SCM 协定》第 1 条 1.1(a)(1)(iv)有关"财政资助"第四项的规定比较复杂，需谨慎分析和解释。该条款除规定了"政府向一筹款机构付款"以外，还规定了一种特殊情况，即"政府委托或指示一私营机构履行以上(i)至(iii)列举的一种或多种通常应属于政府的职能，并且这种做法与政府通常采用的做法并无实质差别"。这些虽然也属于"财政资助"的内容，但不是上述(i)至(iii)以外的内容，而是政府"委托"和"指示"私营机构所为。因为除"政府向一筹资机构付款"以外，"委托或指示一私营机构履行以上(i)至(iii)列举的一种或多种通常应属于政府的职能"，从内容上看是指与上述"财政资助"的类型相同的内容，其关注的焦点在于政府通过"委托"或"指示"私营机构履行"通常应属于政府的职能"。该规定旨在防止政府利用私营机构逃避上述(i)至(iii)的规定，并达到为企业提供补贴的目的。关于"政府向一筹资机构付款"的含义，或其与"财政资助"(i)所包含的"投股"之间的区别等，在此不予讨论。人民币汇率的决定不是政府委托和指示私营机构所为，"公共机构"也无权制定汇率，这纯属政府的行为。

② 如上所述，此外还有"涉及债务的转移"包括"贷款担保"；"政府放弃或未征收在其他情况下应征收的政府税收"包括"税收抵免"。

务,或购买货物"是不难理解的。这里的"一般基础设施"是个重要概念,是将一项政府措施排除还是纳入"财政资助"的衡量标准。第1条(ⅳ)规定的"政府向一筹款机构付款"也不难理解。但是,该项"财政资助"不是直接转移至"接受者"手中的资金。因为"筹款机构"不可能进行生产并接受反补贴调查。在此情况下,如何解释"接受者"与"筹款机构"以及"财政资助"之间的联系是个尚未解释清楚的问题。

总之,对"涉及资金的直接转移的政府做法"等四项内容的解释是非常重要的。关于"涉及资金的直接转移的政府做法"的解释,虽然《SCM协定》第1条未作出具体规定,也许已经明确到不需要具体规定的程度了,但是根据其通常的含义,可以解释为"由于政府(或任何'公共机构')措施导致资金直接转移至接受者手中"。据此可知,该项"财政资助"包含两层含义:一是造成资金转移的是"政府做法"或"政府措施",二是结果上产生了"资金的转移"。"资金的转移"主要是指政府所有的资金转移至"接受者"手中,但不限于此。该规定没有排除除政府资金以外的资金因政府措施直接转移至接受者手中的情形,因为该规定用的是"涉及"这一用语。

如下所述,关于除"涉及资金的直接转移的政府做法"以外的三项内容,因为在讨论人民币汇率是否构成"财政资助"时不具有适用性,故不在此展开解释。

第四节 "财政资助"的适用

一、人民币汇率与"涉及资金的直接转移的政府做法"

以上是关于"财政资助"的解释,接下来适用[①]上述解释并回答人民币汇率是否构成"财政资助"的问题。《SCM协定》第1条穷尽式列

---

① "适用"是指依据法律规定对具体行为(政府措施)所作的判断,包括对规则的选择。

举的四项"财政资助"中,哪一项①能够成为判断人民币汇率构成"财政资助"的具体依据呢?人民币汇率与"政府放弃或未征收在其他情况下应征收的税收"无关,也与"政府提供除一般基础设施外的货物或服务,或购买货物"无关,更与"政府向一筹款机构付款"无关。据此可知,在第1条1.1(a)(1)规定的四项"财政资助"中,(ii)、(iii)以及(iv)是与人民币汇率无关的。

那么,由于人民币汇率引起的资金的转移情况是否属于《SCM协定》第1条1.1(a)(1)规定的"涉及资金的直接转移的政府做法"②呢?如上所述,"涉及资金的直接转移的政府做法"包含两层含义,一是导致资金转移的"政府做法"或"政府措施"的存在,二是由于"政府措施"客观上产生了"资金的直接转移"的结果,"政府做法(措施)"和"资金的直接转移"是因果关系,两者在单独情况下不具有证据效力。因此,人民币汇率要构成"财政资助",需要满足以下两个条件:第一,人民币汇率属于"政府做法"或"政府措施";第二,由于人民币汇率导致了"资金的直接转移"。

第一个条件可再分为两个方面论证:人民币外汇市场和人民币汇率的决定机制。第二个条件是指"资金转移"的具体情形。对法律规定作出解释后,有关人民币汇率的客观事实决定法律适用的正确与否。以下讨论第一个条件规定的法律要件是否得到满足的问题。

二、人民币外汇市场与"政府做法"

人民币外汇市场是指人民币与外汇(外国货币)的供求关系或交换机制。讨论人民币汇率是否属于"政府做法"时,需要考察人民币外汇市场的运作机制:外汇市场的准入(货币的买卖)自由、汇率的决定

---

① 或全部,或几项,或一项也没有,在理论上都是可能的。
② 人民币汇率不属于"涉及潜在的资金的直接转移的政府做法"和"涉及债务的政府做法"。人民币是从政府直接转移至出口企业(持有外汇并用其来换回人民币)手中的,在此情况下,资金的转移不存在潜在的问题,人民币汇率也与"债务"无关。

机制。在此,以人民币与美元的供求关系为例,先说明前者。①

外汇市场的自由,是指供求方有无参与交易的自由,换言之,试图交换外汇的自然人和企业是否受到政府的限制以及限制程度的大小。现实经济存在三种外汇交易:经常项目外汇交易、资本项目外汇交易以及银行间外汇交易。

第一,经常项目外汇交易。② 有关人民币外汇市场和汇率的直接法律依据是《中华人民共和国外汇管理条例》③(以下简称《外汇管理条例》)。在分析人民币汇率与补贴的关系时,该条例提供了最有力的证据。

《外汇管理条例》第 5 条规定:"国家对经常性国际支付和转移不予限制。"④这里的"国际支付"是指进口企业对外支付。⑤ 据该规定可

---

① 关于外汇市场和汇率决定机制的经济学常识,参见 Richard E. Caves,Jeffrey A. Frankel,and Ronald W. Jones,World Trade and Payments:an Introduction, Ninth Edition, by Paul R. Krgman and Maurice Outfield, International Economics:Theory and Policy, Third Edition;〔日〕伊藤元重:《国际经济入门》,日本经济新闻社 1997 年版。

② 这是指由于国际贸易(货物和服务的进出口)的支付所引起的外汇交易:中国出口企业出售美元(美国进口企业支付)并购买人民币;中国进口(美国对华出口)企业出售人民币并购买美元以支付贸易价款。此外,个人携带本国货币和外汇出入境等也包括在经常性项目中,但其数额甚小,在考虑汇率问题时可省略。

③ 1996 年 1 月 29 日,中华人民共和国国务院令第 193 号发布。1997 年 1 月 14 日,《国务院关于修改〈中华人民共和国外汇管理条例〉的决定》发布。2008 年 8 月 1 日,国务院第 20 次常务会议修订通过《中华人民共和国外汇管理条例》。在经济领域,除人民币汇率的决定以外,银行利息率的决定也是关系到中国经济制度或体制的重大事项。与外汇管理制度相似,银行业的管理与金融资源的配置依然牢牢掌握于国家权力之手。决定金融资源配置的根本就是利率,利率的决定机制是中国金融资源配置的核心。例如,《中华人民共和国商业银行法》第 31 条规定:"商业银行应当按照中国人民银行规定的存款利率的上下限,确定存款利率,并予以公告。"第 38 条规定:"商业银行应当按照中国人民银行规定的贷款利率的上下限,确定贷款利率。"据此可知,中国的商业银行在利率上是不具有决定权的,只能在中国人民银行决定的利率上下限范围内作一些微调。如果市场力量决定利率,应该是存款和存款利率以及贷款和贷款利率都是在金融资源的供求中决定,而且每个银行实行各自的利率。反观中国国有商业银行的存贷款利率,各银行之间是完全一致的,因为都是国有商业银行,实际上是同一个所有者即中央政府属下的企业实体。在中国,金融资源的配置被垄断于国有商业银行之手,允许外资银行准入中国银行金融业只是个表面现象,对于判断金融业垄断的本质来讲微不足道。这些规定是保证银行金融业社会主义性质的关键所在。

④ 该规定的国际法依据是《国际货币基金组织协定》(简称《IMF 协定》)第 8 条第 2 款。中国于 1996 年签署了该协定。

⑤ 根据《外汇管理条例》第 14 条的规定,"支出"是指货款的支付。

知,国家对因国际贸易支付而引起的人民币与外汇的交换,即用人民币购买外汇是不加限制的。按照《外汇管理条例》第 12 条的规定,只要有真实、合法的交易基础,用人民币购买外汇是自由的。① 那么,该规定中的"转移"指的是什么呢? 在《外汇管理条例》第二章中未出现该用语,暂时不予讨论。

经常项目外汇交易除人民币的出售以外(购买外汇)还包括人民币的购买,即出售外汇以购入人民币。那么,出口企业用外汇购买人民币时是否受到限制? 《外汇管理条例》第 13 条规定:"经常项目外汇收入,可以按照国家有关规定保留或者卖给经营结汇、售汇业务的金融机构。"据此可知,出口企业②用外汇购买人民币是不受限制的。③ 总之,依据《外汇管理条例》的相关规定可知,人民币的经常项目外汇交易是不受限制的。但是,外汇交易的自由与汇率是不同的,这里的交换自由是固定汇率制下的自由。

但是,除经常项目外汇交易以外,人民币与外汇市场的供求还包括资本项目外汇交易和银行间外汇交易。所以,在考察人民币外汇市场的自由程度时,只依据经常项目外汇交易不足以得出"人民币与外汇交换自由"的结论。

第二,资本项目外汇交易。④《外汇管理条例》第三章第 16 条至第 23 条对投资项目外汇交易作了规定。与经常项目外汇交易相比较,资本项目外汇交易受到严格的限制。例如,《外汇管理条例》第 16 条第 1 款规定:"境外机构、境外个人在境内直接投资,经有关主管部

---

① 《外汇管理条例》第 12 条规定:"经常项目外汇收支应当具有真实、合法的交易基础。经营结汇、售汇业务的金融机构应当按照国务院外汇管理部门的规定,对交易单证的真实性及其与外汇收支的一致性进行合理审查。"

② 外国进口中国产品的企业直接向中国的商业银行购买人民币,道理是一样的。

③ 在固定汇率制下,因为外汇收入的增加(对本国货币需求的增加)不与汇率挂钩,没有必要担心给汇率带来上涨压力。在严重入超、国际收支失去平衡的情况下,国家也许对已经赚取外汇的出口企业购买本国货币的行为予以限制,或从源头上减少出口以达到限制购买本国货币的目的。

④ 这是指美国对华投资商(包括直接投资和间接投资)对人民币的需求(出售美元)和对美国投资者出售人民币(购买美元)交易的总和。

门批准后,应当到外汇管理机关办理登记。"据此可知,对华直接投资者应先得到批准,然后方能出售外汇并购买人民币。在经常项目外汇交易项下,能否购买人民币无须国家批准,即国家对交易主体或活动本身不加限制。与此形成对比,投资项目外汇交易的参与主体受到限制。因为直接投资不是对所有领域开放的,未得到中国政府的批准,国外投资者是无法进行投资的。

对于对华间接投资①,第 16 条第 2 款规定:"境外机构、境外个人在境内从事有价证券或者衍生产品②发行、交易,应当遵守国家关于市场准入的规定,并按照国务院外汇管理部门的规定办理登记。"可见,对间接投资的管理和限制比直接投资要宽松得多。国家对间接投资不采取审批制度,而是把准入领域规定好,只要符合市场准入③的规定即可。根据该规定,因为国家不允许市场准入的间接投资是可能的,所以对投资的限制仍然是存在的。以上是对资本输入的管理,接下来讨论对资本输出的管理。

《外汇管理条例》第 17 条是关于对外直接投资和间接投资管理的核心规定。该条规定:"境内机构、境内个人向境外直接投资或者从事境外有价证券、衍生产品发行、交易,应当按照国务院外汇管理部门的规定办理登记。国家规定需要事先经有关主管部门批准或者备案的,应当在外汇登记前办理或者备案手续。"不像外国对华投资,对外投资的管理没有直接和间接之分,而且事先需要审批的只是部分投资。

---

① 与直接投资形成对照,间接投资是指投资者不参与企业经营管理,只追求利益的资本运作。
② 理解"衍生金融产品"的条件是"金融"。"金融的核心是跨时间、跨空间的价值交换,所有涉及价值或者收入在不同时间、空间之间进行配置的交易都是金融交易。"陈志武:《金融的逻辑》,国际文化出版社 2009 年版,第 2 页。用自己所有的现金支付时无须金融,金融是支付超过现金能力的支付(借来别人的现金)。例如,A 向 B 借款支付 C,时间不变,但现金跨越 A 和 B;空间不变,但现金跨越 A 的借款和还款时间。理解"货币"概念是理解"金融"的前提。货币是指"作为支付立即被接受的价值"。股票、债券等有价证券虽然也有价值,但不会被立即接受。顾名思义,"衍生金融产品"是从"金融"中衍生出来的新的"金融",是为避免金融风险的金融,例如期货交易。
③ 政府对符合准入的投资的批准是自动许可的,即政府原则上不能拒绝投资。

《外汇管理条例》第 20 条第 1 款规定:"银行业金融机构在经批准的经营范围内可以直接向境外提供商业贷款。其他境内机构向境外提供商业贷款,应当向外汇管理机关提出申请,外汇管理机关根据申请人的资产负债等情况作出批准或者不批准的决定;国家规定其经营范围需经有关主管部门批准的,应当在向外汇管理机关提出申请前办理批准手续。"可见,虽然属于间接投资,但是对外提供商业贷款须服从更加严格的管理。①

这些关于投资项目外汇收支的限制性规定表明②,由于投资所引起的对人民币的供求本身受到限制,即不是完全自由的,这是通过对投资本身的管理和限制实现的。

第三,银行间外汇市场交易。③《外汇管理条例》第 28 条规定:"经营结汇、售汇业务的金融机构和符合国务院外汇管理部门规定条件的其他机构,可以按照国务院外汇管理部门的规定在银行间进行外汇交易。"可见,银行间外汇交易须按照"国务院外汇管理部门的规定"进行,至于具体规定到底如何,还需另行讨论。这里规定的"银行间外汇交易"是否包括中国银行和外国银行间的交易?外国银行具有多大的买卖人民币的自由?本章暂时不讨论这一问题。④

中国的银行间外汇交易实质上是指国有四大商业银行之间的交易,即使交易存在,那也不算是真正的商业性交易。因为这些银行属于国有企业,⑤银行之间利益的独立性是相对的。无独立的主体人格,便无真正的商业交易。

综上所述,除经常项目外汇交易之外,投资项目外汇交易与银行

---

① 此外,对外提供担保的潜在的对外资本输出也在受到管理和限制,参见《外汇管理条例》第 19 条。对资本项目外汇收入和支出的管理,分别参见《外汇管理条例》第 21 条和 22 条。
② 投资项目外汇交易的汇率当然也要按照国家规定的汇率执行。
③ 这是指银行与银行之间人民币与外汇的日常交易。
④ 即使允许外国银行参与外汇市场(笔者没有证实其存在的程度),其交易汇率也必须按照国家制定的固定汇率执行,而不是相反。本章不否定有微小浮动的情况。
⑤ 国有商业银行的所有者和设立者都是国家,外国资本对银行业的投资是很少的,几乎可忽略不计。

间外汇交易①的参与本身受到限制。这表明,参与人民币外汇市场的交易不是自由的,人民币外汇市场不是完全按照供求关系运作的。这些是证实人民币外汇市场与政府做法密切相关的重要证据。接下来,讨论人民币汇率的决定机制。

三、人民币汇率②的决定机制:"国家"还是"市场"

《外汇管理条例》第 2 条规定:"国务院外汇管理部门及其分支机构(以下统称外汇管理机关)依法履行外汇管理职责,负责本条例的实施。"该法律规定只表明"外汇管理者"是谁,不足以证明人民币汇率是由政府决定的事实。虽然外汇经营业务(结汇和售汇)由国有商业银行负责,但是外汇是国家掌握的重要资金或资源。在有关外汇的各项管理措施中,人民币汇率③是最关键的,它是否由政府或市场供求来决定,还需要进一步论证。

《外汇管理条例》第 27 条规定:"人民币汇率实行以市场供求为基础的、有管理的浮动汇率制度。"这是中国外汇管理制度的核心内容。从该规定不能直接看出人民币汇率的决定主体是谁,"市场供求"和"浮动汇率"都不是对主体的表述,但是"管理"这个动词间接体现了管理者的存在。那么,谁是具体的管理者?当然是上述"国务院外汇

---

① 这很难被当作实质性的外汇交易对待。
② 世界上存在两种汇率,即浮动汇率(由货币的供求关系决定,即国家权力不介入决定过程,这需与国家对外汇市场的干预相区别)和固定汇率(由发行这一货币的国家决定,即国家权力决定的汇率)。在固定汇率制下,由国家掌握和决定是否允许汇率的浮动及其幅度。固定汇率包括完全固定(完全不浮动)的汇率和有管理的固定汇率。前者例如第二次世界大战后,在布雷顿森林体制下,一直到 20 世纪 70 年代初存在的黄金兑换美元的固定汇率制;后者是中国现在所采用的有管理的浮动汇率制。在判断汇率的本质时,不能因有浮动现象就认为是浮动汇率。因为固定汇率制下的汇率浮动幅度是受到人为控制的,是国家管理和控制下的浮动,这一浮动的表面现象不妨碍问题的本质。虽然固定汇率制也部分反映市场供求,但它排除了市场供求力量针对人民币汇率所能发挥的决定作用,这是本质性的。在一项外汇制度中,国家部分允许市场对汇率的影响和干脆排除市场对汇率的决定作用是两码事,不可混淆,更不能以前者为依据否定后者。因此,将固定汇率分为完全固定的汇率和有管理的固定汇率不影响对汇率本质的认识。将固定汇率等同于完全不浮动的固定汇率是错误的。
③ 如上所述,这是指人民币与外汇的兑换比率,也就是人民币的价格。

管理部门",也就是政府。更抽象地讲就是国家动用权力进行管理,而不是市场机制决定人民币汇率。

因此,当看到有关人民币汇率决定机制的法律规定①时,不要为"以市场供求为基础""浮动汇率制度"等表面现象所迷惑,重要的是透过这些现象洞察人民币汇率的本质。外汇管理部门在决定人民币汇率时虽然会考虑市场供求并允许微量浮动,但这不足以证实汇率就是由市场决定的。国家权力决定的固定汇率制②是问题的本质所在。

《外汇管理条例》第27条关于汇率的规定通过该条例第二章、第三章、第四章以及第五章第28条的规定得到落实,即经常项目外汇交易、投资项目外汇交易以及银行间外汇交易均须按照国家决定的汇率执行。这表明,中国政府不允许由这三个外汇交易项目所引起的市场供求对人民币汇率产生影响,即人民币汇率与市场供求之间处于割裂状态。这是判断人民币汇率是固定汇率还是浮动汇率的决定性因素。

在《外汇管理条例》第27条中,"以市场供求为基础"的市场,是指汇率被固定后的市场。③ 因为汇率对货币供求的影响是决定性的,所以人民币的供求是受固定汇率支配的。同时,"浮动"是汇率被固定的情况下政府允许范围内的浮动,不能超越管理范围。④ 因此,在固定汇率制下,即使允许兑换自由⑤,也不足以证明真正的市场机制的存

---

① 这里特指《外汇管理条例》第27条。
② 虽然不是根本不允许浮动的固定汇率。
③ 因为外币与人民币的交换本身并未受到排除,所以人民币外汇市场还是存在的。
④ 人民币汇率的浮动特点是几乎不下降而体现上涨趋势,这非常近似于物理现象。例如,用力将物体(木块)压入水中后,减少或不施加压力时,物体会因水的浮力作用反弹至水面。给水中的物体施加压力的大小可决定物体在水中的位置。至于人民币汇率的决定机制,如果交给市场供求本应该上涨的人民币汇率却被人为地控制在一个水平上。随着政府人为管制的逐渐放缓,人民币汇率在逐年上升。在整个汇率改革的过程中,几乎看不到人民币汇率的下降,即人民币汇率是不存在波动的。这是事实。
⑤ 这是指交易的完全开放。例如,投资项目外汇管理的取消和银行间交易的真正开放。

在。与固定汇率形成对照的是浮动汇率制。①

因为人民币外汇市场是受到限制的,以及人民币汇率是由政府决定的,故得出结论如下:人民币汇率属于"政府做法"。以下论述人民币汇率是否涉及"资金直接转移"的问题。

四、由于人民币汇率转移至出口企业的资金

如上所述,在国际贸易和投资领域②里,人民币与外汇的兑换关系有两种情况:一是对外支付的进口企业或海外投资企业出售人民币并购买外汇,二是持有外汇的出口企业或欲对华投资的国外企业出售外汇并购买人民币。前者用于投资和货款的支付,后者用于须用人民币支付的各项支出。

在外汇统一管制和固定汇率制下,人民币的供求只有在国家外汇管理机关指定的金融部门③才能完成兑换。④ 在出售人民币并购买外汇的情况下,虽然外汇(资金)转移至企业,但不存在受反补贴调查的问题,因为是进口和引进投资。相反,在出售外汇并购买人民币的情况下,出口企业与银行之间进行的是外汇与人民币的交易,由于政府措施(汇率),人民币(通过国有商业银行)转移至出口企业(手持外汇)。人民币汇率决定资金从政府直接转移至出口企业手中的金额。这是典型的由于"政府做法"产生的"资金的转移",即构成"财政资助"的一种具体形式。这种"资金的直接转移"是否构成补贴的定义中规定的"利益",取决于人民币固定汇率与应有的市场浮动汇率之间

---

① 如上所述,与有管理的浮动汇率相比较,还存在完全的固定汇率,即根本不允许浮动的固定汇率。与一种汇率是否属于完全的固定汇率无关,有管理的浮动汇率最终是由国家权力决定的。当然,两者不是没有差别的。前者虽然由国家决定,但考虑市场供求并允许微量浮动。与此相反,后者是完全固定的。国际法统一规定的固定汇率也是一种情形,不能与国家单独决定的固定汇率相混淆。
② 在此省略银行间外汇交易。
③ 主要是国有商业银行的结汇、售汇业务。
④ 《外汇管理条例》规定的结汇和售汇业务被垄断在国有商业银行手中。在中国,私有银行金融业微乎其微,外资准入银行金融业受到严格限制。这些从反面证实,中国银行金融业是由国有商业银行垄断的。

的比较,在此不予讨论。

第五节 结 论

根据《SCM 协定》判断人民币汇率是否构成"补贴"时,须分析四个法律要件:第一,人民币汇率是不是政府决定的;第二,由于人民币汇率转移至出口企业的资金是否构成"财政资助";第三,如果由于人民币汇率转移至出口企业的资金构成"财政资助",那么是否给"接受者"("出口企业")提供了"利益";第四,如果"出口企业"因人民币汇率得到了"利益",那么它是否满足"专向性"要求。本章分析了第一个和第二个问题后得出结论如下:人民币汇率是政府决定的产物(固定汇率),人民币汇率构成"财政资助"。得出该结论的分析过程如下:

第一,关于补贴的定义,依据《SCM 协定》第 1 条归纳出如下解释:补贴是由"政府"或任何"公共机构"通过给"个别企业"提供"财政资助"并对其所授予的"利益"。

第二,"财政资助"的解释。《SCM 协定》第 1 条未规定"财政资助"的一般定义。《SCM 协定》第 1 条的穷尽式列举不允许对"财政资助"概念直接进行解释并适用该规定认定其存在,该规定要求依据被列举的项目判断个别政府措施是否构成"财政资助"。四项被列举的内容:第 1 项,涉及资金的直接转移的政府做法、涉及潜在的资金的直接转移的政府做法、涉及债务的政府做法;第 2 项,政府放弃或未征收在其他情况下应征收的政府税收;第 3 项,政府提供除一般基础设施之外的货物或服务,或购买货物;第 4 项,政府向一筹款机构付款。

第三,"财政资助"的适用,上述四项中,唯有第 1 项中的"涉及资金的直接转移的政府做法"与人民币汇率密切相关。该项"财政资助"由"政府做法"和"资金的直接转移"构成。

第四,有关人民币汇率的证据。依据《外汇管理条例》的相关规定,人民币外汇市场的准入限制和人民币固定汇率制满足"政府做法"

的要求。①

第五，出口企业按照固定汇率向国有商业银行出售外汇并购买人民币时，人民币资金转移到出口企业之手，这是典型的"资金的直接转移"情形。

第六，综上所述，得出如下结论：因为人民币汇率满足《SCM协定》第1条列举的第1项（涉及资金的直接转移的政府做法）的所有要件，所以构成"财政资助"。②

随着中国改革③开放④的深化，在贸易争端中分析中国经济制度与国际法的关系非常重要。⑤尤其是在美国对华反补贴调查中，作为认定补贴的证据，土地公有制、国有企业以及固定汇率制等被大量援引。⑥中国经济制度的诸多因素构成征收反补贴税的法律要件，这很容易引起政府官员的感情化反应。对此，学界没有必要跟着政府官员人云亦云，而是应该坚持自己独立的立场，客观分析问题并提出可信赖的咨询。

---

① 在考察有关人民币汇率决定机制的证据时，不能被《外汇管理条例》所规定的"以市场供求为基础""浮动汇率制度"等字眼迷惑，而应撇开事物的表面去洞察其本质，即"有管理的浮动汇率制"中的"管理"二字。"管理"表明，汇率不是由市场决定的，而是由国家行政部门决定的。
② 因本章只讨论了人民币汇率是否构成补贴的两个要件，故不能提供对问题的完整答案。笔者另有文章讨论其他两个要件，即"利益"和"专向性"。
③ 这里的"改革"是指经济体制的改革，主要是土地公有制和企业所有权制度以及经济管理方法的改革，不包括社会管理和文化体制的改革。
④ 这里的"开放"是指将整个国家和社会开放给外国人或企业、外国商品、外国资本、外国技术，允许这些因素自由出入国境。中国签署《WTO协定》并加入WTO是"开放"史上的里程碑，从此"开放"得到了国际法的保障。"开放"意味着国家权力对社会经济的统治与管控的缓和甚至取消，是"全球化"或者"国际相互依存或依赖"的具体步骤或实施。
⑤ 关于制度的选择，一个国家要走资本主义道路还是坚持社会主义道路以及选择中国特色社会主义（实行以国有土地制度、国有企业制度以及固定汇率制度为核心的经济制度）道路，那是完全自由的，对此现行国际法不可能达成任何协议。因此，不存在中国的现行制度是否违反国际法的问题，贸易争端中争论的是中国的一些法律法规是否成为法律（外国法和国际法）判断的证据。
⑥ 美国对华反补贴调查终裁已有40件之多，在认定补贴的存在时，每一个案件均援引了中国经济制度的相关内容。例如，土地使用权的转让，国有企业的石油、钢铁、木材、自来水、电等重要资源的供应，贷款制度和银行利率、汇率、投资政策和税收制度等等。

第五章 关于人民币汇率与补贴问题与国内学者的商榷[①]

为阻止中国产品涌入美国市场,美国的利益团体以及某些国会议员主张"人民币汇率补贴构成论",要求商务部针对中国出口产品征收反补贴税。对此,国内学者予以争辩或反驳,旨在论证人民币汇率不构成补贴。其中,人民币汇率是否构成"财政资助",是这场争论中首要讨论的问题。本章根据有关人民币汇率的事实和《SCM 协定》第 1 条的规定,对国内学者的观点进行了分析,结论如下:目前国内学者的分析过程难以经得起推敲,其结论更无信赖性可言。本章提醒负责外国对华反补贴调查的政府相关部门慎重考虑有些国内学者所谓的"对策",应坚持客观、独立的作风和立场,提高和加强客观分析的能力,严肃认真地对待国际法问题。

第一节 问 题

在中国,人民币汇率是政府决定(固定汇率)的,汇率事实上就是政府措施,被压低的人民币汇率导致资金向出口企业转移并在促进出口。这些都是客观事实,没有争辩的余地。美国的有些企业遇到中国产品大量涌入时,为保护自身的利益,会寻找种种理由,要求商务部对中国产品采取进口限制措施。其中之一就是针对中国产品征收反补

[①] 本章完整的题目应表述为"由于人民币汇率所导致的向出口企业的资金转移是否构成财政资助",为通俗易懂以及突出表现人民币汇率与补贴的关系,在此选择了简化的题目。

贴税。如前文所述，征收反补贴税的主要要件是证明补贴的存在，换言之，证明出口国企业得到了其本国的政府补贴。要证明补贴的存在，须根据法律规定的补贴的定义。根据补贴的法律定义，证明补贴的存在需要证明财政资助的存在。

人民币汇率是否构成"财政资助"是很重要的法律问题，也是讨论人民币汇率是否构成"补贴"时需要解决的首要问题。针对美国国内企业和部分国会议员提出的"人民币汇率补贴构成论"，根据有关人民币汇率的事实（决定机制）和法律规定进行争论，拿出一个经得起推敲或令人信服的答案，是摆在学界面前的任务。判断这一问题的国际法依据就是《SCM 协定》有关补贴定义的第 1 条。本章的目的是以《SCM 协定》第 1 条的解释为依据，讨论和分析国内学者对这一问题所作的研究，最后得出结论。

目前，在国内严格按照《SCM 协定》的规定讨论人民币汇率是否构成补贴问题的论文并不多见。在直接讨论这一问题的文章中，相对来讲，韩龙教授的文章较为详细。但是，该文章存在的问题也最为严重，有必要对其予以分析和纠正。① 在国内可检索到的论文几乎都在反对人民币汇率补贴论，并在主张人民币汇率不构成补贴。②

---

① 例如，韩龙：《人民币汇率补贴论：基于 WTO 补贴构成条件的审视》，载《中外法学》2009 年第 3 期，第 411—426 页。（以下简称"韩文"）该文是国家社科基金项目的阶段性成果之一，也是 2010 年商务部贸易救济一等奖获奖作品。另参见韩龙：《人民币汇率的国际法问题》，法律出版社 2010 年版，第 219—227 页。

② 2010 年，笔者从"CNKI 中国期刊全文数据库"中，利用"人民币汇率"这一关键词检索到了 3055 篇论文（期间从 2000 年至 2010 年，以篇名中出现的关键词为准，搜索范围是全部期刊）。其中，根据《SCM 协定》论证人民币汇率法律问题的文章仅几篇而已。除韩文以外，有以下文章论证了这一问题：龚柏华、尤浩：《美国对华反补贴诉讼中有关人民币汇率的法律问题分析——简评美国 Nucor 公司告美国商务部就人民币汇率补贴展开调查案》，载《国际商务研究》2011 年第 1 期；朱工宇：《驳人民币汇率之补贴构成论》，载《武汉金融》2010 年第 3 期；黄韬、陈儒丹：《WTO 法律规则视野之中的人民币汇率争议》，载《国际金融研究》2009 年第 9 期；郑玲丽：《人民币汇率的国际法思考》，载《世界贸易组织动态与研究》2008 年第 4 期；王薇薇：《人民币汇率构成补贴驳论》，载《云南大学学报（法学版）》2008 年第 11 期。如果试图根据"WTO 法律规则"论证人民币汇率问题，首先应该根据《SCM 协定》论证其是否构成补贴这一问题。2010 年以后，国内虽然也发表了不少有关人民币汇率的文章，但很少看到就人民币汇率是否构成补贴问题所作的详细研究。相对来讲，韩文最具代表性，所以本章主要针对该文章展开商榷和探讨。

本章主要对韩文论证人民币汇率不构成"财政资助"这一结论的具体分析过程进行详细的分析,并对其能否经得起推敲等问题作一个结论。

第二节 "财政资助"的解释及其适用

一、一般性结论

在否定人民币汇率构成补贴的观点时,韩文是以这样的标题开始论述的,即"汇率低估(假设存在)是否构成我国政府提供的财政资助"①。针对这一问题,韩文结论性地指出:"在已有的 WTO 的案例中,财政资助的提供包括了给予资金②、以低于市场的利率提供贷款③、提供税收

---

① 参见韩文第 415 页。在论证人民币汇率是否构成"财政资助"时,实际上没有必要提及其是否被低估的问题。因为低估与否是在证明人民币汇率是否低于市场利率时加以分析并回答的问题。换言之,按照法律规定的顺序,在此阶段,我们只管论证汇率是否构成"财政资助"就足矣,完全可以忽略其是否被低估的问题。如果能够得出人民币汇率不构成"财政资助"的结论,那么再往下就没有必要论证其是否被低估。

② 参见韩文第 415 页。其实,在《SCM 协定》中并不存在"给予资金"这样的词汇或法律要件。这是一个极不严谨的用语,它到底是指什么并不清楚,与韩文接下来的内容相比较,更是相当混乱。从字面上看,"给予资金"的含义接近"资金的直接转移",也像"赠款",如果是前者,就不应该与后面的"以低于市场的利率提供贷款"等排列在一起。因为"资金的直接转移"是大于并包括后者的概念。"财政资助"应该由什么来构成以及"资金的直接转移"由什么来构成等问题,在韩文中显得非常混乱,几乎没有逻辑顺序。例如,"税收减免"本来就是与"资金的直接转移"并列在一起的法律概念,但在韩文中这些概念之间的逻辑层次均被打乱了。总之,韩文中各项法律要件的涵盖范围没有逻辑层次,一律被排列在一起,这样势必带来举证上的混乱。

③ 参见韩文第 415 页。在此,韩文同样在重复上述逻辑上的错误。严格来讲,在分析一项政府措施是否构成"财政资助"(具体到人民币汇率,是指"涉及资金的直接转移的政府做法")时,不必与其是否提供利益的问题混淆在一起。例如,"贷款"能否成为"涉及资金的直接转移的政府做法"与其是否"以低于市场的利率"是无关的。韩文的大多数表述相当混乱,这样很容易引起误解。换言之,根据韩文的分析,如果贷款不是"以低于市场的利率"提供,就不构成"资金的直接转移"。贷款是否"以低于市场的利率"提供,是在分析和判断贷款是否给"接受者"授予"利益"时需要论证的问题。

优惠①、开采自然资源的优惠条件②和以极低的费率为出口产品提供运输③等④。但就汇率而言,很难将所谓人民币汇率低估与财政资助联系起来。"

根据上述内容判断,韩文的结论否定了人民币汇率(就算韩文没有把人民币汇率低估与财政资助的问题联系在一起)和"财政资助"之间的相关性,即认定这两者是很难联系到一起的。其根据就是,在WTO 判例中,汇率没有作为一个具体的"财政资助"出现过,曾经出现的就是韩文所指的"给予资金""以低于市场的利率提供贷款""提供税收优惠""开采自然资源的优惠条件""以极低的费率为出口产品提供运输"内容。韩文也没有具体引证哪个案例中出现了其所举例的具体"财政资助"。换言之,韩文似乎是以被指控为"财政资助"的政府措施的具体内容在 WTO 判例中是否被列举为依据,在判断人民币汇率是否构成"财政资助"的问题。根据韩文的逻辑再往下推测可知,在 WTO 判例中未被列举过的具体措施就不应该被认定为"财政资助"了,相反,在 WTO 判例中被列举过的政府措施就应该被认定为"财政

---

① 参见韩文第 415 页。如前所述,构成此"财政资助"的第二项是"放弃或未征收应该征收的税收"。韩文中所说的"税收优惠"可能指的就是这一内容。如果是这样,在逻辑上不应该将其与"贷款的提供"并列在一起,因为后者是"涉及资金的直接转移的政府做法"的非限定性举例之一。严格来讲,如果是在解释"税收优惠",就将其与"资金的直接转移"并列在一起。

② 参见韩文第 415 页。《SCM 协定》第 1 条(补贴的定义)规定的构成"财政资助"的四项内容中确实不存在"开采自然资源的优惠条件"这样的内容。如果试图论证该项内容是否构成"财政资助",那么应该将其包括在"财政资助"的第三项,即"货物的提供"里。将"开采自然资源的优惠条件"与"税收优惠"并列在一起,将会混淆法律概念的逻辑顺序。不知韩文是以什么为根据将"开采自然资源的优惠条件"同与它没有关系的法律要件并列在一起的。韩文明明主张要以法律规定的要件判断人民币汇率是否构成"财政资助",实际上却没有这样做。作为"财政资助"的一项内容,韩文将法律没有明文规定的"开采自然资源的优惠条件"也列举出来了,这种做法本身就不妥当。

③ 参见韩文第 415 页。这一论述也同样存在上述脚注中所指出的毛病,即在论证"财政资助"时,"极低的费率"本身不是问题。此外,在"财政资助"的四项内容中确实不存在"为出口产品提供运输"这一内容,它应该被包括在"服务的提供"中。

④ 韩文在此用助词"等"来表述其所认为的"财政资助"所包括的具体内容,这本身说明其还未认识到"财政资助"的限定性列举这一法律问题的本质。在汉语词典中,作为助词的"等"是"表示列举未尽"的。参见中国社会科学院语言研究所词典编辑室编:《现代汉语词典》,商务印书馆 2012 年版,第 275 页。

资助"。换言之,韩文在这里得出的结论不是经过对《SCM协定》的规定本身进行解释后得出的,而是以货币汇率是否在 WTO 判例中被列举过的事实为根据的,其结论自然就是:既然货币汇率的问题在案例中被列举(或出现)过,那么它就不属于"财政资助"了。

这样的解释方法是否符合《SCM协定》的规定?笔者认为,针对该问题所作的结论应该是法律分析的结果,也就是法律规定的解释和适用。WTO 判例的功能在于为《WTO 协定》现行条款的更加准确或精确的解释提供帮助和参考,其本身并不具有约束力(当然,在学理上,这一问题仍然有深入探讨的余地)。这是有关《WTO 协定》及其争端解决问题的常识。不具备约束力的判例不能代替有约束力的具体法律规定(例如,本章要讨论的《SCM协定》第 1 条)。所以,韩文的上述结论违背了有关 WTO 的法律常识。① 在此重申,货币汇率在 WTO 判例中出现与否的事实,不能成为判断其是否构成"财政资助"的法律依据。可以说,WTO 判例中是否出现的事实与"财政资助"的解释基本上是无关的;即使有关联性,那也是后者决定前者,而不是相反。

如笔者所述,在分析一项政府措施是否构成"财政资助"并得出结论时,既不能抛开现行法的规定(本章中指《SCM协定》第 1 条),也不能从以往 WTO 判例中寻找一项具体措施(所谓的"财政资助")有没有被指控过(或包括在其中)的事实并以此为依据判断问题,而是应该根据《SCM协定》有关"财政资助"的具体规定并结合实际情况进行分析。如下文所述,实际上,本章需要分析的是比"财政资助"更小的概念,即人民币汇率是否构成"涉及资金直接转移的政府做法"的问题。

---

① 参见韩文第 422 页。韩文似乎也意识到了这一点,但其具体做法却前后矛盾。例如,韩文指出(引用 J. H. Jackson 的观点):"有关专家组和上诉机构的报告具有先例效果的说法是有问题的,因为根据国际法,争端解决的裁决不能产生遵循先例效果。实践中,专家组也有过违背先例的情况,并且专家组认为其有权这样做。因此,WTO 不存在严格的遵循先例的情况,尽管专家组常常引用先前的报告。"既然韩文承认专家组和上诉机构的报告没有约束力,那么为什么在论证人民币汇率是否构成"财政资助"时,作为依据却援引 WTO 判例呢?根据韩文的解释,在 WTO 判例中汇率是否出现过这一事实不应该具有先例效果或约束力,这才符合韩文自己的逻辑。对于 WTO 的先例效果,韩文是一会儿肯定,一会儿又否定,如此前后矛盾,说明韩文对此问题不甚了解。

笔者反复强调,在分析人民币汇率是否够成"财政资助"这一问题时,关于"财政资助"的解释至关重要。关于"财政资助"的解释,本书的第四章已作了详细的分析,在此不再重复。但是,为说明问题起见,还是将《SCM 协定》第 1 条的规定引述于此并加以简单的分析。

根据《SCM 协定》第 1 条的规定,对补贴的定义可表述如下:补贴是政府或任何公共机构通过给"个别接受者"所提供的"财政资助"而对其所赋予的"利益"。提供主体(政府或任何公共机构)、提供手段(财政资助)、接受者(个别企业)、提供结果(利益,实际上是由提供方法所决定的)四要件是判断补贴是否存在的法律要件,缺一不可。① 在中国,关于人民币汇率是否由政府决定并通过汇率向企业提供资金的问题,回答是肯定的,不存在争论的余地。本章以对该问题没有争议为前提展开分析。② 如果能够证明人民币汇率的决定机制与政府职能或权限没有任何联系,那么争论人民币汇率是否构成"财政资助"的问题是多余的。

根据法律规定可知,在判断什么样的政府措施属于"财政资助"时,不能跨越或无视《SCM 协定》对"财政资助"的限定性(穷尽式)列举内容。换言之,采取对"财政资助"直接解释的做法(并将这一解释

---

① 理论上,也可将"专向性"(个别企业或产业或者企业或产业的组合)要件不包括在补贴定义中处理。但是,因为补贴不具备"专向性"时无法成为救济对象(无论直接救济还是间接救济),所以将"专向性"问题放在补贴定义中处理更加符合理论上的整理。当然,作为法律要件,将其不包括在补贴定义中而单独处理是没有问题的。

② 汇率是购买或出售货币的价格或不同货币间兑换的比例,必须用其他货币来表示,不然无法确定一个单位货币的汇率或价格。在中国,人民币的汇率是由国家决定的,即汇率不是由人民币的市场需求决定的。有浮动的管理汇率制与完全的固定汇率制相比较是存在浮动的。有浮动的管理汇率制下的"浮动"不是"波动",因为"波动"一定是"上下波动",而人民币汇率的变动趋势就是逐渐向上浮动,即人民币价格一直在上扬,换言之,一直斜线上升却几乎不下降。但是,这一点不能影响也决定不了汇率机制的本质,即决定汇率的是国家权力还是市场供求。出口企业获得外汇后需要将外汇兑换成人民币,该兑换行为一定依据政府所决定的汇率进行。换言之,企业找不到除政府决定的汇率以外的汇率去兑换外汇(兑换成人民币)的场所。在此情况下,资金从政府或国有商业银行转移到出口企业手里,这是典型的"资金的直接转移"。关于货币汇率决定机制,《中华人民共和国外汇管理条例》规定得非常明确。

适用于人民币汇率)是违反法律规定的,这样的解释方法将会破坏或超出法律所规定的"财政资助"应有的范围。① 也就是说,要根据"财政资助"的限定性列举内容(四项指标)判断人民币汇率是否构成其中的哪一个,这一点是至关重要的。如果得到肯定性的答案,那么被判断的政府措施就是"财政资助"了。如果根据四个限定性列举内容逐一进行判断,所有内容得出的都是否定性的结论(即人民币汇率不属于其中的任何一个),那么就可以得出人民币汇率不构成"财政资助"这样的结论。关于"财政资助"的解释及其含义,WTO争端解决判例所能发挥的作用是为法律解释提供澄清和参考作用(具体化和精确化),有没有具体措施被包括在案例中并不重要,更不能提供具体判断标准。

如上文所示,在讨论由于人民币汇率的决定机制所导致的资金的转移是否构成"财政资助"这一问题时,韩文在总体上否定了人民币汇率与"财政资助"的相关性。但是,为得出这一结论②,韩文除依据WTO判例以外,还解释了《SCM协定》的具体规定。韩文主张WTO判例中未出现过"汇率",这与《SCM协定》的条文解释之间的关系到底是什么?笔者尚未发现韩文的任何说明或论述。从韩文的这一做法推测可知,对被指控的政府措施在WTO判例中是否出现过这一事实,

---

① 补贴是直接救济(运用WTO争端解决机制停止实施违法的政府措施)和间接救济(可根据WTO争端解决机制对间接救济进行再救济,即停止实施违法的反补贴措施)的对象,其范围决定证明责任的轻重。因此,"财政资助"的解释具有重要意义。在乌拉圭回合有关《SCM协定》的谈判和起草过程中,美国等国家与欧洲和发展中国家之间产生过分歧和冲突。前者主张尽量扩大作为救济对象的补贴的范围,而后者主张尽量缩小其范围。从这里可以看出,各国关于国家和市场的关系所持的态度和立场是大有分歧的。现行《SCM协定》规定的"财政资助"是确认现阶段针对该问题各国所达成的同意(国际法)的最好证据。因此,准确解释《SCM协定》第1条规定的"财政资助"概念是非常重要的。当然,根据"财政资助"被确定的补贴(当然还要具备"利益"要件)不会必然成为救济对象,因为补贴还要经过"专向性"等其他一系列要件的过滤。不应忘记的是,"财政资助"是决定补贴范围的第二个要件,而首要的是补贴提供主体的范围,即"政府"或"任何公共机构"。

② 韩文的一般性结论与其下文中出现的具体论证之间不存在任何关系。严格来讲,在论证人民币汇率是否构成"财政资助"时,必须根据《SCM协定》第1条规定的限定性列举的四项内容判断,一般性结论必须是具体分析完成后得出的。本章反复强调,跨越《SCM协定》第1条规定的限定性列举内容判断"财政资助"的做法是违背协定宗旨的。

作为法律依据,韩文认为这是不充分或不足够的。如果韩文认为这是足够的,那么对除 WTO 判例以外的其他法律问题进行讨论就是多余的。换言之,对 WTO 判例能否成为判断"财政资助"是否存在的充分证据的问题,韩文的论述方法本身说明了其心证的动摇。

为论证其结论(人民币汇率不构成"财政资助")的正确性,韩文从以下四个方面展开了解释或论证:"首先,汇率低估不构成资金的直接或间接提供和转移";"其次,人民币汇率即便低估,也不构成政府提供的服务和补贴"①;"再次,由于人民币汇率不构成政府从事补贴的直接或间接的资金转移,也不构成政府提供的一般基础设施之外的服务"②;"最后,《反补贴协定》附件 1 即出口补贴例示性列举(以下简称列举)也不支持将汇率低估看作财政资助"③。接下来,我们逐一分析韩文的解释。

---

① 首先,韩文在这里论证的是人民币汇率能否构成"财政资助"的问题。从逻辑上讲,人民币汇率是否构成"补贴"的问题要远大于判断"财政资助"是否存在的问题,即前者包括后者。应该先把"财政资助"的问题论证清楚之后再论证其他问题。再则,即使论证"财政资助",也应该按照《SCM 协定》规定的顺序,"资金转移"之后才是"政府税收的放弃或未征收",而不是跨越这一顺序论证"提供服务"。韩文逻辑混乱的情况很多。例如,既然论证服务是否被提供的问题,就不应该将服务和补贴放在一起分析。如上所述,服务提供的存在与否只是判断"财政资助"存在与否的一项内容而已,不能将其与大于"财政资助"的概念"补贴"并列在一起。

② 参见韩文第 416 页。关于人民币汇率是否构成"财政资助"的问题,尽管逻辑上混乱,但韩文毕竟论证到了资金的转移或服务的问题。既然如此,就没有必要再重复"由于人民币汇率不构成政府从事补贴的直接或间接的资金转移,也不构成提供的基础设施之外的服务"了,因为内容在重复或反复。

③ 参见韩文第 416 页。《SCM 协定》附件 1"出口补贴例示清单"的法律意义在于,在判断出口补贴是否存在时,没有必要遵循关于补贴和出口补贴的定义而直接根据清单中的内容判断出口补贴是否存在。既然如此,在论证人民币汇率是否构成"财政资助"时,就没有必要援引清单了。当然,可以直接根据清单的相关内容争论人民币汇率是否构成出口补贴的问题,但本章不讨论此问题。韩文中所述"《反补贴协定》附件 1 即出口补贴例示性列举(以下简称列举)也不支持将汇率低估看作财政资助"是错误的解释,因为"出口补贴例示清单"与"财政资助"之间不存在任何联系。其实,韩文是在论证"例示清单",但将标题错写为"出口补贴例示性列举"。这里的"列举"也是韩文的"创造",法律原文中是"例示清单",既然有"例示"了,就没有必要再接着"列举"了。

二、是"资金的转移"还是"财政资助"

根据笔者的解释,在判断人民币汇率是否构成"财政资助"时,要遵守《SCM 协定》规定的有关判断"财政资助"是否存在的整体框架,其核心就是限定性列举的四项具体内容。应该逐项依据这些内容考察人民币汇率,之后再得出其是否构成其中的哪一项的结论。我们暂时不讨论《SCM 协定》第 1 条规定的"涉及资金的直接转移的政府做法"。如本书第四章所述,根据"政府放弃或未征收税收""货物和服务的提供或货物的购买""政府向筹资机构付款"等要件逐一考察人民币汇率,得出的结论就是:这些内容均与人民币汇率无关。换言之,人民币汇率不属于其中的任何一个具体内容。

《SCM 协定》中,与人民币汇率所导致的"资金的转移"密切相关的就是"涉及资金的直接转移的政府做法"。所以,可将考察范围缩小到这一法律规定,即在讨论人民币汇率是否构成"财政资助"时,除"涉及资金的直接转移的政府做法"之外的三项内容就没有必要讨论了。问题是,人民币汇率是否构成"涉及资金的直接转移的政府做法"? 问题的关键在哪里?

虽然韩文没有依据《SCM 协定》的规定进行论述,但毕竟提出了"汇率低估不构成资金的直接或间接提供和转移"这样的问题。由此可以判断,韩文不是干脆就没有考虑过"资金的转移"这一法律要件。但是,令人不解的是,与此同时,韩文将"财政资助"以及"补贴"等涵盖范围更大的概念与"资金的转移"并列在一起。在韩文看来,"资金的转移"和"财政资助"的关系是什么? 在讨论人民币汇率是否构成补贴时,到底需要依据哪一个要件进行论证? 对此,韩文非常含糊,这里只能对"资金的转移还是财政资助"进行分析。

如上所述,韩文从四个方面对人民币汇率是否构成"财政资助"的问题进行了讨论。但是,其分析过程并未遵循《SCM 协定》规定的判断"财政资助"的四项要件的逻辑顺序。在韩文中,除"首先,汇率低估不构成资金的直接或间接提供和转移"以外,其他部分存在颠倒或重复。因此,本章重点讨论韩文在"首先,汇率低估不构成资金的直接或间接提供和转移"中展开的论证是否正确的问题,因为这部分内容还比较接近问题本身。

虽然韩文明确提出了"首先,汇率低估不构成资金的直接或间接提供和转移"[1],但令人遗憾的是,几乎没有直接解释什么是"涉及资金的直接转移的政府做法"。韩文根据其对"财政资助"所作的解释,讨论了人民币汇率是否构成"财政资助"的问题。韩文先是论证了人民币汇率是否构成"财政资助",以此为根据,再证明人民币汇率是否构成"涉及资金的直接转移的政府做法"。在逻辑上,"财政资助"的涵盖范围大于"涉及资金的直接转移的政府做法",后者是证明前者的一项内容而已。韩文的顺序是先证明前者,在此情况下,再讨论"涉及资金的直接转移的政府做法"就没有必要了。后者的证明是为前者服务的,既然前者能够得到证明,后者就没有意义证明。《SCM 协定》明确规定,"涉及资金的直接转移的政府做法"是"财政资助"的前提。可以说,韩文颠倒或违背了《SCM 协定》本身的逻辑结构。

关于"涉及资金的直接转移的政府做法"的含义,《SCM 协定》除作出列举以外,并未作出具体规定或定义。虽然如此,"涉及资金的直接转移的政府做法"的含义是不难理解的,即"由于政府或公共机构(提供者)的措施,资金直接转移至接受者手中"。这样理解"涉及资金的直接转移的政府做法"是根据条约用语的通常含义所作的解释,笔者认为这是正确的解释。如果有不同意如此解释《SCM 协定》第 1 条含义的意见[2],在此希望根据《维也纳条约法》第 31 条或第 32 条的规则提出批评。

---

[1] 韩文第 425—426 页。韩文在论证人民币汇率是否构成"财政资助"时,虽然论证了"首先,汇率低估不构成资金的直接或间接提供和转移",但接着继续论证"再次,由于人民币汇率不构成政府从事补贴的直接或间接的资金转移,也不构成政府提供的一般基础设施之外的服务"。很明显,韩文在重复"资金的直接或间接提供和转移"。

[2] 例如,这样解释将会破坏善意解释之精神等。

《SCM 协定》第 1 条关于"涉及资金的直接转移的政府做法"①的列举不是限定性的,即"赠款""贷款"以及"投股"并不是在穷尽列举"涉及资金的直接转移的政府做法"所能包括的所有内容。要看其他政府措施是否被包含在"涉及资金的直接转移的政府做法"之中,关键在于如何解释"涉及资金的直接转移的政府做法"的含义。我们看一下韩文是如何不顾"涉及资金的直接转移的政府做法"的存在而去解释"财政资助"的。

韩文结论性地指出:"汇率低估不构成资金的直接或间接提供和转移。"②其根据就是,"从 WTO 相关判例(到底是指哪一个具体判例,韩文始终未作引述。——引者注)来看,构成资金直接或间接提供③和转移的财政资助④,根据传统的衡量方法⑤,等同于有据可查的财政预算支出或目标明确的财税减让,但各国公共财政从来没有过将汇率低估作为财政支出项目列支,也从来没有将汇率变化作为财政支出或收入的一种形式,WTO《反补贴协定》第 1 条第 1 款在规定财政资助的方式时,也没有提到货币币值低估或汇率低估。"⑥

韩文中所指的"汇率低估不构成资金的直接或间接提供和转移"

---

① 在《SCM 协定》第 1 条规定的关于判断"财政资助"是否存在的第一项内容中,除"涉及资金的直接转移的政府做法"之外,还包括"涉及潜在的资金直接转移的政府做法"和"涉及债务的政府做法"。根据人民币兑换制度,出口企业是拿着外汇走政府(通过国有商业银行办理手续)手中的人民币的。在此情况下,人民币从政府直接转移至企业手中,非常明显,这里不存在"涉及潜在的资金直接转移的政府做法"和"涉及债务的政府做法"。所以,本章只论证"涉及资金的直接转移的政府做法"。

② 根据韩文的这段文字,读者可能会认为,作者接下来要根据"资金的转移"这一法律要件判断人民币汇率是否构成该内容的问题。令人遗憾的是,韩文再也没有解释过"资金的转移"是什么,而只是解释"财政资助"概念。

③ 参见韩文第 415 页。实际上,法律条文中不存在"间接提供"这一用语,在此韩文指的可能是"潜在的资金的直接转移"。

④ 韩文中的"构成资金直接或间接提供和转移的财政资助"不能准确表达"财政资助"和"资金的直接转移"的关系,反而可能造成极大的混乱。

⑤ 关于《SCM 协定》的解释,韩文所指的传统方法是指什么?为什么要根据传统的衡量方法解释国际法规则?对此韩文未作出明确的回答。笔者认为,在解释国际法规则时,应该严格按照《维也纳条约法条约》的相关规定进行,韩文所谓的"传统的衡量方法"是违背《维也纳条约法条约》所规定的解释国际法的习惯规则的。

⑥ 韩文第 415 页。

是结论性的语言。韩文在这里提示,应该根据"资金的转移"判断汇率的法律性质,即它是否构成"资金的转移"的问题。但是,接下来的分析却完全脱离了"资金的转移"的解释,而是转到了"财政资助"含义的解释上。

如上所述,韩文关于"资金的转移"与"财政资助"之间关系的解释完全颠倒了法律规定的顺序。笔者曾多次指出,后者是大于前者的概念,即使将"资金的转移"解释清楚了,其结果只是停留于澄清了"财政资助"的部分内容而已。但是,韩文的理解与笔者的解释恰恰相反,根据韩文"构成资金直接或间接提供和转移的财政资助"可知,"资金的转移"涵盖"财政资助",即前者大于后者。笔者认为,正是因为韩文的这一理解,使其抛开"资金的转移"而掉头转向"财政资助"了。在韩文看来,"资金的转移"没有任何法律意义,既然如此,还不如干脆不提这一规定。从标题来看,虽然韩文在讨论"资金的转移",但其具体内容却与标题无关。韩文始终离不开"财政资助"的解释,之后根据其解释判断人民币汇率是否构成"财政资助"。

那么,韩文是怎样解释"财政资助"的呢?这里先分析韩文的依据,然后再看其结论。韩文的依据可分为四个方面:第一,"WTO 相关判例";第二,"根据传统的衡量方法,等同于有据可查的财政预算支出或目标明确的财税减让";第三,"各国公共财政从来没有过将汇率低估作为财政支出项目列支,也从来没有将汇率变化作为财政支出或收入的一种形式";第四,"WTO《反补贴协定》第 1 条第 1 款在规定财政资助的方式时,也没有提到货币币值低估或汇率低估"[①]。这些内容就是韩文否定人民币汇率构成"财政资助"的根据。关于这四者之间的关系,韩文没有作任何说明。

关于"WTO 相关判例"能否成为根据,本章已经讨论过,在此不再

---

① 作为判断人民币汇率是否构成"财政资助"的法律根据,应该与其他两个根据(WTO 判例和传统方法)并列在一起,之后依据这些根据逐一论证问题并得出结论。很明显,韩文的结论(财政资助"等同于有据可查的财政预算支出或目标明确的财税减让")是被夹在判断根据的中间的。

赘述。在否定人民币汇率构成财政资助时,作为根据,韩文始终割舍不下的就是"WTO 相关判例"。

严格来讲,"WTO《反补贴协定》第 1 条第 1 款在规定财政资助的方式时,也没有提到货币币值低估或汇率低估"①这样的解释不具有任何说服力。本章已经论述过,在《SCM 协定》中"币值"和"汇率"是否得到具体规定的问题,与"币值"和"汇率"是否在 WTO 判例中出现过是一回事,没有任何法律意义。可以肯定的是,韩文未根据任何 WTO 判例和《SCM 协定》的规定解释过"财政资助"。

韩文得出人民币汇率不构成"财政资助"这一结论的主要根据就是其反复主张的"传统方法",下一段文字是最好的证明。关于"财政资助"的含义,韩文解释说:"构成资金直接和间接提供和转移的财政资助,根据传统的衡量方法,等同于有据可查的财政预算支出或目标明确的财税减让。"这段话是支撑韩文否定人民币汇率构成"财政资助"的关键依据。这里有两个概念需要注意,即"财政预算支出"和"财税减让"。

韩文所说的"传统做法",实际上是指"财政预算支出"和"财税减让"。韩文的"各国财政的传统做法",为其将《SCM 协定》规定的"财政资助"与"财政预算支出""等同化"提供了依据。有了这样的"等同化"的前提,剩下的问题就是如何解释"财政预算支出"和"财税减让",以及以此为根据判断人民币汇率是否构成财政资助。按照这一解释,韩文所述的"各国公共财政从来没有过将汇率低估作为财政支出项目列支,也从来没有将汇率变化作为财政支出或收入的一种形式"就变成符合实际的结论了。照此下去,汇率当然就不属于"财政资助"了,因为各国的"财政预算支出"和"财税减让"对汇率是不会作出任何规定的。严格来讲,由于人民币汇率所导致的资金的转移更接近"财政预算支出",因为"财税减让"主要是指该收的不收,即政府对税收的放弃。

---

① 实际上,这段话是对《SCM 协定》第 1 条的严重曲解。

根据韩文的分析,再加上有"WTO《反补贴协定》第 1 条第 1 款在规定财政资助的方式时,也没有提到货币币值低估或汇率低估"①这样的根据存在,汇率就可以被"合法地"或"理所当然地"排除于"财政资助"之外了。其结论就是,人民币汇率不构成"财政资助"。

如上文所述,关于"财政资助"是否存在的判断依赖于对其具体内容的解释,对"财政资助"的解释是不能代替"涉及资金的直接转移的政府做法"等具体要素的。再次重申,关于"财政资助"和"涉及资金的直接转移的政府做法",《SCM 协定》未作出具体规定或定义,而且"财政资助"的列举是穷尽的。所以,直接讨论人民币汇率是否构成"财政资助"的做法是错误的。利用与《维也纳条约法公约》规定的解释国际法的习惯规则不沾边的"各国财政的传统方法"解释"财政资助",是违背法律议论基本要求的。

其实,应该首先讨论的是人民币汇率是否构成"涉及资金的直接转移的政府做法"②,这一问题得到了解决,人民币汇率是否构成"财政资助"的问题也就迎刃而解了。跨越或无视"涉及资金的直接转移的政府做法"这一要件,直接以"财政资助"的含义为根据去判断人民币汇率是否构成"财政资助"的做法是错误甚至荒谬的。

我们再看韩文解释"财政资助"时所犯的其他错误。韩文指出:"构成资金直接或间接提供和转移的财政资助,根据传统的衡量方法③,等同于有据可查的财政预算支出或目标明确的财税减让。"根据韩文的定义,"财政资助"等同于"有据可查的财政预算支出或目标明确的财税减让"。不得不指出,这里存在两个根本性的错误:第一,《SCM 协定》所规定的"财政资助"的涵盖范围远远超过"有据可查的财政预算支出"。第二,各国政府的具体做法不是解释"财政资助"的根据,不能看到"财政"一词就联想到各国政府实践中的"财政",对后

---

① 《SCM 协定》中没有具体出现"货币汇率"等字样。
② 如上所述,因为其他几个具体判断标准基本上与人民币汇率无关,无须参照和论证。
③ 不知这一方法是否具有国际法意义。

者的解释不能取代《SCM 协定》规定的法律词汇,即"财政资助"的解释。

《SCM 协定》第 1 条限定性地列举了"财政资助"的四个方面:"涉及资金转移的政府做法"[①]"税收的放弃或未征收""货物和服务的提供或货物的购买""政府向一筹资机构付款"。《SCM 协定》规定的"财政资助"不可能"等同于""有据可查的财政预算支出"。事实上,与另外两项措施相比,韩文所说的"财政预算支出"更接近于被"涉及资金的直接转移的政府做法"涵盖的"财税减让"。韩文在解释"财政资助"时,将其等同于"财政预算支出",这就违背了《SCM 协定》规定的本意。"等同于"的含义是,除"财政预算支出"之外,"财政资助"不包括其他任何内容。但是,法律不是这样规定的,这是事实。

关于韩文"构成资金直接或间接提供和转移的财政资助等同于有据可查的财政预算支出或目标明确的财税减让"这段文字,即使从文字表述的逻辑上看,也是错误的。该段中连接"有据可查的财政预算支出"与"目标明确的财税减让"的是"或"字,而一个事实是不可能等同于可选择的两个事物的。据此"或"字,韩文的意思是,"财政资助"要么等同于"有据可查的财政预算支出",要么等同于"目标明确的财税减让"。那么,到底等同于两者中的哪一个呢?[②] 笔者怀疑,韩文是不是将"和"字误写成"或"字了。即使这样退一步理解,韩文对"财政资助"定义的理解还是避免不了逻辑上的混乱。

"有据可查的财政预算支出"和"目标明确的财税减让"加在一起也不能完全涵盖《SCM 协定》规定的"财政资助"的全部内容。根据韩文的解释,"财政资助"的判断指标被限制在"有据可查的财政预算支出"和"目标明确的财税减让"的范围之内。根据这样的解释,当然会将人民币汇率排除于"财政资助"之外了。遗憾的是,这样的做法是不

---

① 涉及资金的直接和间接转移以及债务的转移。
② "有据可查的财政预算支出"和"目标明确的财税减让"是完全不同的两件事情,前者是资金的流出,后者是流入资金的减少,"财政资助"不可能是可选择的等同,而应该包括两者。

符合《SCM 协定》规定的"财政资助"的本意的。笔者怀疑,韩文的"财政"可能就是通常意义上所说的"财政预决算"的"财政"了,这是导致混乱的要害所在。

"有据可查的财政预算支出"和"目标明确的财税减让"这两个因素是被包括在通常所说的"财政"范围内的,笔者完全同意这一表述。当然,这不是韩文的观点,而是一般常识。在规定"财政资助"的判断标准时,《SCM 协定》没有完全忽略狭义的财政,并且作出了专门的规定。例如,该协定第 1 条 1.1(a)1(ii)规定的关于"财政资助"的第二项判断标准"政府放弃或未征收税收在其他情况下应征收的税收"的非限定性列举是"税收抵免之类的财政鼓励",这里的"财政"一词正是韩文所指的狭义"财政"。对此,从《SCM 协定》的英文原文中可以得到证实。例如,"(ii)government revenue that is otherwise due is foregone or not collected(e.g. fiscal incentives such as tax credits)"中的"fiscal"①就是指通常意义上的财政。可以看出,被译成"财政资助"的英文原文"financial"与"fiscal"是两个不同的法律概念,前者的涵盖范围大于后者。人民币汇率不被包含在"fiscal"中是客观事实,但是不能以此为根据得出人民币汇率不被包括在"financial contribution"中的结论,因为后者是涵盖前者的概念。

根据韩文对"财政资助"作出的解释,因为是等同于"有据可查的财政预算支出"或"目标明确的财税减让",以此为前提或基础,韩文当然会根据这两个概念考察人民币汇率问题,这是很自然的做法。如此,韩文得出"但各国公共财政从来没有过将汇率低估作为财政支出项目列支,也从来没有将汇率变化作为财政支出或收入的一种形式"这样的结论就更自然不过了。②

汇率当然不是财政预算和支出的内容。"财政预算和支出"是各国财政运作的具体做法,当然不是国际法的规定。现在需要澄清的是

---

① 关于"fiscal"的通常含义,英文词典的解释是:"connected with government money, especially taxes"。Oxford Advanced Learner's Dictionary, Oxford, p. 480.

② 参见韩文第 415 页。

根据国际法(《SCM 协定》第 1 条)判断汇率是否构成"财政资助"的问题,而不是以各国的具体做法为根据解释国际法规定。韩文所说的汇率变化不是"财政资助"的一种列举形式是事实,但不能由此就得出"人民币汇率不构成财政资助"这样的结论。再次重申,判断人民币汇率是否构成"财政资助"时,关键是要分析"涉及资金的直接转移的政府做法"的含义,而不是各国"财政预算支出"的具体做法。当然,更不能以《SCM 协定》在规定"财政资助"判断标准时没有对"货币汇率"作出具体规定为依据,就得出人民币汇率不属于"财政资助"这样的结论。笔者曾经反复论述过,在分析"人民币汇率"是否构成"财政资助"时,关键是要看对"涉及资金的直接转移的政府做法"的解释。根据《SCM 协定》的规定,"财政资助"内容的列举是穷尽或限定的,但"涉及资金的直接转移的政府做法"的列举不是穷尽的,一项政府措施只要符合其原意,就可以被视作"财政资助"。

再看一下韩文根据"财税减免"对人民币汇率决定机制所作的分析。韩文指出:"从财税减让的角度来看,即便汇率存在低估,它针对的不是特定企业,所有出口产品都会因该汇率而获益,因此,这一汇率并不构成目标明确的财税减让。如果说 WTO《反补贴协定》有意使财税减让涵盖汇率低估,那么,该协定的制定者应当在协定中进行了规定,然而,在《反补贴协定》第 1 条所列举的补贴措施中并没有汇率低估。可见,汇率低估不构成财政预算支出和财税减让,因而不构成《反补贴协定》中的资金直接或间接的提供和转移。"①

很显然,韩文得出"汇率并不构成目标明确的财税减让"的结论,是因为汇率针对的不是特定企业。我们暂时不考虑汇率低估是不是针对特定企业的问题,以"针对的不是特定企业"为根据得出"这一汇率并不构成目标明确的财税减让"的结论是很难成立的。这是因为,是否针对特定企业是属于"专项性"的问题,与"财税减让"的判断无

---

① 韩文第 415 页。严格来讲,既然否定人民币汇率构成"财政资助",那就应该避免论证"专向性"问题,因为"专向性"是认定补贴存在后才需要论证的问题。

关。我们不能把特定企业和目标明确等同起来，即使一项措施不针对特定企业，照样可以判断其具有明确的目标。即使是"财政资助"存在与否的判断，法律上也不存在有关要求"目标明确"的规定，这是韩文拘泥于其所理解的"财政"一词所作的解释。

如前所述，笔者推测，韩文之所以作出如此解释，很有可能是被《SCM 协定》第 1 条规定的"financial contribution"的中译文"财政资助"这一用语迷惑，同时疏漏了对该协定中的"fiscal"一词的仔细考察。严格来讲，这里的"financial"一词，不是指财政部预算决算中的"财政"这一概念，其重点应该是"金融"，要远远超过一国政府的财政行为。财政部的预决算当然要有明确的目标，但是"financial contribution"中的"financial"不是"财政"而是"金融"，根本不需要什么目标作为判断依据，而且后者要宽泛于前者。

韩文接着指出："如果说 WTO《反补贴协定》有意使财税减让涵盖汇率低估，那么，该协定的制定者应当在协定中进行了规定，然而，在《反补贴协定》第 1 条所列举的补贴措施①中并没有汇率低估。"②韩文是以根据《SCM 协定》中是否具体列举汇率决定机制为"财税减让"为根据，在重复主张人民币汇率不构成"财税减让"的立场。本章在上文中反复讨论过，在判断一项政府措施是否构成"财政资助"时，关键不在于它是否被具体列举到，而是要判断它是否符合构成"财政资助"各要件的要求。因为各项法律要件的涵盖内容不是穷尽式列举，只看某项政府措施是否在法律规定中得到了列举，这种做法是不符合法律规定的。韩文甚至得出了如下结论："可见，汇率低估不构成财政预算支出和财税减让，因而不构成《反补贴协定》中的资金直接或间接的提供

---

① 韩文中出现的"《反补贴协定》第 1 条所列举的补贴措施"这一表述，严重背离《SCM 协定》的基本框架。这一表述会让人误认为，只要没有被具体列举的措施就不是"财政资助"或补贴措施。因为《SCM 协定》在规定补贴定义以及判断补贴存在的法律根据时，确实不存在用列举具体措施来决定补贴是否存在的意图，而是首先规定采用限定性列举四项内容的方法。至于什么样的内容被包括在四项内容中的问题，则是采取非限定性列举具体措施的方法解决的，因此其每项内容包括更多具体措施。在此情况下，对四项内容的准确解释尤为重要。

② 韩文第 415 页。

和转移。"这再一次证明,韩文的论证和解释存在严重的错误。从这一段文字中可以再次得到证实的是,韩文是以"汇率低估不构成财政预算支出和财税减让"为依据,在判断"(汇率低估)因而不构成《反补贴协定》中的资金直接或间接的提供和转移"。关于"财政资助"和"资金的转移"的关系是什么,在此不再重复了,请参阅上文。

根据韩文的解释,在"财政资助"等同于"有据可查的财政预算支出"和"目标明确的财税减让"的情况下,当然不包括人民汇率的问题,得出如下结论是很自然的,即"但各国公共财政从来没有过将汇率低估作为财政支出项目列支,也从来没有将汇率变化作为财政支出或收入的一种形式,WTO《反补贴协定》第1条第1款在规定财政资助的方式时,也没有提到货币币值低估或汇率低估";"就汇率而言,很难将所谓人民币汇率低估与财政资助联系起来"等。这样,人民币汇率当然不会构成"财政资助",但问题在于,这是韩文根据其对"财政资助"所作的错误解释而得出的结论,如此解释及其所得出的结论是经不起推敲的,也是无法让人信服的。

第三节 结 论

综上所述,关于人民币汇率是否构成"财政资助",无论是对肯定论(人民币汇率补贴)还是否定论(人民币汇率不构成补贴)来讲,都是无法回避且必须解决的问题。笔者反复阐明,如果能够证明人民币汇率不构成"财政资助",那么再往下就不必争论其他问题了,例如人民币汇率所构成的"财政资助"是否在提供"利益",以及人民币汇率所构成的补贴是否具有"专项性"等。[①]

[①] 当然,主张人民币汇率构成补贴论者,也必须从这一问题开始议论,如果能够有力地论证人民币汇率构成"财政资助",那就要继续论证剩下的法律问题了。如上所述,即使论证了人民币汇率构成补贴并具有专项性,若试图针对中国出口产品征收反补贴税,还需要证实其他两个法律要件的成立,即补贴进口产品给国内产业造成了实质损害及其威胁以及这两者之间因果关系的成立。

针对美国等国家提出的"人民币汇率补贴构成论",中国学者提出反驳或批评,这是很自然的事情,最起码在感情上让国人感到一点欣慰。但是,法律问题的争论要严格按照法律规定和应有的逻辑展开。如果一篇文章中几乎找不到能够站稳脚跟或经得起推敲的法律分析,因此得出的结论别说令人无法信服,甚至具有欺骗性或蒙蔽性。①

笔者坦言,人民币汇率构成《SCM协定》规定的"财政资助",这是没有被质疑的余地的,这是经过严密分析后所得出的结论,详细分析过程请参阅第四章。②

---

① 在研究问题时,在一个并不扎实甚至摇摇欲坠的学术观点面前,不予慎重地援引,这是极为轻率的做法,这样会导致其分析结论走向错误。例如,龚柏华、尤浩:《美国对华反补贴诉讼中有关人民币汇率的法律问题分析——简评美国 Nucor 公司告美国商务部就人民币汇率补贴展开调查案》,载《国际商务研究》2011 年第 1 期,第 20 页。该文有如下一段论述:"我们认为,人民币汇率问题难以构成《补贴与反补贴措施协定》上政府提供的财政资助。从 WTO 相关判例来看,汇率低估不构成资金的直接或间接提供和转移。退一步讲,即便人民币汇率低估构成财政资助,但要构成《补贴与反补贴措施协定》的补贴,还需要确定此类财政资助是否授予接受者以利益。根据 WTO 实践,在确定利益授予以及授予多寡时,主要是以市场为基准考察政府的投资、贷款、担保、产品或服务的提供或购买,从而确定财政资助是否使接受者处于比没有资助时更有利的地位。"分析这段文字可以发现,该文作者也在反对"人民币汇率构成补贴论"中所包含的人民币汇率构成"财政资助"的观点,其依据就是"从 WTO 相关判例来看,汇率低估不构成资金的直接或间接提供和转移"这段话。这实际上是本章论证过的韩文的原文,而不是作者的原创,能够证实这一事实的是该文在参考文献中列出了韩文。按照严格的学术规范,在援引他人的作品内容时应该予以标注,不然别人会误认为其所援引的内容是原创的。再如,朱工宇:《驳人民币汇率之补贴构成论》,载《武汉金融》2010 年第 3 期,第 18、19、42 页。此文短短两页半的篇幅,却有六七处在照搬韩文的内容,而且不加任何标注。

② 人民币汇率构成"财政资助"的结论,为人民币汇率构成补贴的议论打开了一个缺口。就算人民币汇率构成补贴,也满足"产业损害"等征收反补贴税所必需的其他法律要件,以致中国出口产品被征收了反补贴税,那么其结果是否就危害到中国的根本利益呢?这一问题恐怕不是只讨论法律就能得出结论的,需要依据政治经济学展开一番分析。退一步讲,就算"人民币汇率补贴构成论"有害于中国经济,那么对中国来讲,这一点是否可以成为可援引的法律依据呢?回答显然是否定的。在经济全球化的世界里,在争论法律问题时自然离不开利益(尤其是出口企业的眼前利益),但争论终究不能脱离法律问题本身,而不能以利害得失为衡量标准。法律上的是非应该是实事求是地分析的结果,国际法的存在意义就在于不完全为眼前利益所左右而仍然能够解决成员之间的争端和分歧。平心而论,即使人民币汇率满足对中国出口产品征收反补贴税的所有法律要件,也未必给中国经济造成多大的损害或麻烦。相对于此,中国学者或官员盲目反对美国等国家的"人民币汇率补贴构成论",肆意解释法律,毫无根据地批驳一番,这样所导致的危害更可怕。本书没有任何帮助美国"人民币汇率低估论"的意图。笔者相信,以客观独立的态度,以及实事求是的研究,经过严密的分析得出结论,这样会给中国政府提供更加有利的帮助和参考,有利于其认清法律问题的本质。

令笔者担忧的是，国内学者论证问题的立场和方法本身存在着严重的瑕疵，这样的研究不要说带来知识的增长和智慧的开拓，反而会误导那些尚未养成独立判断能力的读者。同时，这些所谓理论上的成果如果真的被搬到国际舞台上，那将会适得其反，争端对方会质疑中国政府的知识能力，其结果将会严重影响中国在国际社会上的形象。因此，在法律实践的前沿工作的政府官员或实务人员在参考国内研究成果时，一定要保持清醒的头脑和独立的判断能力，万万不可把站不住脚或经不起推敲的东西摆在别人面前。对于笔者所展开的分析以及所得出的结论是否经得住推敲的问题，还恳请学界依凭学术良知给予客观、严谨、公正的批评或纠正。最后，希望本书能够给中国国际经济法学的研究带来点滴启发。

附录　美国对华反补贴调查终裁备忘录

1. 硬木胶合板反补贴调查终裁备忘录:Issues and Decision Memorandum for the Final Affirmative Determination in the Countervailing Duty Investigation of Hardwood and Decorative Plywood from the People's Republic of China(September 16,2013).

2. 暖水虾反补贴调查终裁备忘录:Issues and Decision Memorandum for the Final Determination in the Countervailing Duty Investigation of Certain Frozen Warmwater Shrimp from the People's Republic of China (August 12,2013).

3. 不锈钢拉制水槽反补贴调查终裁备忘录:Issues and Decision Memorandum for the Final Determination in the Countervailing Duty Investigation of Drawn Stainless Steel Sinks from the People's Republic of China (February 19,2013).

4. 应用级风电塔反补贴调查终裁备忘录:Issues and Decision Memorandum for the Final Determination for the Countervailing Duty (CVD) Investigation: Utility Scale Wind Towers (Wind Towers) from the People's Republic of China(December 17,2012).

5. 晶体硅光伏电池反补贴调查终裁备忘录:Issues and Decision Memorandum for the Final Determination in the Countervailing Duty Investigation of Crystalline Silicon Photovoltaic Cells, Whether or Not Assembled into Modules, from the People's Republic of China(October 9,2012).

6. 高压钢瓶反补贴终裁备忘录:Issues and Decision Memorandum for the Final Determination in the Countervailing Duty Investigation of High

Pressure Steel Cylinders from the People's Republic of China(April 30, 2012).

7. 镀锌钢丝反补贴终裁备忘录:Issues and Decision Memorandum for the Final Determination in the Countervailing Duty Investigation of Galvanized Steel Wire from the People's Republic of China(March 19,2012).

8. 钢制轮毂反补贴终裁备忘录:Issues and Decision Memorandum for the Final Determination Countervailing Duty(CVD) Investigation:Certain Steel Wheels from the People's Republic of China(March 16,2012).

9. 复合木地板反补贴终裁备忘录:Issues and Decision Memorandum for the Final Determination in the Countervailing Duty Investigation of Multilayered Wood Flooring from the People's Republic of China(October 11,2011).

10. 铝型材反补贴终裁备忘录:Issues and Decision Memorandum for the Final Determination in the Countervailing Duty Investigation of Aluminum Extrusions from the People's Republic of China(March 28,2011).

11. 钻管反补贴终裁备忘录:Issues and Decision Memorandum for the Final Determination in the Countervailing Duty Investigation of Drill Pipe from the People's Republic of China(January 11,2011).

12. 高质量打印用铜版纸反补贴终裁备忘录:Issues and Decision Memorandum for the Final Determination in the Countervailing Duty Investigation of Certain Coated Paper Suitable for High-Quality Print Graphics Using Sheet-Fed Presses from the People's Republic of China(September 20,2010).

13. 无缝碳钢和合金钢标准管、管线管和压力管反补贴终裁备忘录:Issues and Decision Memorandum for the Final Determination in the Countervailing Duty Investigation of Certain Seamless Carbon and Alloy Steel Standard, Line, and Pressure Pipe(SeamlessPipe) from the People's Republic of China(September 10,2010).

14. 镁碳砖反补贴终裁备忘录:Issues and Decision Memorandum for the Final Affirmative Countervailing Duty Determination:Certain Magnesia Carbon Bricks(July 26,2010).

15. 窄幅编织袋反补贴终裁备忘录:Issues and Decision Memorandum for the Final Determination in the Countervailing Duty Investigation of Narrow Woven Ribbons with Woven Selvedge from the People's Republic of China(July 12,2010).

16. 钢丝层板反补贴终裁备忘录:Issues and Decision Memorandum for Final Determination Countervailing Duty Investigation:Wire Decking from the People's Republic of China(June 3,2010).

17. 钢格板反补贴终裁备忘录:Issues and Decision Memorandum for the Final Affirmative Countervailing Duty Determination:Certain Steel Grating from the People's Republic of China(May 28,2010).

18. 钢绞线反补贴终裁备忘录:Issues and Decision Memorandum for Final Determination Pre-Stressed Concrete Steel Wire Strand from the People's Republic of China(May 14,2010).

19. 石油管材反补贴终裁备忘录:Issues and Decision Memorandum for the Final Determination in the Countervailing Duty Investigation of Certain Oil Country Tubular Goods(OCTG)from the People's Republic of China(November 23,2009).

20. 厨房用金属架反补贴终裁备忘录:Issues and Decision Memorandum for the Final Determination in the Countervailing Duty Investigation of Certain Kitchen Appliance Shelving and Racks from the People's Republic of China(July 20,2009).

21. 后拖式草地维护设备及相关零部件反补贴终裁备忘录:Issues and Decision Memorandum for the Final Determination in the Countervailing Duty Investigation of Certain Tow-Behind Lawn Groomers and Parts Thereof from the People's Republic of China(June 12,2009).

22. 柠檬酸及柠檬酸盐反补贴终裁备忘录:Issues and Decision Memorandum for the Final Determination in the Countervailing Duty Investigation of Citric Acid and Certain Citrate Salts from the People's Republic of China(April 6,2009).

23. 不锈钢焊接压力管反补贴终裁备忘录:Issues and Decision Memorandum for Final Determination:Countervailing Duty Investigation on Certain Welded Austenitic Stainless Pressure Pipe from the People's Republic of China(January 21,2009).

24. 环形碳素管线管反补贴终裁备忘录:Issues and Decision Memorandum for Final Determination in the Countervailing Duty Investigation of Circular Welded Carbon Quality Steel Line Pipe(Line Pipe) from the People's Republic of China(November 17,2008).

25. 低克重热敏纸反补贴终裁备忘录:Issues and Decision Memorandum for the Final Determination in the Countervailing Duty Investigation of Lightweight Thermal Paper from the People's Republic of China (September 25,2008).

26. 非公路用轮胎反补贴终裁备忘录:Issues and Decision Memorandum for the Final Affirmative Countervailing Duty Determination:Certain New Pneumatic Off-the-Road Tires(OTR Tires) from the People's Republic of China(July 7,2008).

27. 软磁铁反补贴终裁备忘录:Issues and Decision Memorandum for Final Determination in the Countervailing Duty Investigation of Raw Flexible Magnets from the People's Republic of China(July 2,2008).

28. 编织袋反补贴终裁备忘录:Issues and Decision Memorandum for the Final Affirmative Countervailing Duty Determination:Laminated Woven Sacks from the People's Republic of China(June 16,2008).

29. 薄壁矩形钢管反补贴终裁备忘录:Issues and Decision Memorandum for the Final Determination in the Countervailing Duty Investigation of Light-Walled Rectangular Pipe and Tube from the People's Repub-

lic of China(June 13,2008).

30. 圆形焊接碳素钢管反补贴终裁备忘录:Issues and Decision Memorandum for the Final Determination in the Countervailing Duty Investigation of Circular Welded Carbon Quality Steel Pipe from the People's Republic of China(May 29,2008).

31. 铜版纸反补贴终裁备忘录:Issues and Decision Memorandum for the Final Determination in the Countervailing Duty Investigation of Coated Free Sheet from the People's Republic of China(October 17,2007).

资料来源:美国商务部国际贸易署进口局官方网站,http://ia.ita.doc.gov/frn/summary/prc/prc-fr.htm。

后　　记

1992年4月至1994年3月,在日本亚细亚大学法学研究科;1996年4月至2003年1月,在筑波大学国际政治经济学研究科;2001年1月至2003年1月,在东京大学社会科学研究所,我度过了人生最充实而愉快的学习和生活阶段。

首先,衷心地感谢在专业研究方面的四位导师:亚细亚大学教授清濑信次郎先生、筑波大学名誉教授尾崎重义先生、筑波大学名誉教授波多野澄雄先生、东京大学社会科学研究所教授中川淳司先生。

其次,诚挚地感谢在留学期间提供资助的四个奖学财团[1]:高泽三治郎国际奖学财团[2]、东急外来留学生奖学财团、坂口国际育英奖学财团、罗大力米山纪念奖学会。我没有忘记过帮助过我的朋友们,尤其是在我最困难的时候给予我的友情与关怀,令人刻骨铭心,感恩不尽!

1992年4月至1994年3月,我受内蒙古自治区政府的派遣并承蒙日本高泽奖学财团的全额资助,在日本亚细亚大学[3]大学院博士前期课程[4]法学研究科学习,主攻日本商法,主要是公司法和商号制度。

在日本留学需要有力的经济支持,靠打工赚钱来维持生计是相当

---

[1] 日语"财团"(foundation)一词的含义与汉语的"基金会"基本相同。
[2] 以下简称"高泽奖学财团"。
[3] 在日本,亚细亚大学确实算不上名门院校,但亚细亚大学法学研究科教授们的研究水平卓尔不群。二十多年过去了,清濑信次郎教授(商法)、西俣昭雄教授(国际法)、铃木熏教授(商法)、竹内俊雄教授(民法)、坂本延夫教授(商法)、小林一俊教授(民法)、喜多了佑教授(商法)、佐藤司教授(刑法)、青山武宪教授(宪法)等学者的音容笑貌,依然历历在目,难以忘怀。在亚细亚大学期间,对我影响最深刻的还是导师清濑教授,至今还没遇到过像他那样宽宏大度、仁慈厚道的学者。虽然清濑教授去世好几年了,但他给我留下的印象是永久的。
[4] 实际上是指硕士课程,日语叫作"修士课程"。

困难的,而且也搞不好学习。非常幸运的是,1991 年夏,我通过了高泽奖学财团①在内蒙古自治区首府呼和浩特实施的留学生选拔考试,随后又通过了亚细亚大学大学院修士课程的入学考试。

当时为什么要去日本留学,而不选择其他国家呢？这是经常被问到的,也是我很喜欢回答的问题,因为留学日本对我的一生来讲都是一件具有重大意义的事情。往事如烟,必然回想到的就是大学时代的恩师:阿明布和教授②。他是少有的蒙古族学者,是相当出色的中共党史和中国近现代政治思想史专家。关于我和阿老师的结识与结缘,很想多谈一点。③

我到内师大政教系办完入学手续后才知道,外语是必修课。蒙古族学生在高中阶段学习汉语④都来不及,哪里还顾得上学习外语？在像当时的内蒙古宝龙山蒙古族中学这样的偏远地方,也没有足够的外语资质力量。内师大的本科生可从日、英、俄三种外语中任选一门。坦率地讲,我这个从农村牧区来的"土包子"⑤确实不知道如何是好,左思右想,没有勇气作出选择和决定,因为这是关系到一辈子的事情,

---

① 高泽理事长为促进中日国际文化交流与合作事业,尤其是为深化日本埼玉县与内蒙古自治区的文化交流与合作事业做出了重大贡献。他虽然年事已高,但依然健康矍铄,在此表示由衷的谢意！衷心祝福先生晚年幸福,寿比南山！如果不是高泽理事长率考察团直接来内蒙古招收留学生,我的留日梦想的实现或许被拖延得更晚。高泽奖学财团为留学生缴纳学费并免费提供了宿舍。宿舍是财团为留学生专门建的二层楼,每人一间寝室,其他共用,在离高泽奖学财团总部所在地埼玉县久喜市很近的白岗町。从白岗乘电车,不用一小时就能到达东京都内的银座、新宿、涩谷、上野等中心地带。此外,财团给每个留学生提供了月额 8 万日元的生活费。我还记得,刚入学不久,高泽理事长给每个学生额外准备了 20 万日元的资料费。有了这些资助,对一个潜心学习的学生来讲是足够奢侈的了。
② 以下简称"阿老师"。
③ 1983 年 9 月,我从内蒙古科尔沁(当时的哲里木盟科尔沁左翼中旗,后来哲里木盟的建制被撤销,改为通辽市)宝龙山蒙古族中学毕业后,考入了内蒙古师范大学政治教育系(以下简称"内师大政教系")1983 级蒙语授课班。我考入内师大政教系时,阿老师从东北师范大学硕士课程中共党史专业毕业后回校任教不久,他才华横溢、英气非凡,是当时内师大唯一获得中共党史硕士学位的教师,那时即使在全国也为数甚少。
④ 汉语是少数民族学生高考的必考科目,蒙古族学生参加高考时不考汉语而直接考外语是极为困难的。
⑤ 1983 年 9 月,我第一次来到呼和浩特这样的大城市,第一次到了首都北京,看到了向往已久的天安门广场。

选择不好麻烦就大了。我心里特别着急,如此重要的事情必须向班主任阿老师征求意见。他说:"蒙古人还是学日语更好一些。"① 当时我也不懂得其中的道理,也顾不上考虑那么多,就决定选修日语。就这样,我和日语以及日本结下了不解之缘。

事实上,比起日语,在我的成长道路上起到决定性作用的还是汉语。在此,我很想谈一点学习汉语的心得。不知为什么,我是那么喜欢汉语。少年时代给我留下的最美好的回忆就是学习汉语,学习热情无与伦比,简直就着了迷。② 因为喜欢汉语,我也非常喜欢和羡慕汉语能力出色的学者。回国后遇到的我最敬佩的法学家就是湖南大学法学院现任院长杜钢建教授,我们认识时他在汕头大学法学院任法学首席。他不仅是著名的法学家,他对古典汉字文献的解读能力是超人的,其汉学水平的高深更是令人惊叹不已。虽然我读不懂他写的诗,但有幸能结识如此学识涵养高深、仁义宽宏的大学者,令我感到非常的骄傲和自豪。

人的发展与语言学习密切相关,对此我深有体会。一般认为,学习语言是枯燥而艰难的事情。但是,我从学习汉语开始,确实没有感

---

① 到后来,我才领悟到了阿老师的真意。蒙语和日语的语序基本一致,即主、宾、谓,而不是汉语的主、谓、宾;两者的很多语法现象极为相似,例如动词使役态和被动态的变换规则以及有些助词的用法等。蒙古族人学日语时不会产生语序的颠倒以及不适应感。蒙语的音素极为丰富,完全覆盖甚至超过日语五十音图。蒙古族人说日语几乎感觉不到发音的困难,只要把日语发音的上下音调掌握好就行了。再加上我有扎实的汉语基础,这是有利于学习日语的重要因素,因为日语使用了大量的汉字。不过,有些汉语的汉字和词汇与在日语中的含义相差深远,甚至完全不同,如果机械地相互套用,有时会闹出严重的笑话。在内师大的四年生活中,记忆最深刻、最美好的就是学日语的经历,真是如痴如醉、废寝忘食。虽然当时能够买到的日语教科书和参考书寥寥无几,但是反复细读那几本书反而效果更好,免得因资料的泛滥而分散集中力。《中国人用日语语法》是我最喜爱的日语书,反复阅读,不管去哪里都把它带在身边。还有一套美国、加拿大十一所高校联合编写的《综合现代日语》,为我掌握日语带来了极大的帮助,印象极为深刻,很可惜这套书被朋友借走后再没回到我的手中。在大学时代就奠定的坚实的日语基础,为我的发展提供了广阔的空间和机会。我在日本顺利考入博士课程以及连续不断地获得奖学金,都是与日语能力密切相关的。

② 我的母语当然是蒙语,汉语是从小学三年级开始学习的。我 1996 年到日本筑波大学后,有一天在中央图书馆地下一层偶然发现了书架上摆放的《林海雪原》《战斗的青春》《红岩》《铁道游击队》等小说,看到这些小时候读过的书的封面,仿佛又回到了美好的青少年时代。

觉到学外语有多么枯燥和乏味,反而感到了极大的乐趣和喜悦,这可能和我喜欢语言有关。对我来讲,语言不是用"艰苦奋斗"换来的东西,更不是"头悬梁,锥刺骨"的结果。保持灵活的头脑和柔软的心态,完全彻底地"投降"给外语,最大限度地排除母语的影响,①对学好外语来讲是极为重要的。换言之,没有比"柔顺"能够"攻克"外语的更有效的方法了。当然,不可否认,外语初学阶段需要毅力和耐性。

对人的发展来讲,学习和掌握几门外语固然很重要,但更重要的是远大的目标和宽阔的胸怀。这是在大学时代阿老师给我的最深刻的教诲和启迪,也是我一生中所得到的最珍贵的礼物。②

1997年4月,我考入了筑波大学③大学院五年一贯制博士课程国际政治经济学研究科,主攻国际经济法④。大家知道,国际经济法不是在日本发展起来的法学领域,而是由欧美率先体系化、理论化的新学科。国际经济法的原始资料和大部分研究成果几乎是用英语写成的。尾崎教授的研究生课程完全不用日语文献,主要做法就是

---

① 对外语学习者来讲,这是最难做到的,也是成功掌握一门外语时所必须克服的最大障碍。
② 记得他经常在班会上严厉地批判同学之间普遍存在的"小农思想":胸无大志,目光短浅,不思进取,懒惰因循,很容易满足于眼前的小恩小惠。大学时代记忆最深刻的就是阿老师总是激励我胸怀远大目标、开阔视野、努力学习,将来成为一名出色的学者。
③ 1994年4月,我从亚细亚大学毕业回国后就到原单位内蒙古工商管理学校教书。在日本没有攻读博士课程就回国,我心里总觉得相当遗憾,一直想返回日本读完博士课程并取得学位。令人欣喜的是,回国后,我很顺利地联系到了筑波大学,写信给国际政治经济学研究科的尾崎教授,请求他接受我的留学申请。尾崎教授非常慷慨,很快回信并答应做我的导师。我考入筑波大学,开始学习国际经济法。过了一段时间后,我才发觉,留学日本选择国际经济法专业不是很明智的做法。因为英语实力的储备不是短期内能够速成的,我学了这么多年的日语,再想去欧美攻读国际经济法的博士学位也不是很现实的事情。等我明白过来这些道理的时候,为时已晚,只能继续干下去了。当然,我丝毫没有怀疑日本学者国际经济法的研究水平,更没有后悔留学日本,在此只是想说明自己的亲身体验和实际情况。毋庸置疑,能否掌握好英语是能否学好国际经济法的先决条件。好在当时我对英语还是有所准备的,"英文原典研究"在亚细亚大学大学院的课程安排中是必修课,因为喜欢,当时我已开始自学英语并有了一定的基础。
④ 我上筑波大学时改换了专业,从日本商法转到了国际经济法,这是多读一个硕士课程的主要原因,现在想起来是非常合理的选择。在筑波大学,就算考上了博士后期课程,如果论文写不好,也不一定能在三年内毕业。我想干脆从头学习算了,多读一个硕士学位有什么不好的呢?

在"研究讨论课"上让学生轮流阅读并翻译国际法的英文论文,最后由老师评论。①

非常遗憾的是,尾崎教授是国际法专家,而我的主攻方向则是国际经济法,主要是自由贸易制度②。坦率地讲,我在筑波大学没有得到专业研究指导上的满足。当我读完硕士课程,正要开始攻读博士后期课程的时候,尾崎教授就到退官的年龄了,他从筑波大学退官后转到了私立二松学舍大学国际政治经济学部任教。尾崎教授对我非常负责,在他离开筑波大学之前,就把我引荐给了东京大学国际经济法专家中川淳司教授。

中川教授是位非常热心并高度负责的老师,我是在他的指导下写完博士论文的,也是他培养的第一个博士。中川教授是能够代表日本国际经济法学研究水平的学者,在世界国际经济法学界也占有一席之地。他热情、豁达、谦逊、亲和,因为他比我年长六七岁,与他接触和交往起来感觉更加自然和融洽,因此我们之间结下了深厚的友谊。回国后到今天为止,我一直能够得到中川教授的指导和关怀,在此表示由衷的谢意。

尾崎教授退官后,我需要在筑波大学找到一位指导教官,这是博士研究生研究指导程序所必需的。令人欣喜的是,日本外交史专家波

---

① 因为我的英语能力远不如日本学生,刚开始受到了不少"照顾"。每次上课时,日本同学承担翻译的文献量达到一页甚至几页,我就只承担翻译三到五行,最多也不超过半页。尽管如此,费了一天工夫,我也翻译不好那段文章。尾崎教授研读英文文献的水平在日本国际法学界是出了名的。受惠于他的指导,我的英语逐渐好了起来。学习英语的"苦难"过程持续了近两年多的时间,后来我能精读英文文献并找到了学习英语的乐趣。我掌握英语的主要方法就是对照阅读已被译成日语的英文文献,这样能够快速理解英文原文。我记忆最深刻的是两本书:*Law and Its Lmitation in the Gatt Multilateral Trade System*(Olivier Long 著,落合淳隆、清水章雄审译);*Restructuring the GATT System*(John H. Jackson 著,松下满雄审译)。受惠于英语,我写博士论文时准确地搜集到了有关国有企业私有化与反补贴税的判例(主要是美国的判例)。这些原始资料相当庞大,记录了欧美之间持续十几年的贸易争端。在世界上关于这一问题的全面而系统的研究,我的博士论文应该是首次。从汉语算起,接着是日语,英语应该是推动我向前发展的"第三次浪潮"了。

② 主要指作为多边自由贸易制度的 GATT 和 WTO 体制(1948 年 1 月 1 日开始至今),不包括区域自由贸易协定及其实施机制。体制是指有关自由贸易的国际法规则及其实施机制的综合。

多野澄雄教授①欣然答应做我的指导教官。波多野教授给我留下的印象极为深刻，他为人谦和、宽宏大度，他的研究水平精湛而高深，是世界著名的日本外交史专家。

因为我和波多野教授的专业不同，专业研究的指导工作仍然由中川教授负责。我记得每两周去一次东京大学社会科学研究所，向老师汇报研究进展并接受指导。筑波大学的研究生教育制度相当灵活，有的专业本校没有指导教授时，研究生可以到外校接受指导。筑波大学专门为此设立的制度叫作"特别研究派遣学生"。2001年1月，我被正式派遣到东京大学社会科学研究所，这样在中川教授指导下写博士论文就名正言顺了。

但是，在筑波大学有关博士论文审查的所有程序性工作仍然由波多野教授负责。不仅是学业上的指导，我在其他方面也得到了波多野教授的热情关怀和支持，我们之间所结下的深厚友谊对我来讲是最珍贵的财富。在筑波大学度过的八年时光，深刻地印在我的脑海里，回味无穷，感激不尽。今年，女儿白杨考入了筑波大学人文文化学群比较文化学类，我感到无比喜悦和自豪，希望她好好学习，将来成为一名出色的人才，为中日两国友好事业的发展做出贡献。

我回国后经常听到国内人讲："日本人岛国根性，心胸狭隘，吝啬得要命。"凭着良心，实事求是地讲，我与日本人交往已有二十多年，虽然也见识过狭隘小气、斤斤计较的人，但人数极少。我所认识的绝大多数日本人，都是心胸宽广、具有远大的目标和严密的事业计划、认认真真、踏踏实实、诚实可信，值得我们去交往、友好相处下去。

我于2003年1月在筑波大学取得了博士学位②，7月回国并在华南理工大学法学院任副教授。2005年12月，我在北京大学举办的"海

---

① 波多野教授当时任筑波大学大学院博士课程国际政治经济学研究科科长，后来他历任筑波大学人文社会科学研究科科长、筑波大学副校长、筑波大学校长特别助理以及筑波大学图书馆馆长等要职。

② 学位证书上的博士学位的名称是"博士（学术）"，英文是"Ph. D."。

峡两岸 WTO 法律论坛"上认识了杜钢建教授。当时著名的杜钢建教授建设日本法方向的宏伟计划引起了我的兴趣。2006 年 6 月,我调到了汕头大学法学院,并在那里工作到了 2012 年秋季。我在汕头大学法学院开展有关中日交流与合作事业时,得到了来自日本朋友的热情帮助和支持。札幌学院大学法学研究科原科长铃木敬夫教授携夫人铃木节子女士长期任教于汕头大学法学院,为法学院的国际化事业做出了重大贡献,在此表示衷心的谢意！此外,关西大学法学研究科角田猛之教授、关西大学法学研究科市原靖久教授、关西大学政策创造学部长孝忠延夫教授、北海道大学法学研究科铃木贤教授、东京大学社会科学研究所中川淳司教授、立命馆大学法学研究科吉田美喜夫教授、千叶大学法学政治学研究科千叶真教授、东京经济大学片冈植树教授、坂口国际育英奖学财团理事长坂口美代子女士等友人为汕头大学法学院的国际化事业做出了积极的贡献,在此表示由衷的谢忱！

  2012 年底,我从汕头大学调到了湖南大学法学院。我从内心里希望在大家的共同努力下把湖南大学法学院的国际交流工作做得更好,为法学院的发展壮大做出一点贡献。在我国,大学应该走在国际交流的最前沿,虽然大力发展国际交流尤其是中日交流并不容易,但还是要从大局出发,要有长远的眼光,要有耐心,要有毅力,要慢慢地努力,认真细致地工作。国际合作与交流事业不是一时的,而应该是长久的和可持续发展的,这样才能建设与国外大学之间真正的友好合作关系,切实提升中国高校的办学水平,同时也为国家间友好合作关系的发展做出一点贡献。

  以上就是我的学习和工作的简单经历。这些经历为我写完这本书提供了良好的背景。在此,向所有帮助过我的朋友再次表示由衷的谢意！衷心祝福他们健康、愉快！

  湖南大学法学院院长杜钢建教授为本书写了序,在此对杜院长表示深切的谢意,衷心祝愿他的汉学研究取得更大的成功！对于本书的出版,湖南大学法学院给予了资金上的大力支持,在此表示由衷的谢忱。

最后，衷心期待我国攻读硕博士课程的研究生以及广大青年教师仔细研读本书，同时期待大家提出严肃认真的批评。

白巴根

岳麓山下湖南大学法学院研究室

2014 年夏

あとがき

　わたしは、1992年4月から1994年3月まで、亜細亜大学大学院法学研究科で、1997年3月から2003年1月まで、筑波大学大学院五年一貫制博士課程国際政治経済学研究科で、2001年1月から2003年1月まで、東京大学社会科学研究所で、人生最大の充実したかつ愉快な学習生活を送った。

　まず研究指導を下さった先生方々に心より感謝を申し上げる。亜細亜大学教授の清瀬信次郎先生（故人）、筑波大学名誉教授の尾崎重義先生、筑波大学名誉教授の波多野澄雄先生、東京大学社会科学研究所教授の中川淳司先生である。

　次に留学期間中経済面から支援を下さった四つの奨学財団に心より感謝を申し上げる。高澤三次郎国際奨学財団、とうきゅう外来留学生奨学財団、坂口国際育英奨学財団、ロータリー米山記念奨学会である。

　1992年4月から1994年3月まで、わたしは内蒙古自治区政府の派遣を受けて、高澤三次郎国際奨学財団の特別留学生として亜細亜大学大学院法学研究科に留学した。日本商法を専攻し会社制度及び商号制度を学びました。

　日本に留学する時経済的支援が必要不可欠である。アルバイトに頼って生計を立てることはかなり困難であり、学習目標の達成も危うくされる。1991年の夏、高澤三次郎国際奨学財団理事長の高澤先生が財団の評議員を率いって内蒙古自治区の首府フフホト市を訪れた。留学生選抜試験実施のためである。幸運なことに、わたしは財団の面接試験に合格し、また亜細亜大学大学院の入学試験にも合格した。これで大学の時代から憧れていた日本留学の夢が実現されたのである。

　留学先はなぜ日本なのか、なぜ日本以外の国家ではなかったのか、という質問を沢山受けてきた。わたしにとって日本に留学したことは大変有意義であるので、簡単に説明したい。この質問を聞かれるたびに31年前のことを思い出す。1983年9月、わたしは内蒙古師範大学の新入生の入学手続を完了した後外国語は大学履修科目の必修科目であることを知った。英語、日本語、ロシア語のなかから自由に選択できるというのだ。ところでどれにすればいいのか分からなかった。わたしのような初めて農牧地帯から大都市に来た田舎者としてはなかなか決断できず戸惑いに戸惑った。これだけ重要な事になると先生に聞くべきである。クラス担当のアミンブホ先生の意見を伺った。モンゴル人はやはり日本語を習ったほうがいい、と返答された。なぜそうなのかまで考えることもなく日本語を学び始めた。これはわたしが日本語及び日本人と縁が結ばれた契機である。

　亜細亜大学に留学できたのは、高澤財団のお陰である。もし高澤理事長が直接内蒙古に留学生選抜に来なかったら、わたしの夢の実現は遅れていたかもしれない。高澤財団の内蒙古の留学生に対する経済的支援は非常に厚かった。学費の全額支払、無料で住める新築の学生宿舎の提供、そのうえに月8万円の生活費が支給された。入学当初、高澤理事長が留学生一人に本代20万円手渡したことを今も覚えている。ほぼ毎週末高澤理事長のところでご馳走になる。高澤財団でたくさんの友人とも出会った。高澤財団のお陰様で、亜細亜大学の留学生活は有意義で楽しかった。残された思い出は忘れられない。ここで高澤理事長の長生きとご健康を心より祈念する。

　1994年4月、内蒙古自治区政府との契約とおり、わたしは亜細亜大学の修士課程を完了するとすぐ中国に帰国した。日本で博士課程まで進学せずに帰国したことを残念に思い、帰国後日本に再び戻って博士課程に進学したいと願っていた。1995年の春、筑波大学大学院国際政治経済学研究科の尾崎重義先生に指導教官依頼の手紙を送った。間もなく、尾崎先生から研究生として受け入れるという返事をいただいた。一年間の研究生を経て、1997年4月から2003年1月まで、筑波大学大学院五年一貫制博士課程国際政治経済学研究科で学んだ。専攻は国際経済法、主に自由貿易体制であった。

筑波大学の留学は前回の亜細亜大学と違って、留学事前に経済的支援が得られるという保障はなかった。自費留学である。幸運なことに、1997年の春、とうきゅう外来留学生奨学財団の奨学生に採用された。とうきゅう財団の有力な経済的支援のお陰で、わたしはアルバイトせずに勉強に専念できて、また家族生活も維持できた。

筑波大学で五年一貫制博士課程の前二年の修士課程を修了したところで、尾崎重義先生が退官することになった。当時国際政治経済学研究科長だった波多野澄雄教授に指導教官の依頼を伺った際、先生の快諾をいただいたことを今も覚えている。波多野先生は外交史の専門家であるため、国際経済法の指導教授を探すことは必要だった。尾崎先生の紹介で出会ったのは東京大学社会科学研究所教授の中川淳司先生である。筑波大学の特別研究派遣学生として中川先生の指導のもとで博士論文を完了できた。

1999年4月、わたしは博士課程の後期に入る段階で、とうきゅう外来留学生財団の奨学期限が満了した。継続的に坂口国際育英奨学財団から支援をいただいたお陰で博士後期課程の前二年間を過ごした。博士後期課程三年次に入ってからロータリー米山記念奨学会のサポートが続いた。このような連続的な経済的支援のお陰で筑波大学の学習生活は順調に進んだ。勿論、筑波大学留学期間中の全額学費免除と安価な学生宿舎提供にも大変助けられた、一生忘れられない恩恵である。ここで諸財団と筑波大学に厚く御礼を申し上げたい。2014年の春、娘の白楊が筑波大学人文文化学群比較文化学類に入学した。人生これ以上の嬉しいことはない。

　2003年7月、わたしは帰国し、南国広州にある華南理工大学法学院に就職した。2005年冬、北京大学で開かれた学術会議に参加した際、当時汕頭大学法学院の首席を務める名高い杜鋼建教授と出会った。杜教授の日本法コース建設の計画は魅力的で膨大なものだった。わたしは杜教授の計画に惹かれ、2006年夏、華南理工大学から汕頭大学に転勤した。汕頭大学法学院で2012年秋まで勤務した。汕頭大学での主な仕事は法学院の日本法コースの建設と日中法学の教育と研究の交流であった。汕頭大学にいる間、大勢の日本の友人からご指導とご支援をいただいた。元札幌学院大学大学院法学研究科長の鈴木敬夫教授並びに奥様、関西大学法学部の角田猛之教授、市原靖久教授、竹下賢教授、吉田栄司教授、政策創造学部長の孝忠延夫教授、東京大学社会科学研究所の中川淳司教授、立命館大学法学部の吉田美喜夫教授、出口雅久教授、北海道大学法学部の鈴木賢教授、田村善之教授、東京経済大学の片岡直樹教授、千葉大学法経学部の千葉真教授、小林正弥教授、坂口国際育英財団理事長の坂口美代子先生並びに石塚健先生に心より感謝を申し上げたい。

　2012年秋、わたしは汕頭大学から湖南大学法学院に転勤した。ここで引き続き帰国後終始努力の目標としている日中交流事業を展開して行きたいと願っている。今までにご指導とご支援をくださった日本の友人にあらためて厚く感謝を申し上げて、また引き続きのご指導とご支援を願う。

白巴根
岳麓山 湖南大学法学院の研究室
2014年夏